Karl-Heinz Göttert

DIE SPRACHREINIGER

MIX
Papier aus verantwortungsvollen Quellen
FSC® C014496

Propyläen ist ein Verlag der Ullstein Buchverlage GmbH

ISBN 978-3-549-10009-7

Lektorat: Carla Swiderski
Gesetzt aus der Dante MT
bei Pinkuin Satz und Datentechnik, Berlin
Druck und Bindearbeiten: GGP Media GmbH, Pößneck

Karl-Heinz Göttert

DIE SPRACHREINIGER

Der Kampf gegen Fremdwörter und der deutsche Nationalismus

Propyläen

INHALT

Prolog

Ich bin als Kind viel mit dem Zug gefahren. Meine Eltern wohnten in Köln und meine Mutter zog es regelmäßig in ihr früheres Elternhaus in Ehrenbreitstein. Weil mein Vater bei der Bahn arbeitete, besaßen wir »Pfennigskärtchen« – pro Kilometer kostete die Fahrt einen Pfennig, was sie auch für die schmale Kasse eines bescheidenen Beamtenhaushalts erschwinglich machte. Meine ältere Schwester und ich mussten nicht besonders überredet werden, um mitzufahren. Das Reisen machte Spaß, auch wenn es mit dem »Bummelzug« lange dauerte und wir das Ende immer herbeisehnten. Richtung Ehrenbreitstein zählten wir zum Schluss die Stationen: Engers, Bendorf, Vallendar – raus. Und Richtung Köln war es, noch vor der Rheinbrücke mit Blick auf den Dom, die Reklame von 4711, deren Zahlen in riesige Buchsbaumhecken geschnitten die nahe Ankunft verhießen.
Aber noch etwas anderes ist in meiner Erinnerung haften geblieben. Mit der Reise per Bahn war ein gewisses Vokabular verbunden: Fremdwörter aus dem Französischen, die meine Mutter ganz selbstverständlich benutzte. Man löste also ein »Billett«, ging zum »Perron«, stieg in ein »Coupé«, bei Regenwetter bewaffnet mit einem »Parapluie«. Dies muss mir erst später aufgefallen sein, als sich alles geändert hatte und die vertrauten Wörter einen nachträglichen Glanz erhielten, eine unerwartete Exotik, die dem Reisen gut anstand. Ich hatte als Kind keine Ahnung, dass dieses Vokabular schon damals aus der Mode ge-

kommen war. Am Mittelrhein wurde es aber in alter Anhänglichkeit noch gepflegt, obwohl an den Bahnhöfen die Schilder längst umgestellt waren, auf »Fahrkartenschalter« und »Bahnsteig« zum Beispiel. Es lag also etwas eigentümlich Subversives im Gebrauch dieser nur scheinbar harmlosen Bezeichnungen, was zu meiner Mutter eigentlich nicht passte. Sie war zwar selbstbewusst, rauchte auf alten Fotografien ihre Zigarette mit Silberspitze und trug gerne extravagante Hüte, doch Widerspruchsgeist, gar gegen den Staat, lag ihr völlig fern.
Dabei hatte dieser Staat schon ganze drei Generationen zuvor viel dafür getan, das Vokabular umzustellen. Zur Zeit der Reichsgründung 1871 gab es Ministererlasse, die anordneten, auf sämtlichen Schildern die gewohnten Vokabeln zu ersetzen. Man sieht an meinen Kindheitserlebnissen, wie schleppend eine solche Umstellung verlaufen kann. Was ich noch viel weniger wusste: Ein Verein hatte sich kurz nach jener großen Wende in der deutschen Geschichte gegründet, der sich der Verdeutschung aller Fremdwörter widmete und diejenigen, die sie trotzdem weiterverwandten, mit Hohn und Verachtung strafte. »Schämen« sollten sie sich, diese »Vaterlandsverräter«, »Sudler«, die sich am wichtigsten Gut überhaupt »versündigten«, an der »heiligen« Muttersprache. Hätte jemand im Zug meine Mutter auf diese Weise angegriffen, hätte ich wohl, meinem Alter entsprechend, mit Beißen und Kratzen darauf reagiert. Aber es war nie nötig. Die damaligen Mitreisenden sprachen nämlich die gleiche »verdorbene« Sprache. Sie verschwand erst, als auch der Verein knapp sechzig Jahre nach seiner Gründung sang- und klanglos untergegangen war.
Oder hatte er doch gewirkt? Das ist eine gute und nicht die einzige Frage, die sich heute stellt. Denn was bei Lichte betrachtet eigentlich sympathisch erscheint – wer sollte etwas gegen deutsche Begriffe haben –, ist mit einer höchst problematischen Geschichte verknüpft, die mit Sprache als solcher wenig zu tun hat.

Der sinnvolle Einsatz fürs Deutsche verband sich nämlich von Anfang an mit einer Form von Nationalismus, die geradewegs in Fremdenhass mündete, den Ausbruch des Ersten Weltkriegs als Chance auf Deutsch als Weltsprache begrüßte und schließlich den Rassismus und Antisemitismus der Nazis aufnahm, ja sogar verstärkte. Das mag zunächst einmal unglaubhaft klingen, aber es ist gut dokumentiert. Große Bibliotheken besitzen heute noch die 58 Bände der Zeitschrift dieses Vereins, der sich »Allgemeiner Deutscher Sprachverein« nannte, sein Publikationsorgan zunächst als *Zeitschrift des Allgemeinen Deutschen Sprachvereins* und dann unter dem Namen *Muttersprache* verbreitete, zwölfmal im Jahr, mit schwankendem Umfang. Zu Beginn und zuletzt waren es um die 200 Spalten pro Jahrgang, dazwischen auch mehr als 500. Von 1886 bis 1943 kamen fast 19 000 Spalten zusammen.

Dabei haftete dem Verein bis zum bitteren Ende etwas harmlos Operettenhaftes an, wenn man sein Thema »Sprachpflege« mit der großen Oper »Sprachwissenschaft« vergleicht. Die Akteure waren überwiegend keine Profis, drehten ihre immer gleichen Pirouetten mit der Forderung nach mehr Deutsch, nach »reinem« Deutsch als einzig denkbarem Fundament des soeben geeinigten Reiches. Nur dass es diesen Sprachreinigern weniger um Liebe als um Hass ging: um Hass auf alle, die ihre Art von Liebe zur Sprache nicht teilen wollten.

Wie ist *das* zu verstehen? Waren es überspannte Gefühle, exaltierte Torheiten? War es gar eine Art geistige Umnachtung? Jedenfalls spielt das Gefühl eine Rolle, selbst etwas Wesentliches verstanden zu haben, was andere unbegreiflicherweise nicht verstehen wollten: das »Wesen« der Sprache, ihre Funktion für Menschen, die nur Mensch sein können in einer dieselbe Sprache sprechenden Nation. Der Sprachreinigung, um die es ging, lag ein exaltiertes Sprachverstehen zugrunde, bei dem die Alarmglocken schrillten, sobald die vorgefundene Sprache diesem

Verstehen widersprach. Dies war gepaart mit der Bereitschaft zum Widerstand, der rasch ins Kujonieren derjenigen ausartete, die nicht mitmachen wollten, nicht dem »Volk« zu dienen bereit waren, für das die gereinigte Sprache gedacht war.

Um es noch klarer zu formulieren: Die Sprachreiniger glaubten, ein einfaches Geheimnis verstanden zu haben, und rätselten, weshalb die anderen es nicht begriffen, nicht begreifen wollten. Dieses Geheimnis lautete: Die Gründung des Deutschen Reiches verlangt nicht nur eine *gemeinsame* Sprache, sondern eine *eigene* Sprache: eine Sprache, die alles Fremde abstößt und in ihrer Reinheit den Bestand der Ordnung garantiert. Noch deutlicher formuliert: die diese Reinheit nach einer Art Strafversetzung aus dem ehemaligen Paradies in germanischen Zeiten *wieder* garantiert. Eher nebenbei gesellte sich der weitere Gedanke hinzu, dass diese eigene Sprache die überhaupt beste aller Sprachen sei – was das Gebot der Reinhaltung noch steigerte. Die größtmögliche Steigerung war dann die »Heiligkeit« dieser Sprache aller Sprachen, die nicht nur als Garant eines in der Weltgeschichte neu aufgetauchten Großreiches diente, sondern jede Verteidigung rechtfertigte, ja zwingend erforderlich machte. Die Forderung nach einer »nationalen« Sprache führte also zu einem übersteigerten Nationalismus. Man könnte umgekehrt auch sagen: Kaum ein Medium nationalistischer Vorstellungen erwies sich zu deren Ausbildung als so geeignet wie die Sprache.

Natürlich war der Gedanke nicht neu und ebenso natürlich war er nicht nur in Deutschland aufgekommen. Alle europäischen Nationalismen des 19. Jahrhunderts und schon lange vorher zeigen mehr oder weniger deutliche Züge von Sprachnationalismen. Aber nirgendwo entwickelte sich dieser derart rigoros, ja militant wie in Deutschland, begleitet von dem unseligen Spruch, die Sprache sei lange Zeit das einzige Band gewesen, das diese Nation zusammengehalten habe. Zudem fand man noch heraus, dass sich kein anderes europäisches Volk nach seiner

Sprache benannte: Das Wort »deutsch« bedeutet ja ursprünglich nichts anderes als »dem Volk zugehörig«.

Nachdem ein Laie in Sprachfragen die Initialzündung zur Gründung eines Vereins mit der Aufgabe von Schutz und Förderung der deutschen Sprache gab, wuchs das Unternehmen rasant. Widerspruch meldete sich durchaus, verhallte jedoch. Selbst die größten Schwächen – die Stupidität des Vorgehens, die ewig gleiche Nörgelei, die fadenscheinigen Argumentationen, wenn es um die Ersetzung auch geläufigster Fremdwörter wie »Dame« oder »Sauce« ging – sorgten nicht für Einhalt oder auch nur ein Absinken des Interesses.

Versuchen wir also, diese Sprachreiniger zu verstehen. Rekonstruieren wir die Geschichte des Vereins, der dies alles in die Welt setzte und damit auf einen Abgrund zusteuerte. Wir stoßen dabei auf ganz »normale« Persönlichkeiten, durchweg Gebildete bis in höchste Stufen der Universität oder der Verwaltung – Professoren und Ministerialdirektoren, in der überwiegenden Mehrzahl Gymnasiallehrer. Das Rätsel ist letztlich, wie sich solche Zeitgenossen radikalisierten beziehungsweise radikalisieren ließen, um mitzufiebern bei der großen Aufgabe. Wie konnte aus einem sinnvollen Programm der Sprachpflege ein bis zur Karikatur übertriebener Chauvinismus werden? Wie konnte die Frage nach einem zuträglichen Import von Fremdwörtern im Bermudadreieck von Reinheitsfantasien, Fremdenhass und zuletzt auch noch Antisemitismus untergehen? Wie konnten gebildete Persönlichkeiten in ein verbittertes Querulantentum verfallen, in einen erschreckenden Dogmatismus, in großspurige Angebote sinnbringender Erlösung? Wie konnte man fast sechzig Jahre lang mit ideologischem Stumpfsinn und sektiererischem Gesinnungsfanatismus ein ansehnliches Publikum bei der Stange halten, ja sogar begeistern?

Ich weiß nicht, ob sich auf all dies befriedigende Antworten geben lassen. Vielleicht liegt die interessantere Perspektive aber gar nicht im »Warum«, sondern eher im »Wie«. Vielleicht geht es primär um die Erinnerung an eine Realsatire, die deshalb wichtig ist, weil sie mittlerweile außerhalb unserer Vorstellungen zu liegen scheint und dem Gedächtnis allmählich abhandenkommt. Die wissenschaftliche Literatur kennt natürlich die wichtigsten Tatsachen, auch mit ihren Hintergründen. Aber in der historischen »Objektivierung« verschwindet viel vom Bizarren der Ereignisse. Die Wissenschaft verzichtet in der Regel auf Urteile, die jedoch gefällt werden müssen, wenn es neben der bloßen Erklärung letztlich darum geht, vor einer Wiederholung zu schützen.

Damit aber kommt weit mehr ins Spiel als ein Urteil über vergangene Irrwege. Es geht um die Aufdeckung von Parallelen zu unserer eigenen Gegenwart. Denn ganz so weit weg, wie es scheinen könnte, sind diese vergangenen Ereignisse nicht. Es gibt heute nicht nur einen neuen Sprachverein, der mit dem alten Verfolgungsfuror agiert. Vor allem lebt der gegenwärtige Nationalismus wieder in wesentlichen Zügen von Reinheitsfantasien: von der Idee, mit der Reinigung und dem Reinhalten der eigenen Kultur die Nation vor ungebetenen Gästen und deren unerbetenen Ideen, ja letztlich vor der gesamten restlichen Welt retten zu können.

Dieses Buch zeigt, wie ein bestimmter Blick auf die Sprache einmal zur Ausbildung des Nationalismus genügte und wie verheerend sich ein scheinbar harmloser Ansatz entwickeln konnte. Es zeigt aber auch, dass das, was diesem Ansatz zugrunde liegt, jederzeit in neuer Form aufflackern kann. Denn der Traum von der Reinheit muss sich nicht auf die Sprache beziehen, sondern kann sich neue Anknüpfungspunkte suchen. Er hat sie längst in Form von Herkunft oder Identität wieder gefunden.

»Pulver, Brot und Briefe waren die drei Hauptbedürfnisse«

Heinrich von Stephan

Stolp in Pommern, eine preußische Kleinstadt nahe der Ostsee, zwischen Stettin und Danzig gelegen. Hier erblickte im Jahre 1831 das Kind eines Schneiders und Betreibers einer Gastwirtschaft das Licht der Welt. Sein Name war Heinrich Stephan, eines von sechs Kindern, die die Mutter großzog. Wohl vom Vater ging der Ehrgeiz nach einer möglichst guten Schulbildung aus, zumindest soweit die finanziellen Möglichkeiten dies hergaben. Es reichte immerhin zur örtlichen Lateinschule, einem altsprachlichen Gymnasium, auf dem der kleine Heinrich Latein und Griechisch sowie Französisch lernte, wobei der Vater nebenbei für privaten Unterricht in Italienisch, Spanisch und Englisch sorgte. Die Sprachkenntnisse boten ein Sprungbrett aus der elterlichen Kleinbürgerlichkeit; im Falle des kleinen Heinrich versprachen sie eine Befreiung aus der Enge der preußischen Provinz.

Es fruchtete. Denn Heinrich, nebenbei auch noch musisch begabt, empfahl sich für eine Beamtenlaufbahn. Für ein Universitätsstudium reichte das Geld dann doch nicht. So trat er als Siebzehnjähriger in die Post ein, der er lebenslänglich angehören sollte, zuletzt als ihr oberster Dienstherr.

Es macht Spaß, diese ganz und gar unwahrscheinliche Biografie weiterzuverfolgen, die gleichzeitig viel Charakteristisches für die Zeit enthält. Mit all den Sprachen wurde Heinrich Stephan zunächst einmal »Schreiber« im Postamt der Vaterstadt. Die

Prüfungen bestand er alle mit Auszeichnung. Er absolvierte den Militärdienst, ging dann nach Berlin, ins Zentrum Deutschlands. Dort schien nicht alles nach Plan gelaufen zu sein, denn man versetzte ihn nach Köln – schlimmer geht es nicht, weil die Preußen nirgendwo unbeliebter waren.

Aber Köln bedeutete Rheinprovinz, und in der herrschte einige Ungeordnetheit, was die Verwaltung betraf, zum Beispiel ein Tarifwirrwarr. Wer da den Durchblick behielt oder gar für solchen sorgte, fiel positiv auf. Stephan muss in dieser Hinsicht einiges geleistet haben, auch wenn er nebenbei Hobbys betrieb, zum Beispiel das Verfassen von Musik- und Theaterkritiken.

Ob an der nun folgenden Geschichte etwas dran ist oder nicht (sie wird in verdächtig voneinander abweichenden Versionen überliefert): Jedenfalls soll der Generalpostmeister Heinrich Schmückert beobachtet haben, wie er auf der Straße den Streit zwischen einer italienischen Dame und einem Kölner Kutscher schlichtete – auf Italienisch natürlich. Der beeindruckte Vorgesetzte ließ ihn daraufhin nach Berlin zurückkehren, und Stephan wurde Sekretär im Generalpostamt.

Das war 1856. Drei Jahre später erschien von dem zu diesem Zeitpunkt erst Siebenundzwanzigjährigen die *Geschichte der preußischen Post von ihrem Ursprunge bis auf die Gegenwart*, auf unfassbaren 800 Seiten, komplett aus den Archiven erarbeitet. Sein Vorbild, das er anerkennend nannte: Leopold von Ranke, das lebende Berliner Professorendenkmal. Und weil das Organisatorische sein Metier war, folgte im selben Jahr auch noch der *Leitfaden für die schriftlichen Arbeiten im Postwesen*, besser bekannt als *Der kleine Stephan*. Zu dieser Zeit war Stephan noch Postrat in Potsdam, 1863 wurde er dann Oberpostrat im Generalpostamt in Berlin.

Was man bedenken muss: In dieser Zeit, noch vor den Kriegen mit Dänemark, Österreich und Frankreich, die zur Gründung des Deutschen Reiches führten, existierten in »Deutschland«

fünfzehn selbstständige Postverwaltungen, nur locker überdacht vom deutsch-österreichischen Postverein. Alle diese Verwaltungen hatten mit den anderen Ländern jeweils eigene Verträge. Das schrie förmlich nach Vereinfachung, überhaupt nach einer Abwicklung mit weniger Pannen, bei der die Post entweder gar nicht oder nur über leidige Umwege mit fast unkalkulierbarer Verspätung ankam.

Stephan muss klar gewesen sein, dass ein Neuanfang unabdingbar war. Und er ergriff die Chance zum Handeln, als sie sich bot. Dies war zunächst 1866 der Fall, als preußische Truppen in die ehemals Freie Stadt Frankfurt am Main einmarschierten, wo sich die Generaldirektion der *alten* Post befand. Sie gehörte dem Fürsten von Thurn und Taxis und beherrschte mit ihren kaiserlichen Privilegien seit 300 Jahren das Feld mehr schlecht als recht. Heinrich Stephan erhielt den Auftrag zu Verhandlung und Übergabe, an deren Ende ein einheitliches deutsches Postwesen im Rahmen des Norddeutschen Bundes stand – mit einer Entschädigung des Fürsten in Höhe von drei Millionen Talern. Verträge mit den süddeutschen Staaten, vor allem mit Württemberg und Bayern, folgten, und überall hatte Stephan das Sagen, in Absprache mit dem preußischen Ministerpräsidenten Otto von Bismarck, der den immer noch jungen Mann immer höher weiterempfahl, bis er 1870 schließlich auf die Stelle des Generalpostdirektors beim Generalpostamt des Norddeutschen Bundes gehoben wurde.

Ein Jahr später gab es das Deutsche Reich und mit ihm eine Post, die dem Reichskanzleramt zugeordnet war. Die weiter bestehenden 22 Bundesstaaten mussten eingegliedert werden, wobei Württemberg und Bayern auf einer Eigenständigkeit beharrten, die erst 1919 endete. Zusätzlich hatte Stephan während des Deutsch-Französischen Krieges von 1870/71 die Feldpost organisiert und in diesem Zusammenhang eine Erfindung gemacht, die erst heute langsam zu verschwinden droht: die Postkarte. Die damaligen militärischen Erfolge der Deutschen waren neben dem Einsatz der neuartigen Telefonleitungen auch dieser Form von Nachrichtendienst zu verdanken. Stephan selbst fasste es bemerkenswert prägnant zusammen, wenn er in seinem 1874 im Wissenschaftlichen Verein zu Berlin gehaltenen Vortrag *Weltpost und Luftschifffahrt* über diesen Krieg schrieb: »Pulver, Brot und Briefe waren die drei Hauptbedürfnisse.«

Als wäre all dies nicht genug, erfolgte der eigentliche Paukenschlag erst noch. In einer Denkschrift von 1868 hatte Stephan den Gedanken eines Weltpostvereins skizziert, mit störungsbeziehungsweise gebührenfreiem Transit und Erhebung der Kosten lediglich im Absenderland. Das ganz und gar Unwahrscheinliche gelang nach Kongressen in Bern 1874 und Paris 1878. Deren Vorsitz lag stets bei Stephan, dem Vielsprachler, der dank seiner Spanischkenntnisse seinen ersten internationalen Vertrag mit Spanien geschlossen hatte. Zunächst machten 22 europäische und außereuropäische Regierungen mit, aber die Zahl wuchs unaufhörlich. Der Durchbruch war jedenfalls erzielt und die Welt in einem wichtigen Punkt globalisiert. Der erbliche Adelsstand für den Initiator folgte als Belohnung für diesen Erfolg. Der Generalpostmeister war mittlerweile Wirklicher Geheimer Rat mit dem Titel Exzellenz, etwas später Staatssekretär, also Postminister, daneben Träger des Roten Adlerordens am Band. Ein Ölgemälde zeigt den einstigen Stolper Jungen in umwerfendem Flitter. Erst nach Bismarcks Rücktritt 1890 wurde es auch stiller um Stephan.

Hinzuzufügen wäre noch vieles, vor allem der Ausbau des Telegrafenwesens, das unter Stephans Leitung der Post eingegliedert wurde. Auch der mittlerweile auf 34 000 Meilen ausgebaute Schienenweg half bei der Postbeförderung, für die inzwischen täglich 2578 Eisenbahnzüge im Einsatz waren. In seinem Vortrag *Weltpost und Luftschifffahrt* glänzte Stephan mit diesen und noch viel mehr Zahlen, darunter die 250 000 ankommenden und abgehenden Briefe und Postkarten allein in Berlin, pro Minute 173. An Silvester des Vorjahres lagen in 311 Briefkästen der Stadt 547 377 Briefe und Postkarten – je ein Brief auf zwei »Seelen«, die nicht Schreib-, sondern, ihrem Alter entsprechend, lediglich »Schreifähigen« mit eingerechnet. Im Vorjahr wurden im gesamten Reich 500 Millionen Briefe verschickt, dazu 230 000 Millionen Zeitungen ausgeliefert, 45 Prozent davon privat, des Weiteren wurden zehn Millionen Telegramme zugestellt. Allein die Korrespondenz in Verbindung mit Verlobungen kam auf 350 000 Briefe pro Jahr, bei einem Finanzvolumen von zehn Millionen Talern, wobei der immer gut aufgelegte Stephan vorschlug, bei Liebesbriefen das Porto zu halbieren.

Voller Stolz nachgetragen wurden Zahlen um Zahlen über die »Gesamtcirculation im Reichspostgebiet«, im Vorjahr 800 Millionen Sendungen, pro Minute 1400. Die Korrespondenz ins Ausland zählte 95 Millionen Briefe, von den Fidschi-Inseln bis Grönland. Auf »Mutter Erde« insgesamt kämen jährlich um die 3,3 Milliarden Briefe an, jede Sekunde 100 Stück. Bei einer Gesamtbevölkerung von 1,3 Milliarden ergebe das pro Kopf durchschnittlich drei Briefe im Jahr. Russland wurde für seine Anstrengungen in seinem Riesenreich gelobt und bei Japan erwähnt, dass Verfehlungen wie die Unterschlagung von Briefen nicht unter siebzig Tagen Zwangsarbeit zur Folge hätten.

Und immer wieder dringt ein Hauptpunkt durch: das Weltweite, das die Nationen Überspannende, der Verkehr als wahrer Befrieder der Menschheit. Nein, nicht das Militär beherrscht diese Welt, sondern die Post. Die Menschen wollen sich nicht gegenseitig totschießen, sondern sich Karten, Briefe und Pakete zuschicken. Als Ausblick diente die allerneueste Beförderungsmöglichkeit, die sich ebenfalls bald in den Dienst der Post stellen lasse: die Luftschifffahrt. Natürlich gab es auch dafür eine Zahl: Die Gesamtsumme der in Europa und Amerika ausgeführten Luftfahrten betrage mittlerweile 3700.

All dies wäre nicht zu erzählen, wenn darauf nicht etwas folgte, das uns hier besonders interessiert. Denn Heinrich (nun: von) Stephan war bei seinen Vereinheitlichungsplänen etwas verhältnismäßig Harmloses als besonders störend aufgefallen: die unterschiedlichen sprachlichen Bezeichnungen im Postwesen, vor allem die große Zahl französischer Begriffe in einigen Regionen. Und so führte er kurzerhand Verdeutschungen ein und verordnete am 31. Dezember 1874 seinen Beamten die Ersetzung von 58 Fremdwörtern durch deutsche. So sollte fortan zum Beispiel »rekommandiert« durch »eingeschrieben« ersetzt werden, »Expressbote« durch »Eilbote«, »postrestante« durch »postlagernd«, »Couvert« durch »Umschlag«. Am 21. Juni 1875 kamen um die 700 weitere Ersetzungen hinzu. In einem Brief an Daniel Sanders, Professor der Germanistik und Herausgeber eines *Fremdwörterbuchs*, behauptete Stephan, auf ausdrückliche Anweisung Bismarcks gehandelt zu haben.

Der erst preußische, dann Generalpostmeister des Reiches war jedenfalls einer der ersten Sprachreiniger seiner Zeit. 1877 hielt Stephan den Vortrag *Die Fremdwörter*, in dem er nebst Warnung vor Übertreibung vor allem das Ziel der Verständlichkeit hervorhob. Witzig berichtete er von einem Bezirksarzt auf dem Lande, der eine Belehrung über die Maul- und Klauenseuche mit Wörtern wie »spontan«, »prophylaktisch«, »Exkretion«, »therapeutisch« und so fort garnierte. Er endete mit der Frage: »Muss der Bauer nicht glauben, die Maul- und Klauenseuche sei in die Sprache gefahren?« Aber Stephan wurde für seinen Einsatz nicht gelobt, sondern verspottet. Er möge doch bitte mit seinem eigenen »griechischen« Namen beginnen, las man in der Presse, sich also »Kranz« nennen. Außerdem wurde kritisiert, er habe Fremdwörter wie »Secretair« oder »Eleve« geschont. Weiter zog man gegen eine »neuerungssüchtige Post« zu Felde, gegen die Anmaßung eines Einzelnen, nicht zuletzt gegen die Nachteile beim Verzicht auf international geläufige Begriffe.

Der Angegriffene saß die Angriffe jedoch aus, so wie er schon den Angriff der Siegelmacher ausgesessen hatte, als er das fünffache Siegel auf den Geldbriefen abgeschafft hatte. Jeder Bürger, der sich der Post bediente, sollte nicht nur klare Tarife nach klaren Gewichtsvorgaben finden, sondern auch klare Bezeichnungen. 1887 erging eine Verordnung über Bauten der Postverwaltung, nach der in deren Planungen und Zeichnungen alle Fremdwörter fernzuhalten, die technischen Ausdrücke also durch deutsche zu ersetzen waren. Eine weitere Verordnung verlangte, die Aufschriften in den Post- und Telegrafengebäuden umzustellen: »Korridor«, »Etage« und »Portier« sollten durch »Gang«, »Geschoß« und »Pförtner« ersetzt werden. (Im Übrigen gebrauchten nur die Deutschen ein Wort wie »rekommandiert«, die Franzosen sagten dazu *chargé*, die Engländer und Amerikaner *registered*. Und nur die Deutschen kannten in diesem Zusammenhang das Wort »postrestante«, die Italiener benutzten dafür *ferma in posta*.)
Und siehe da: Als sich der Allgemeine Deutsche Sprachverein gründete und seine Fremdwörterkampagne begann, berief man sich auf ebendiesen Stephan, machte ihn sogleich standesgemäß, also auf telegrafischem Wege zum ersten Ehrenmitglied. Der Geehrte bedankte sich ebenso wohlwollend wie unmissverständlich: »An dem schönen Ziele, an der Wiederherstellung der Reinheit unserer herrlichen Muttersprache mitzuwirken, wird mir stets eine Freude sein.« Doch nicht nur das. 1889 schrieb Stephan einen kleinen Beitrag über die *Sauce*, die letztlich kein Fremdwort sei, weil sie auf *salsa* zurückgehe, ein mittelalterliches deutsches Wort, das direkt aus dem Indogermanischen stamme und damit aus derselben Wurzel wie das französische Wort. Das war eine problematische, wenn auch durch den Rückgriff auf die Indogermanistik wissenschaftliche Argumentation, die gnädig oder auch hilflos darüber hinwegsah, dass die »Salse« eben doch nachweislich aus dem Französischen übernommen

worden war, genauso wie in einer zweiten Entlehnungsphase die »Sauce«. Doch dieser durch und durch gebildete Postler wollte nun einmal zeigen, dass er sein sprachliches Hobby auch auf höherem Niveau betreiben konnte.

Stephan, daran besteht kein Zweifel, fühlte sich wohl im Reich der Sprachreiniger und war dem in diesem Zeichen tätigen Verein gewogen. Mit etwas viel Pathos oder auch typisch wilhelminischem Schwulst rief er in seinem Vortrag *Die Fremdwörter* seinen Hörern zu: »Lassen Sie uns mit deutschem Ernst und deutscher Ausdauer, eingedenk unserer Pflicht, an dem vaterländischen Werke entschlossen fortarbeiten: jeder an seinem Teil in dem, was er spricht und schreibt, in Haus und Beruf, im Freundesverkehr wie in der Kindererziehung (…). Vom Flitterstaate befreit, wird die lichtvolle Verkünderin des deutschen Geistes ihre Strahlen verbreiten in alter Kraft und Herrlichkeit.«

Der Mann, der wie kaum ein anderer seiner Zeit für Globalisierung stand, stand zugleich für die Pflege der deutschen Sprache als Grundlage des nationalen Zusammenhalts, vor allem in der höchst praktischen Version einer einheitlichen Postsprache. Als Preuße, der der Reichsgründung so viel verdankte, wusste er, was Einheit bedeutete, und war bereit, sie als nationale genauso wie als internationale zu vertreten und zu verteidigen, als Einheitsporto genauso wie als Einheitssprache. In welche Enge dies einmal führen würde, ja, dass das Fremdwort gar der Kern allen sozialen und politischen Übels sein sollte, wird er nicht erahnt haben. Es gab ihn noch, den Nationalismus oder, besser gesagt, den Patriotismus ohne Misere. Doch nicht mehr lange.

»Hochemotionalisierter Rauschzustand«

1885

Als Herman Riegel 1885 den Allgemeinen Deutschen Sprachverein gründete, befand sich Deutschland immer noch in einem »hochemotionalisierten Rauschzustand«, wie Hans-Ulrich Wehler im 3. Band seiner *Deutschen Gesellschaftsgeschichte* bemerkt (an deren Kapitel zum Bürgertum ich im Folgenden anschließe). Das auslösende Ereignis lag nunmehr vierzehn Jahre zurück und bestand im Erringen der Einheit. Deutschland war nun Nationalstaat geworden, so wie die umliegenden Länder, die es meist schon lange vorher geschafft hatten: England und Frankreich vorneweg, zuletzt besonders spektakulär und daher als wichtigstes unmittelbares Vorbild Italien mit seinem *risorgimento*, der Wiedergeburt alter Größe.

Aber was bedeutete das nun, Nationalstaat? Ein Nationalstaat ist dem Wortsinn nach ein Staat, der sich auf eine Nation und nicht zum Beispiel auf eine Dynastie gründet, so wie umgekehrt eine Nation nach einem Staat verlangt. Kaum jemand sah darin das Fiktive, ja die meisten waren nur zu gerne bereit, die Fiktion zu ignorieren. Denn worin genau sollte die Nation eigentlich bestehen? Wieso gehörten die Bürger in Österreich-Ungarn nicht dazu, im Baltikum, in den Enklaven Ost- beziehungsweise Südosteuropas, wo zusammengenommen mehr als 24 Millionen Deutschsprachige lebten – wo es doch gerade die deutsche Sprache war, die immer als besonders wichtiger Grund für die Einheit genannt wurde? Und wer war eigentlich der Gründer und damit der Verantwortliche dieses Nationalstaats? Die Bürger hatten es 1848/49 in der Frankfurter Paulskirche nicht geschafft, ihn herbeizuführen, die Einheit war von oben gekommen, in einem Krieg, in dem der König und der Adel die Führung besaßen. Wieso dann der Jubel gerade bei den Bürgern, die sich mit einer Verfassung zufriedengeben mussten, die ihre Rechte einengte und ihre Beteiligung auf ein Parlament beschränkte, das nur bei der Steuer wirklich mitreden durfte?

Man kennt die wichtigste Antwort auf diese Fragen: Jeder sah, wie viel reibungsloser Nationalstaaten funktionierten, wie gut organisierte Wehr- und Wirtschaftsverbände das Wohl aller besser befriedigen konnten, als es kleinteilige Herrschaften mit ihren vielen Barrieren beim Zusammenwirken vermochten. Engländer und Franzosen hatten sich gerade die Welt aufgeteilt – die Engländer waren zuletzt erfolgreicher, als sie nach dem Bau des Sueskanals Ägypten den Franzosen wegschnappten. Deutschland war bei alldem lange Zeit, bis zur Aufteilung Südafrikas auf der Kongokonferenz in Berlin 1884/85, bloß Zuschauer gewesen. Ein Zuschauer wie Stephan, der bei der Eröffnung des Kanals als Generalpostmeister zu den eingeladenen Gästen gehört hatte und anschließend ein Buch über das moderne Ägypten schrieb. Wer wirkliche Erfolge haben wollte, musste mitmachen: bei der Ausgestaltung eines Staates, der seine Kräfte aus einer Nation bezog; bei der Vergrößerung zum Imperium, das nur mithilfe einer Nation gewonnen werden konnte.

Warum die Konzentration auf Größe? Weil sie Versorgung versprach, Teilhabe am reich gedeckten Tisch, der vor aller Augen immer verlockender wurde. Und noch ein weiterer Begriff wurde zum epochenspezifischen Schlagwort: Fortschritt. Permanent neue Erfindungen gaben den Takt vor, versprachen eine bessere, schönere Welt, eine glorreiche Zukunft.

Wer genau nahm teil? Auf jeden Fall die Bourgeoisie, das Großbürgertum, bestehend aus den neuen Industriellen und dem alten landbesitzenden Adel. Man weiß umgekehrt auch, wer nicht oder nur sehr eingeschränkt mit von der Partie war: das Heer der Arbeiter in den Fabriken, dem es in den rasch wachsenden Städten immer schlechter ging. Dazwischen befand sich die dünne, aber sehr artikulationsfreudige Schicht des Bildungsbürgertums: Bürger mit Abitur, die kaum mehr als 0,2 Prozent der Gesamtbevölkerung ausmachten und sich nur ganz allmählich vermehrten. Dieses Bildungsbürgertum hatte den gescheiterten Revolutionsversuch von 1848/49 getragen und ihm seine liberalen Ideen gegeben, die größtenteils aus der Aufklärung des 18. Jahrhunderts stammten und ihren Gipfel in der Französischen Revolution von 1789 fanden, nach dem Motto »Freiheit, Gleichheit, Brüderlichkeit« oder auch im Sinne von Beethovens »Seid umschlungen Millionen«. Nach 1871 verwandelten sich diese himmelsstürmenden Ideen: Sie bezogen ihre Stoßkraft nun eher aus dem neuartigen Reichsnationalismus, nicht mehr aus den alten demokratischen Forderungen oder dem kosmopolitischen »Ballast«, der lediglich von den erfolgreich in Schach gehaltenen »Sozialisten« bewahrt wurde. Es genügte dem Großteil des Bürgertums, unter dem schützenden Dach eines Staates zu leben, der das garantierte, was als das Wichtigste angesehen wurde: Einheit als Voraussetzung für Ruhe und Wohlstand.

Der deutsche Nationalstaat entwickelte sich unter diesen Bedingungen als »alternativloses« Einheitsgebilde im Wettbewerb mit den anderen Nationalstaaten. Er setzte auf Stärke, um den Kampf zu gewinnen, bei gleichzeitigem Verzicht der meisten Mitglieder auf Teilhabe an der politischen Entscheidungsmacht, ja bei fast völligem Kritikverzicht.

Sofort nach der Reichsgründung kam es in dem noch unfertigen Gebilde zu schweren Wirtschaftskrisen, man musste erst das Instrument der Zölle verstehen, um Stabilität zu erreichen. Aber dann ging es stetig aufwärts. Die Planstellen für akademische Berufe wuchsen langsam an, die Zahl der Studenten stieg von

1871 bis 1890 auf das Doppelte. Nimmt man die Grenzen des Deutschen Reichs von 1871 zur Grundlage, so rechnete man um 1850 und bei knapp 34 Millionen Einwohnern mit insgesamt 230 000 bis 280 000 Angehörigen bildungsbürgerlicher Familien. 1870 waren es dann zwischen 240 000 und 300 000, was weniger als ein Prozent der Gesamtbevölkerung ausmachte. Selbst 1914 handelte es sich mit 540 000 Personen immer noch um eine äußerst kleine Schicht, aber eben eine, die das intellektuelle Niveau bestimmte. Und dies mit einem höchst eigenartigen »Potenzial«: mit Bildung, humanistischer, altsprachlicher Schulbildung, mit Latein und gerne auch mit Griechisch – wie es zum Beispiel bei Heinrich Stephan der Fall war.

Man kann rückblickend noch gut beobachten, wie diese Intellektuellen den Nationalstaat mit ihren Mitteln und mit vollster Überzeugung förderten, wobei die Wissenschaft vor allem dank des Aufstiegs der Naturwissenschaften ein fast religiöses Ansehen genoss. Die Historiker schrieben eifrig Bücher zur antiken Geschichte, die nichts anderes als den Beweis für die Überlegenheit des Großstaates unter einheitlicher Führung liefern sollten. Johann Gustav Droysens *Geschichte Alexanders des Großen* erschien bereits 1833, seine *Geschichte der preußischen Politik*, deren erster Band 1855 herauskam, vollendete er 1886. Die drei Bände von Theodor Mommsens *Römischer Geschichte* wurden von 1854 bis 1856 veröffentlicht. In ihnen wird das Ende der römischen Republik mit einem völlig überforderten Cicero und dem Retter Caesar geschildert. Heinrich von Treitschke bot mit seiner *Deutschen Geschichte im neunzehnten Jahrhundert*, erschienen zwischen 1879 und 1894, die Begründung für die kleindeutsche Lösung mit einem Nationalstaat unter preußischer Führung.

Nicht nur die Wissenschaft, auch die Literatur sekundierte. Felix Dahns *Ein Kampf um Rom* von 1876 erzählt voll Mitgefühl vom heldenmäßigen Untergang der Goten, germanischer Brüder und Schwestern also, im Kampf gegen einen finsteren weströmischen Kaiser und einen intriganten Papst. Gustav Freytag beschrieb 1855 in *Soll und Haben* den Aufstieg Breslauer Kaufleute in die Adelswelt und entwarf mit dem von 1872 bis 1880 veröffentlichten Romanzyklus der *Ahnen* eine Familie, deren Geschichte er von den germanischen Zeiten mit ihren rivalisierenden Stämmen bis zur »Ankunft« in einem endlich geeinten Deutschen Reich verfolgt.

Ein wichtiges Instrument der Einheit waren Vereine, in denen das Programm des Nationalismus artikuliert wurde. Früh, bereits 1859, entstand nach dem italienischen Vorbild der Società Nazionale der Deutsche Nationalverein mit 25 000 Mitgliedern. Ein eher spätes Beispiel ist der 1902 gegründete Dürerbund, benannt nach dem großen Maler der Renaissance, mit dem *Kunstwart* als Organ. Er brachte es binnen kurzer Zeit auf 300 000 Mitglieder, die sich in ihrem Programm auf »echt deutsche«, »wahrhaft nationale« Kulturwerte zu besinnen versprachen. Bünde waren das Modell, unter dem sich so verschiedenartige »Bewegungen« wie der Wandervogel, der Deutsche Werkbund und weitere Volksbildungs- und Heimatvereine versammelten. In den *Bayreuther Blättern* meldete sich beispielsweise der erfolgreichste der Richard-Wagner-Vereine zu Wort und verherrlichte die deutsche Nationalkultur unter Berufung auf ihr musikalisches Leitbild. Julius Langbehn sollte 1890 mit seinem zunächst anonym publizierten Werk *Rembrandt als Erzieher* das erfolgreichste Kultbuch dieser »Bünde« liefern, ein regelrechter Religionsersatz in einer intellektuellen Welt, die noch stark reformatorisch geprägt war, aber ihre Verbindung zur Kirche immer weiter kappte.

Überhaupt traten die Künste das religiöse Erbe an. In den Konzertsälen lauschte man andächtig den Aufführungen der Klassiker und beobachtete genüsslich den Wettbewerb unter den zeitgenössischen Komponisten wie etwa Johannes Brahms und Richard Wagner. Auch die Museen füllten sich mit Betrachtern der klassischen Werke der Antike und ihren Nachfolgern, wobei

sie immer öfter in neuen Prunkbauten untergebracht wurden wie etwa dem Neuen Museum in Berlin.
Die Avantgarde hatte es auf allen Gebieten schwer. Sie litt unter dem konservativen Geschmack des Publikums im musikalischen ebenso wie im künstlerischen Bereich. Auch die Literatur brachte neben den neuen Stars vor allem die Klassiker zur Geltung, die erst jetzt wirklich reüssierten. Als 1867 das Urheberrecht befristet und die Klassiker somit »gemeinfrei« wurden, erfand Philipp Reclam die Universal-Bibliothek und veröffentlichte als deren ersten Band Johann Wolfgang von Goethes *Faust*. Waren die Werke von Goethe und Friedrich Schiller in ihrer Entstehungszeit mit kaum mehr als 2000 Exemplaren auf den Markt gekommen, verkauften sich die Gesamtausgaben im 19. Jahrhundert in nicht enden wollenden Auflagen. Startete Schillers achtzehnbändige Gesamtauflage von 1822 bis 1824 mit 50 000 Exemplaren, kam die erneute Auflage von 1827 bis 1831 bereits auf 100 000.
Bildung wurde somit zur »Schlüsselindustrie« mit der Eigenschaft, nach oben hin für Integration zu sorgen, sofern auch der Adel sich nicht völlig ausgrenzen lassen wollte, und nach unten hin abgrenzend gegen allzu viele Aufsteiger zu wirken. Die neuen Funktionseliten rekrutierten sich aus diesem Pool: Verwaltungsbeamte und Pfarrer, Professoren und Juristen. Sie alle lebten in der gleichen Welt: in der des Neuhumanismus, mit der deutschen Eigenheit, dass besonders das Griechische betont wurde, da es aufgrund seiner zersplitterten Staatenwelt der deutschen Realität besonders nahezukommen schien. Geistige statt politischer Freiheit, das war die Losung, ebenso wie eine säkulare statt einer religiösen Grundierung des vom Idealismus geprägten Weltbilds – all dies letztlich verstanden als Bildung im nationalen Sinne. Goethes Idee der »Weltliteratur« war out, es lebten die nationalen Beglücker eines nationalen Publikums, das gar nicht genug Nationales erhalten konnte. Aus diesem wider-

sprüchlichen Gemisch aus moralischem Pathos ohne Grenzen und Fixierung auf das Eigene ergab sich ein seltsam verkümmerter, domestizierter Idealismus, der sich im Nationalen artikulierte, aber auch austobte.

Blieb noch die Sprache, das Nationalste am Nationalen überhaupt. Natürlich hatte man sich sofort an die Aufgabe der Vereinheitlichung gemacht. Konrad Duden, Direktor des Königlichen Gymnasiums in Hersfeld, legte nach schwierigem Anlauf im Auftrag des preußischen Kultusministers 1880 das erste *Vollständige Orthographische Wörterbuch der deutschen Sprache* vor. Darin wurde zuerst einmal in den Schulen für amtliche Regelung gesorgt, nachdem man den Gebrauch von Schulbüchern aus Preußen und Bayern wechselseitig anerkannt hatte. An eine »Alleinherrschaft in ganz Deutschland« ließ sich zunächst nicht denken. Vorläufig musste man damit leben, dass man in Preußen »Litteratur« und »Wiederhall«, in Bayern »Literatur« und »Widerhall« schrieb. Ganz so einfach war das dann doch nicht mit der Einheit, denn allzu begeistert stimmte man nicht zu, wenn es konkret um die Preisgabe alter Gewohnheiten aus der Zeit der Kleinstaaterei ging. Die »theoretischen« Äußerungen klangen da ganz anders und deckten die Schwierigkeiten mehr zu, als dass sie sie beseitigten. Die großspurigen Bekundungen waren eben immer lauter als die praktischen Umsetzungen.

Wer diese Trommel schlug, konnte sich der Aufmerksamkeit jedenfalls in der Regel gewiss sein. Und dies besonders in der Abgrenzung von den »anderen«, die als gemeinsamer Feind oder wenigstens Störenfried ausgemacht wurden. In Dudens Vorwort zum *Wörterbuch* gibt es eine kleine Bemerkung zu den Fremdwörtern. Sie seien »Legion« und könnten deshalb nur mit dem »Nötigsten bzw. Gebräuchlichsten« aufgenommen werden, ohne nähere »Erklärung«, heißt es da. Und dann der aufschlussreiche Satz: Es wäre »eine Pedanterie gewesen, wenn der Verfasser solchen Eindringlingen, die unsere Sprache verunstalten, hätte ein Brandmal aufprägen und durch Angabe der entsprechenden besseren deutschen Ausdrücke vor ihrem Gebrauche warnen wollen«. Nein, keine Warnung, eher die Zuversicht, die Benutzer würden schon ihre nationale Pflicht erfüllen und vorsichtig sein im Umgang mit diesen Parvenus. Wieder einmal trat das übliche Schema auf: Einheit, sprich nationale Einheit: ja. Gleichzeitig wurden aber weiter die alten Eigenheiten gepflegt in der Hoffnung, dass schon zusammenwächst, was zusammengehört. Und auch das weitere Schema zeigte sich: der Versuch, die Schwierigkeiten mithilfe von Abgrenzung zu überdecken. Selbst an einer so empfindlichen Stelle des Baus einer geeinten Nation, bei der orthografischen Frage, reichte das Bedürfnis nach Einheit allein nicht aus.

Genau dieser Widerspruch forderte jemanden zu weiterem Engagement heraus. Er suchte wirkliche Einheit und glaubte, sie in einem scheinbar unwesentlichen Punkt zu finden, der dennoch allergrößte Wirksamkeit versprach. Vier Jahre nach Erscheinen des Duden'schen *Wörterbuchs* wollte er die »Eindringlinge« nicht nur verunglimpfen, sondern mithilfe eines ganzen Vereins sowie der Ausgabe einer eigenen Vereinszeitung, der *Zeitschrift des Allgemeinen Deutschen Sprachvereins*, so weit wie möglich entfernen, ja »ausrotten«. Sein Name lautet Herman (tatsächlich mit nur einem *n*) Riegel.

»Lametta«

Wer hätte gedacht, dass es auch ein »Weihnachtsdeutsch« gibt, noch dazu ein problematisches? Ein Beiträger der Zeitschrift des Allgemeinen Deutschen Sprachvereins *behandelt unter diesem Stichwort, etwas verspätet, im Januarheft 1912 das »Christkind« und eine Reihe weiterer Fremdwörter, die ausnahmsweise zu tolerieren seien, weil das Bezeichnete schließlich »aus alten Kulturen« stamme. Aber eine Ausnahme wird doch angemahnt: »Lametta«. Hier empfehle sich eine beherzte Ersetzung, zum Beispiel durch »Christkindleins Haar«.*

»Entsetzlich viel Mühe und Arbeit gemacht«

Herman Riegel

Herman Riegels Karriere verlief nicht so steil wie die des Generalpostmeisters. Aber auch sie war beachtlich. Riegel brachte es zum Museumsdirektor in Braunschweig. Und in einem Punkt glichen die beiden sich eben doch: Beide Herren hatten ein humanistisches Gymnasium durchlaufen und gehörten somit dem Bildungsbürgertum an, das im neu gegründeten Deutschen Reich außer in der Politik und beim Militär die Führungspositionen besetzte. Bildung bedeutete vor allem die Kenntnis antiker Sprachen und antiker Texte, einen ausgeprägten Humanismus sowie ein Verständnis von Wissenschaft im Sinne einer kritischen Herangehensweise, das Ganze gepaart mit oder umrahmt von einer an der Antike und ihrer Wiederbelebung orientierten Ästhetik. Stephan war mehr literarisch orientiert, liebte Horaz und gründete in Berlin einen Horaz-Club, der sich wöchentlich traf. Riegels Welt war die Kunst, vor allem die der italienischen Renaissance, aber auch die der damals berühmten deutschen Klassizisten wie Peter von Cornelius und Asmus Carstens. Persönlich begegnet sind sich Stephan und Riegel wohl nie, aber sie hätten sich sofort unterhalten können, aus Spaß vielleicht auf Italienisch.

Riegel hat eine Autobiografie verfasst, deren handschriftliche Fassung heute in zwei maschinenschriftlichen Abschriften vorliegt. Die erste ist von 1921 und besteht aus 107 eng beschriebenen Seiten. Sie wird im Braunschweiger Universitätsarchiv aufbewahrt. Man erfährt darin natürlich die wichtigsten Lebensstationen wie zum Beispiel die Herkunft der Familie aus dem Breisgau, wo der Großvater dreimal von französischen Truppen ausgeraubt und vertrieben wurde – eine damals nicht seltene ganz persönliche Grundlage der Abneigung gegen alles Französische. Weiter geht es mit Geburt und Aufwachsen in Potsdam, wo der Vater einen Kunstverlag betrieb, in dessen Räumen der Jugendliche unter anderem dem großen Karl Friedrich Schinkel begegnete, dem Architekten des Königs, von dem die wichtigsten Bauten in Berlin stammten, ebenso wie Christian Daniel Rauch, dem Schöpfer der Siegessäule in Hakenberg bei Fehrbellin. Immer wieder wurde Riegel vom Vater durch die gerade in wilhelminischem Glanz entstehende Berliner Metropole mit ihren repräsentativen Prachtbauten geführt.

Man erfährt auch etwas über seine politische Einstellung, wenn Riegel aus nächster Nähe die Revolution von 1848 schildert. Er berichtet von »Umsturz und Wahnsinn«, von »Pöbeltollwut« und einem Militär, das sich feigerweise nicht zu schießen traute, bis endlich die »Ordnung« wiederhergestellt worden sei. Zwar blickt er nicht ohne Missmut auf das »Viktoriatheater« nach dem siegreichen Krieg gegen Dänemark 1864, lobt aber rückhaltlos das »Aufleuchten des vaterländischen Bewusstseins«. Die Parade durchs Brandenburger Tor stärkte in ihm den Glauben an die »Zukunft Deutschlands«, dass »Kaiser und Reich wiedererstehen« würden. Auch 1866, beim Triumph über Österreich, notierte er »Begeisterung« beim »Nationalbewusstsein«. Im noch französischen Straßburg in der Zeit vor 1871 erlebte er den »Schmerz«, den ihm »das Franzosentum in der alten und so herrlichen Deutschen Reichsstadt verursacht hatte«, und begann »mit Verständnis deutsch zu fühlen«. Der Friedensschluss mit Frankreich nach dem nächsten großen Erfolg erschien ihm als zu geringe »Sühne« für die »Mordbrennereien und Zerstörungen, die Brandschatzungen und Blutsteuern«, die das Land seit

Ludwig XIV. erdulden musste. Vorrang aber hatte das Gefühl, dass der »Traum der Jugend und die Sehnsucht der Nation« ihre Erfüllung in der staatlichen Einheit fand.

Riegel hat in dieser Zeit seine berufliche Laufbahn vorbereitet. Reisen durch fast ganz Europa, besonders in die Niederlande, gaben ihm einen lebendigen Einblick in die Kunstgeschichte, das Studium an der Berliner Universität und der Kunstakademie machte ihn zum Gelehrten. 1864 erschien der *Grundriß der bildenden Künste*, zwei Jahre später ein erstes Buch über Peter von Cornelius, 1883, lange nach dem Tod des Meisters, gab er eine ihm gewidmete Festschrift heraus. Cornelius gilt als Hauptvertreter der sogenannten »Nazarener«, benannt nach den Jüngern, die Jesus von Nazareth einst gefolgt waren. Es handelt sich um eine Kunstrichtung, die nach Erneuerung im Geiste des Christentums, besonders des Katholizismus, strebte und dabei einen neogotischen Klassizismus entwickelte, der den Gegnern schlicht als Kitsch erschien. Man kann auch gnädiger von einem Konservativismus sprechen, der von der beginnenden Moderne rasch überholt wurde. So setzte seit den 1860er-Jahren in Paris der weit stilprägendere Impressionismus ein.

Übrigens war die väterliche Familie von Riegel katholisch. Der Vater konvertierte dann in Berlin zum Protestantismus, wodurch der kleine Riegel von früh an protestantisch groß wurde, was er ausdrücklich als Geschenk betrachtete. Die ästhetische Vorliebe fürs »Gotische« verband sich also mit einer preußischen Grundtendenz hin zum Konservativismus als gemeinsamer Grundlage. Das war anscheinend keine schlechte Voraussetzung für den beruflichen Aufstieg.

Denn auf diesem Weg gab es sogleich Fortschritte. 1868 wurde Riegel Leiter des Städtischen Museums in Leipzig. Er habilitierte sich, um die Voraussetzungen für eine Professur zu erfüllen, mit einer Schrift *Über die Darstellung des Abendmahles, besonders in der toscanischen Kunst.* Anschließend hielt er Vorlesungen, die

ihm Spaß machten, weil das Publikum zahlreich war. Schließlich wagte er den nächsten Schritt: 1871, mitten in der Reichsgründungsphase, wurde er Direktor des Herzoglichen Museums in Braunschweig, in einem der kleinsten der 22 Teilstaaten des Deutschen Reiches (zu dessen größtem »Verdienst« es zählt, dass ein Gymnasiallehrer namens Konrad Koch 1874 das Fußballspiel in Deutschland einführte). Daneben hielt Riegel als Professor wieder Vorlesungen an der Universität. Er sollte die Ämter 25 Jahre lang ausüben, obwohl die Bedingungen alles andere als erfreulich waren. Der Hof mit einem ungebildeten, in Fragen der Geschichte blamabel ahnungslosen Herzog aus dem Welfenhaus an der Spitze interessierte sich nicht für seine Arbeit. Er stimmte erst nach langem Ringen einem Museumsneubau zu, den Riegel mit einer Neuordnung seiner Exponate verband. Seine unmittelbaren Vorgesetzten, Adlige aus der höfischen Umgebung selbstverständlich, schnitten den »Bürgerlichen«. In den Vorlesungen war er gelegentlich allein.
Mitten in dieser Karriere aber ereignete sich etwas, was wir schon kennen: die Gründung des Allgemeinen Deutschen Sprachvereins im Jahre 1885. Riegel behandelte dieses Lebenswerk in seinen *Erinnerungen* eher nebenbei, auch wenn es »entsetzlich viel Mühe und Arbeit gemacht« habe. Denn dem Kenner und Liebhaber von Kunst und Architektur war ein Gedanke gekommen, der wenig zu seinem bisherigen Lebenslauf passte. Auch der Start gelang nicht ohne Hindernisse. 1882 veröffentlichte er nach langer Suche nach einem Verleger in der national-konservativen Zeitschrift *Die Grenzboten* einen Aufruf mit dem altertümlichen Titel *Ein Hauptstück von unserer Muttersprache. Mahnruf an alle national gesinnten Deutschen.* Inhalt: das Aufbegehren gegen die grassierende Fremdwörterflut aus dem Französischen sowie das Wecken eines gefestigten »Deutschtums« auf der Grundlage von Sprachreinigung. All das wurde verbunden mit dem Vorschlag einer Vereinsgründung (so wie

es für alles mittlerweile einen Verein gab). Als sich mehr Sympathisanten als erwartet meldeten, fühlte Riegel sich bestätigt. Am 10. September 1885 wurde in Dresden der erste Zweigverein gegründet. Das war der Durchbruch. Im April 1886 erschien das erste Heft der Vereinszeitung: die *Zeitschrift des Allgemeinen Deutschen Sprachvereins.* In seinen *Erinnerungen* erwähnt Riegel nur das für ihn katastrophale Ende: seinen Rücktritt Ende 1889 nach zwei Jahren größter Unruhen.

Über diese Angelegenheit hatte er sehr ausführlich an anderer Stelle geschrieben, darüber später mehr. Aber hier zunächst die Frage: Wie passt das alles zusammen – Kunsthistoriker, Museumsdirektor, Mann mit europäischem Weitblick in seinem Fach, wenn auch mit einer gewissen Verengung auf Klassik und Klassizismus, und dann Gründer eines Sprachvereins? Warum verfällt ein Mann, der mit Leidenschaft die Bilder und Skulpturen seines Museums betrachtet, sie ordnet, über sie publiziert, ausgerechnet auf »Sprachreinigung«? Man kann zunächst einmal sagen: weil es sonst niemand tat. Die Sprachwissenschaft seiner Zeit, auf die noch ausführlicher einzugehen sein wird, hatte anderes im Blick, betrieb Sprachgeschichte mit wissenschaftlicher Begründung in Analogie zur zeitgenössischen Naturwissenschaft, suchte nach »Gesetzen« vor allem im Bereich des Lautlichen. Jacob Grimm hatte es in seiner *Deutschen Grammatik* vorgemacht. Alle Germanistikstudenten stöhnen noch heute unter den Lautverschiebungen, die sie büffeln müssen. So schrieb Hermann Paul das neue Grundlagenwerk, *Prinzipien der Sprachgeschichte*, das 1880 erschien, also unmittelbar vor Riegels Initiative. Grimm hatte der Sprachreinigung zu seiner eigenen Zeit mehr als skeptisch gegenübergestanden; von Paul ist eine abfällige Bemerkung ohne Nennung von genaueren Adressaten überliefert.

Mit Sprachwissenschaft, vor allem zeitgemäßer, hat diese Sprachpflege offenbar nichts zu tun, im Gegenteil, man kann eher von wechselseitiger Ignoranz sprechen. An Vorbildern hat es allerdings nicht gefehlt, sie lagen nur weiter zurück. Schon im 16. Jahrhundert gab es eine entsprechende Initiative im Zusammenhang mit dem übermächtigen Latein. Im 17. Jahrhundert entstanden förmliche Sprachgesellschaften, die das Deutsche von den massenhaften französischen Fremdwörtern reinigen wollten – die berühmte Fruchtbringende Gesellschaft zum Beispiel; zahlreiche Poeten traten ihr bei, sofern sie nicht eigene Gesellschaften gründeten. Am Ende des 18. Jahrhunderts war Sprachreinigung dann ein Dauerthema, am Laufen gehalten durch die Herausgabe von Wörterbüchern, die Ersetzungen für die Fremdwörter boten. Der bedeutende Pädagoge Joachim Heinrich Campe gehörte zu den Vorreitern. Er wollte nach dem Erlebnis der Französischen Revolution den selbstbewusst gewordenen deutschen Bürgern ein allen, nicht nur den Gebildeten verständliches Vokabular bieten. Im Zusammenhang mit den Befreiungskriegen zu Beginn des 19. Jahrhunderts nahm das Vorhaben dann eine andere Richtung an. Bei dem Lyriker und Geschichtsprofessor Ernst Moritz Arndt sowie bei »Turnvater« Friedrich Ludwig Jahn steigerte es sich zu einem ebenso unbändigen wie unflätigen Franzosenhass. Goethe und Schiller hingegen, aber auch die Gebrüder Grimm mit ihrem Unternehmen des *Deutschen Wörterbuchs*, suchten nach einem nationalbewussten Ausbau der deutschen Sprache ohne diese nationalistischen Auswüchse. Das alles war eine ganze Generation vor Riegel. Folgte nun eine bloße Wiederholung? Und wieso gerade jetzt?

Die letzte Frage ist am einfachsten zu beantworten und teilweise auch schon beantwortet worden: Riegel hat die genannten »Vorläufer« schemenhaft gekannt und versucht, sich mit dem Hinweis von ihnen abzusetzen, man habe früher alles durch Übereifer verdorben. Aber diese Vorläufer hätten im Prinzip die richtige Idee gehabt: die Nation auf einer einenden Sprache zu gründen. Und nun waren die Bedingungen ganz andere und bessere: Die Einheit sollte nicht durch die Sprache *gewonnen* werden, denn sie war ja bereits da. Nun konnte sie durch die Sprache *vertieft* werden. Als preußischer Museumsdirektor in der provinziellen Umgebung eines zum Deutschen Reich gehörenden Herzogtums hatte Riegel die Labilität der Einheit täglich vor Augen. Er hörte mit Entsetzen, wie man in seiner Umgebung vom mickrigen Braunschweig als »Nachbarstaat« Preußens sprach. Gab es nicht etwas Gemeinsames, das man pflegen konnte, um die große Gemeinsamkeit zu stärken? Und wenn es die Sprache wäre, fraglos das Gemeinsamste überhaupt, mit dem letztlich willkommenen Makel, dass sie verbesserungsfähig war? Und deren Verbesserung als bestmögliche Nebenwirkung die Gemeinsamkeit vertiefte?

Man muss trotzdem nach einem letzten Auslöser für Riegels Entschluss suchen. Hatte es etwas mit seiner Tätigkeit als Museumsmann und seiner Suche nach Ordnung, seinem Drang zum Ordnen zu tun? War vielleicht Konrad Dudens Ordnung im Bereich der Rechtschreibung ausschlaggebend, der sich sein Verein übrigens genauso willig anschließen sollte wie der Ordnung im Bereich der Aussprache, die etwas später durch Theodor Siebs eingeführt wurde? Wir werden von beidem noch hören. Jedenfalls bot sich ein Feld zum Ordnen an, das mit dem Nationalen nicht nur engstens verknüpft, sondern dank der herbeigeredeten Bedrohung auch von besonderer Bedeutung war. Rechtschreibung und Rechtlautung mochten einleuchtende Themen sein, die jedoch kaum für große Emotionen sorgten (bei Schülern allenfalls für schlechte). Eine »reine« deutsche Sprache aber schien für den Bestand des Ganzen von größter Bedeutung und daher viel aufregender.

Oder gab es eventuell noch ein ganz anderes Motiv? 1882 hatte Riegel endlich den Neubau des Museums durchgesetzt, 1887 wurde es eröffnet. Suchte er vielleicht nach einer Tätigkeit, die seine Reputation stärkte? Im damaligen Deutschen Reich konnte man als Bildungsbürger zwar Karriere machen, aber irgendwann blieb man stecken. So erfolgreich wie beim Generalpostmeister Stephan ging es nur äußerst selten weiter. Suchte Riegel vielleicht in seiner kulturell apathischen Umgebung nach mehr Bestätigung? Nach Anerkennung, die auf seine Tätigkeit im Museum zurückstrahlte?

Jedenfalls ahnte Riegel wohl nicht, worauf er sich da wirklich eingelassen hatte. Im ersten Moment mochte das Unternehmen ungeheuer verlockend wirken. Man konnte etwas tun. Man gewann Mitstreiter, löste eine »Bewegung« aus, etablierte einen »Bund«, der eine eigene Aufgabe fand: Veröffentlichungen überprüfen, Zeitungen sichten, Literatur durchwühlen. All das mit einem Ziel, das Riegel für mehr als gerechtfertigt hielt: die Stärkung des nationalen Gedankens und die Teilhabe am Ausbau eines Deutschen Reiches, das politisch seine Ausgestaltung erreicht haben mochte, aber jede Menge Motivation benötigte, um sich zu entfalten. Und bei alldem konnte Riegel, der Museumsmann, mitwirken, mit einer letztlich bewährten, nur eben bislang nicht wirklich »richtig« durchgeführten Idee, die unter anderem der Generalpostmeister gerade sozusagen im Kleinen, auf seinem eng abgesteckten Betätigungsfeld, vorexerziert hatte.

Was auch immer das Unternehmen letztlich wirklich auslöste, welches der genannten Motive die wichtigste oder überhaupt eine Rolle spielte: Der Start des Vereins gelang.

»Kriegserklärung gegen die französischen Eindringlinge«

Die Gründung

Die Gründung des Sprachvereins ist in einer weiteren Schrift von Riegel in allen Einzelheiten dokumentiert. Sie erschien 1885 unter einem noch umständlicheren als dem vorangegangenen Titel: *Der allgemeine deutsche Sprachverein, als Ergänzung seiner Schrift: Ein Hauptstück von unserer Muttersprache. Mahnruf an alle national gesinnten Deutschen.* Darin beschreibt Riegel die Vereinsziele mit Vorbereitung der Satzung. Vor allem fordert er die Errichtung einer Akademie der deutschen Sprache »von Reichswegen«, was einer der wesentlichen Gründe für augenblicklich einsetzende Rivalitäten und endlose Diskussionen war. Worin genau lagen die Reibungspunkte?

Die Suche nach einer Antwort führt wieder tief ins 19. Jahrhundert zurück, als die Brüder Grimm mit ihrem *Deutschen Wörterbuch* die schärfstmögliche Ablehnung des französischen Modells zur Sprachpflege formulierten, die auf der *Académie française* basierte. Es gehörte buchstäblich zum Mantra der entstehenden Germanistik, dass die Sprache nicht durch solcherlei Institutionen zu stützen sei, sondern sich »frei« entwickeln solle. Geradezu giftig verurteilte der sonst so abgeklärte Wilhelm Grimm bei seiner Vorstellung des *Deutschen Wörterbuchs* auf dem Frankfurter Germanistentag 1846 dieses Konkurrenzunternehmen, das der französischen Sprache nur geschadet und sie in ein Korsett gezwungen habe, das jeden Benutzer überfordere. Genüsslich schilderte er, dass Napoleon »erbärmlich« geschrieben habe und seine Briefe korrigieren lassen musste, weil er dem viel zu kompliziert gewordenen grammatikalischen Regelwerk nicht gewachsen gewesen sei. Der einzige »Grund« der Sprache liege sinnvollerweise im Volk, das diese Sprache ausgestalte, immer neu erschaffe, immer weiter entwickele.

Gerade darauf beruhe überhaupt die große Achtung vor der deutschen Sprache, die sich eben nicht der Arbeit von obskuren Experten verdanke, sondern allein dem Wirken aller. Nein, über sie bestimme keine Akademie mit selbst ernannten »Richtern«, sondern sie sei ein Unternehmen von reinen »Sammlern«. Mehr noch, sie sei eine Darbietung des Gesammelten nach der Methode, die der Bruder, Jacob Grimm, in seiner vierbändigen *Deutschen Grammatik* von 1822 bis 1826 ausgetüftelt hatte: die »genetische« Methode, die jedes Wort in seiner Entstehung verfolgt, seine Verwurzelung in germanischen beziehungsweise indogermanischen »Tiefen« festhält und möglichst sämtliche Verzweigungen in den Schwestersprachen auflistet.

Wer einmal einen Artikel im *Deutschen Wörterbuch* gelesen und als Nichtfachmann kaum verstanden hat, weiß, wovon hier die Rede ist. Der Schlachtruf »keine Akademie« war alles andere als ein Plädoyer für Schlichtheit. Ein komplizierteres Wörterbuch als das deutsche hat sich wohl keine Nation geleistet. Wilhelm Grimm vollendete nach jahrzehntelanger Arbeit den Buchstaben D, Jacob Grimm kam bis zu seinem Tod 1863 noch bis zur »Frucht« unter F. Fertig wurde es 1961. Da erreichte es einen Umfang von insgesamt 16 Bänden mit 67 744 Textspalten.

Und nun also doch eine Akademie, doch ein Richteramt. Riegel hat nie etwas zum Grimm'schen Argument gesagt, sondern schob es genauso beiseite wie die Argumente gegen die Sprachreinigung, die die Brüder Grimm im Gleichtakt und mit starken Worten zurückwiesen. So sprach Wilhelm im schon genannten Frankfurter Vortrag von den Puristen, die »mit beispiellosem Unverstand die natürliche Gestalt der Sprache zerstören«, und

Jacob schrieb 1847 in seiner Abhandlung *Über die Pedanterie* (in der für ihn charakteristischen Kleinschreibung) vom »ärgerlichen purismus« als einer *Form* von »pedanterie«. Doch immer wieder haben sich Autoren der *Zeitschrift* des Sprachvereins um diese Argumente herumgemogelt, die These von der Verwurzelung der Sprache im Volk isoliert hervorgehoben und als das einzig »wesentliche« Grimm'sche Erbe gepriesen. Aber man kann auch erkennen, worauf Riegels Entscheidung beruht. Es ging ihm nicht um Sprachwissenschaft, es ging ihm um Sprachpflege. Und diese Forderung kommt in einem sehr charakteristischen Gewand daher. Denn Riegel sagt in seinem programmatischen zweiten *Mahnruf* nicht nur, dass er auf den »wissenschaftlichen Standpunkt« verzichte, sondern er gibt zudem einen anderen Standpunkt an: Er argumentiere »ganz und gar vom nationalen Boden aus«, so die Parole.

Das aber war alles andere als ein sinnvoller Gegensatz. Auch die Grimms bewegten sich auf »nationalem Boden«, wollten eine Sprachforschung, die den nationalen Zusammenhalt durch Rückbindung an eine lange, prägende Tradition stärke. Aus der »empfänglichkeit des volks für seine muttersprache« entspringe »eine erstarkte liebe zum vaterland und untilgbare begierde nach seiner festeren einigung«, heißt es in der Vorrede zum *Deutschen Wörterbuch.* Wer sich dieser Tradition bewusst sei, könne für die Nation eintreten, war der Grundgedanke, in dessen Sinn Jacob Grimm auch nicht vor einem eher kuriosen Ratschlag zurückschreckte, wonach der »Hausvater« der Familie abends stets einen Artikel aus dem *Wörterbuch* vorlesen möge. Man stelle sich einmal die armen Kinder vor, die es mit althochdeutschen, altsächsischen, zusätzlich englischen, dänischen und weiteren Wörtern zu tun bekamen, eingebettet in Lautverschiebungen und andere hochkomplizierte Details der genetischen Methode.

In Riegels zweitem *Mahnruf* wird daraus etwas völlig anderes: Nicht Ableitung, sondern Abgrenzung ist sein Motto. Es geht nicht um die Erkenntnis der gemeinsamen Herkunft, sondern um die Distanzierung vom Fremden, das besonders die Franzosen mit ihren Fremdwörtern repräsentierten. Riegel weckte in diesem Punkt ganz andere Emotionen, als Grimm sie sich mit der häuslichen Lesung vorstellte. Statt ums Staunen über den Reichtum und die Tiefe der Muttersprache ging es ihm um die Einsicht in deren »widerwärtigen Zustand«, »der ein Schandfleck ist auf dem Schilde deutscher Ehre und öffentlichen Anstandes unter uns«.

Man versteht nun besser, wo der Ruf nach der Akademie herkam. Was die Grimms fürchteten wie der Teufel das Weihwasser, wurde Riegel zum einzig effektiven Instrument: die polizeiliche Maßnahme. »Schande« sollte bekämpft werden, die Verletzung der »Ehre« galt als Delikt. Im ersten *Mahnruf* hatte es tatsächlich geheißen: »O könnte man doch die Sprachwälscher und Sprachfälscher mit Geldbußen, Gefängniß und Vernichtung ihres Machwerkes bestrafen, wie die Fälscher von Nahrungsmitteln und Getränken! Verdient hätten sie es reichlich. Denn ihr Verbrechen an dem nationalen Gute des deutschen Volkes ist wahrlich viel größer und folgenschwerer als das der Butter- und Bierfälscher an der Gesundheit einiger Bevölkerungskreise.«

Es ist so gesehen weniger eine einzelne Forderung, auch nicht das Konzept insgesamt, das das Charakteristische ausmacht – es ist diese Mischung von peinlicher Wehleidigkeit und stammtischartiger Aggressivität, in der Riegel, dieser kreuzbrave Museumsmann mit Vorliebe für den Nazarenerstil, sein Anliegen vortrug. Auf irgendwelchen Wegen hatte er von einer Mitteilung gehört oder gelesen, die 1884 in der Zeitschrift *Der Waldbote* im fernen Medford im US-amerikanischen Bundesstaat Wisconsin erschien. Dort sei vom »Wildwuchs deutscher Zeitungsschreiber in Amerika« die Rede gewesen, von der »Verunreinigung der deutschen Sprache mit unnötigen Fremdwörtern« – und Folgendes festgestellt worden: »Aber die schlimmsten sind die

Zeitungsschreiber, die sich Journalisten nennen, und förmlich einen Stolz darein setzen, sich dem Volke, für das sie schreiben, möglichst unverständlich zu machen!« Wer so etwas hierzulande kritisiere, müsse sich gefallen lassen, lächerlich gemacht zu werden, wie es etwa das damals bekannte Satireblatt *Kladderadatsch* praktiziere. Dabei richteten sich zum Glück einige Aufrechte gegen die »Verwälschung der deutschen Sprache«. In Bern habe man zur 400-jährigen Gedenkfeier Luthers, des »Begründers einer würdigen deutschen Sprache«, den Artikel geschrieben *Die Entwälschung der deutschen Sprache.*

Hier ist es, das Stichwort der »Ver- beziehungsweise Entwälschung«, das vielleicht harmlos klingt, aber den Nationalismus auf den Weg des Fremdenhasses à la Arndt und Jahn brachte und damit die wüsten Zeiten der Befreiungskriege zurückkehren ließ. Anerkennend zitierte Riegel den gerade erschienenen Beitrag *Die Erbsünde unserer Sprache* in der *Deutschen Verkehrszeitung*, wo von einem »Krebsschaden unseres Volksthums« die Rede war. Riegel hat diese Polemik nicht erfunden, sie aber aufgegriffen und verstärkt. 1871 war eben nicht nur das Jahr der Reichsgründung, sondern auch des Sieges über den »Erbfeind« gewesen, über die Welschen, wie die romanischen Völker, speziell aber die Franzosen genannt wurden.

Der Nationalismus eignete sich den Welschenhass nicht an, sondern verband sich, wurde eins mit ihm. Denn Riegel brauchte ihn förmlich als Begründung einer Einheit derer, die in der Theorie zusammengehörten, in der Praxis dagegen jede Eigenständigkeit zäh verteidigten. Welschenhass als Kern und Motor der Sprachpflege war der Kitt des neuen Deutschen Reiches. Wie ein nicht endender Trommelwirbel begleitete dieses Motiv alle Ausführungen. Der Sprachverein war im Augenblick seiner Gründung kein harmloser Beobachter der Sprache, sondern ein nationalistischer Kampfbund.

Riegel zieht am Ende des zweiten *Mahnrufs* jedenfalls das Fazit, es gebe bereits eine »Bewegung« nationaler Art, mit nationaler Motivation, eine »Bewegung für die Befreiung der deutschen Sprache von den in sie während der langen Zeiten des nationalen Verfalles eingeschleppten und aus schlechter Gewohnheit gehegten fremden Bestandtheile«. Unter der Überschrift *Stand des Übels* wurde nun all das aufgezählt, was noch zu tun sei und unter neuer Zielrichtung angepackt werden solle. Die Zeitungen schrieben zwar über die »Sprachverquatschung und deren Bekämpfung«, täten aber letztlich zu wenig. Die Ärzte ergingen sich in ihrer »abscheulichen Fachsprache«, wenn sie schreckliche Wörter wie »Massage« verwendeten. Ausgerechnet Rudolf Virchow, der weltberühmte Pathologe an der Berliner Charité, geriet so in Riegels Visier: Virchow habe sich spöttisch über Sprachreinigung geäußert, man sei eben »in besonders hohem Maße für Neuigkeiten aufgeschlossen« und würde daher tatsächlich Fremdwörter in großer Zahl »einbrocken« wie etwa »vulgair« und »recipieren«. Und das habe er auch noch mit dem Hinweis versehen, die ärztliche Sprache sei eine »kosmopolitische« und benutze lediglich übliche »Termini technici«. Riegels Kommentar dazu: »Wenn aber die fremden ›Termini technici‹ in Rudolf Virchow's Ohr nur recht griechisch, lateinisch und französisch klingen, so freut sich seine Seele: für die deutsche Sprache hat er kein Herz und kein Verständnis.«

Riegel ging daraufhin andere Berühmtheiten durch und klagte sie an. Theodor Mommsen beispielsweise habe seine Akademieabhandlung über den Ort der Varusschlacht 1885 mit dem Satz begonnen: »Die militärische Situation, aus welcher die Katastrophe der Armee erwuchs …« Das ergebe vier Fremdwörter auf nur zehn Wörter insgesamt. Besonders schlimm stehe es weiter in Handel und Gewerbe. Karl Fränkel etwa in Berlin, »Französische Straße Nr. 33«, kündige »die stylographische Feder Monarch mit großem Reservoir an«. Als wolle Riegel einem Schlägertrupp sagen, wo er die Übeltäter finde, sind weitere genaue Adressen angegeben. Dass tatsächlich bald Fensterscheiben von Läden eingeschlagen wurden, die Fremdwörter auf ihren Schildern verwendeten, wurde vonseiten des Sprachvereins nie kommentiert.

Der Fokus blieb aber nicht nur auf dem »Welschen«; deutsche Kaufleute, die sich in der Welt bewegten, übernähmen »vollkommen widerstandslos« englische Ausdrücke wie »Meeting«, »Chief«, »Town«, »Palaver«. Kommentar: »Das Ausland ist längst auf diesen schmählichen und schmachvollen Unfug aufmerksam geworden, den man nicht begreifen kann (...)«

Und Riegel legte nach, heizte regelrecht ein. In den Niederlanden habe ein ähnlicher Verein mit dem Namen *Het Willemsfond* nach der Herabdrückung des Flämischen auf eine »Bauernmundart« eine Wende erreicht. Das sei nun auch in Deutschland das Ziel, und zwar mit dem Hauptzweck, die »Fremdwörterseuche« zu bekämpfen. Daneben wolle man sich auch um andere Probleme kümmern wie etwa die Zweischriftigkeit (mit »gebrochener« Fraktur und »runder« Antiqua im Buchdruck) und eine gemeinsame Aussprache angesichts der Mundarten. In der Satzung steht schließlich unter Punkt eins die »Erhaltung und Wiederherstellung des echten Geistes und wahren Wesens der deutschen Sprache«, unter Punkt zwei die »Reinigung von Fremdwörtern« und unter Punkt drei die Errichtung einer Akademie. Dazu die Aufforderung: »Also strömet herbei ihr Deutschen in allen Landen!« Damit ihr »künftig ohne das alte bittere Gefühl von Scham und Schande, ja nunmehr mit Selbstgefühl und Stolz eure Sprache sprechen dürft und kein Ausländer es noch wagen darf, euch wegen eures Kauderwälsches zu verhöhnen und zu mißachten«.

Letztlich ist es der ins Feld des Moralischen, ja des Militärischen gespielte nationale Gedanke, der nach Riegels zweitem *Mahnruf* Ziel und Motivation des Sprachvereins ausmacht und mit allen erdenklichen Zuspitzungen eingehämmert wird: »Die Fremdwörterseuche ist eine schwere, tief eingewurzelte Krankheit der deutschen Sprache …« Der Hauptkampf richte sich »gegen die Überlast französischer Schmarotzer«. Man achte auf »die Rede der Sprachsünder und die Schriften der Sprachsudler«. Es gehe um eine »Kriegserklärung gegen die französischen Eindringlinge«. Zwar gelte das Augenmerk auch etwa dem englischen »Baby«, nur seien die französischen Ausdrücke eben »die zahlreichsten und widerwärtigsten«. Und für diejenigen, die es bis hierhin immer noch nicht verstanden hatten: Es handele sich bei alldem »mehr um eine sittliche Aufgabe als eine wissenschaftliche«.

Mit der Sprache stand also laut diesen Darlegungen etwas Entscheidendes auf dem Spiel: Es ging um mehr als die Sprache. Es ging um die Existenz der Nation. Oder eben, in dieser charakteristischen Engführung, um die Existenz der Nation aufgrund der Sprache. Die Reichsgründung mochte gelungen sein, aber es drohte eine Art moralische Auszehrung, eine freiwillige Unterwerfung aufgrund unfassbarer Blindheit für die damit verbundenen Gefahren. Riegel bot das Rezept für die Gegenwehr, weil er nach eigener Aussage »verstanden« hatte, was mit der verkommenen Sprache drohe. Ein Sprachversteher mit Reinigungsfuror diente sich als Retter an.

»Abort«

Immer wieder erhielt der Sprachverein Zuschriften von Zeitgenossen, die sich über Fremdwörter in Beschriftungen aufregten. Ein Pastor beschwerte sich bei seiner Reise von den Vereinigten Staaten in die Heimat darüber, dass auf dem deutschen Schiff die deutschen Namen, wenn überhaupt, erst nach den englischen aufgeführt würden. Einen gewissen Tiefpunkt aber bildete die Beschwerde eines Zugreisenden, mitgeteilt im Oktoberheft 1902. Er war auf »Aborte eines internationalen Wagons« gestoßen und wollte daraufhin nur noch eines: heraus »aus diesem internationalen Affenkasten«.

»Nur der tief Gebildete kann Sprachreinigung üben«

Mitglieder

Wer macht bei so etwas mit, wenn die attraktivste Rolle, also die des Gründers, der zwangsläufig der erste Vorsitzende (beziehungsweise, wie es in diesem Verein hieß: »Vorsitzer«) wurde, bereits vergeben ist?

Nach Angaben der Festschrift zum 25-jährigen Bestehen erfolgte auf den »Mahnruf« hin Zuspruch »von überall her«, mit 21 »Gesinnungsgenossen« sei die Vereinsgründung im September 1885 gelungen. Dem ersten »Zweigverein« folgten rasch weitere, insgesamt 91 mit rund 6000 Mitgliedern. Bereits im Oktober fand wiederum in Dresden die erste »Hauptversammlung« statt, auf der die Umrisse des *Allgemeinen Deutschen Sprachvereins* als Dach des Ganzen festgelegt wurden und Wahlen zum »Gesamtvorstand« stattfanden. Am 1. April 1886 erschien das erste Heft der *Zeitschrift* im Umfang eines Druckbogens, mit acht Seiten zu je zwei Spalten im großen Oktavformat. Das Unternehmen florierte. 1899 wurde ein »Werbeamt« eingerichtet, das für immer neue Zweigvereine sorgte, vor allem im Ausland, wo man die Anregung begierig aufnahm. In London wurden 1899 bei der Eröffnung solch eines Zweigvereins circa 600 Mitglieder gemeldet, in New York (»Neu-York«) 1903 um die 1000. 1930, 45 Jahre nach der Gründung, war dann der Höhepunkt von 489 Zweigvereinen mit genau 49 744 Mitgliedern erreicht. Zwischendurch und hinterher sank die Zahl immer wieder einmal ab. 1926, während der Weltwirtschaftskrise, lag sie bei 32 115, 1933, angesichts der

Inflation, bei 37093. In diesen Fällen bat der Vorsitzende ausdrücklich um Treue und Hilfe, und das Papier war so dünn, dass man heute jede Seite mit größter Vorsicht umwenden muss, um keine Risse zu erzeugen.

Wer beteiligte sich? Wer waren die Mitglieder? Für das Jahr 1890, also kurz nach der Gründung, sind 200 Universitätsprofessoren aufgeführt, 1000 Gymnasiallehrer, 1300 Lehrer an Volks- und weiteren Schulen. Bei dieser starken Vertretung der Lehrerschaft sollte es bleiben. Daneben war auch der höhere Verwaltungsdienst aktiv. Dazu gehörten Beamte in den Reichsämtern, Ministerien und städtischen Verwaltungen, darunter zum Beispiel auch der Präsident des Reichseisenbahnamts. Weiter aufgeführt sind in einem Jahresbericht unter anderem ein Geheimer Regierungsrat, ein Mitglied des preußischen Herrenhauses, ein Präsident des Kaiserlichen Oberschulrats, ein Rat im Königlich Preußischen Kultusministerium, ein Direktor der Landesbibliothek, ein Eisenbahndirektionspräsident a. D., ein Generalsekretär des Deutschen Handelstags, ein Geheimer Medizinalrat, ein Sekretär der Königlich Preußischen Akademie der Wissenschaften in Berlin und hohe Militärs.

Gerade hohe Herren strebten in die Vorstände beziehungsweise den Gesamtvorstand des Vereins, allerdings stammten die eigentlichen Führungsfiguren aus dem gehobenen Bürgertum. Einer der wichtigsten Unterstützer Riegels und letztlich für die Gründung mitverantwortlich war ein Studienrat aus Dresden, der nicht nach der höchstmöglichen Stellung strebte, weder am Gymnasium, wo er es bis zum Konrektor und Gymnasialprofessor brachte, noch im Verein, wo er immerhin Stellvertreter des Vorsitzenden wurde: Dr. Hermann Dunger, übrigens der Verfasser der Festschrift. Dunger war Fachmann, wenn auch nicht für Sprachwissenschaft, so doch für deutsche Sprache und klassische Philologie. Seine Dissertation schrieb er über mittelalterliche Texte zum Trojanischen Krieg und ihre antiken Quellen.

Kurz vor der Vereinsgründung, 1882, hatte er ein *Wörterbuch von Verdeutschungen entbehrlicher Fremdwörter* vorgelegt, zwei Jahre später erschien die Schrift *Das Fremdwörterunwesen in unserer Zeit.* In seiner eigenen Programmschrift kritisiert Riegel den Kollegen noch, weil er ihm nicht »rigoros« genug gegen die Fremdwörter zu Felde zog, sondern stattdessen auf »Mäßigung« drang. Aber Riegel erkannte bald das strategisch klügere Vorgehen des Kollegen und machte es sich zu eigen.

Man kann sagen, dass Dunger den penetranten Nationalismus Riegels nicht teilte und auch in diesem Punkt Mäßigung zeigte, indem er sich auf die entbehrlichen Fremdwörter beschränkte und auf übertriebene nationale Polemik verzichtete. Dunger kannte sich im Gegensatz zu Riegel in der Geschichte der Sprachreinigung perfekt aus. Er schilderte die Aktivitäten seit der frühen Neuzeit und belegte die Fremdwörterflut seiner eigenen Zeit mit Zahlen, wenn er neben die 94 000 Einträge eines regulären englischen Wörterbuchs oder die 43 000 eines chinesischen die ganzen 90 000 Einträge des deutschen *Fremdwörterbuchs* von Johann Christian August Heyse setzt. Vor allem bemüht er sich um eine Klärung, worum es sich beim Fremdwort überhaupt handelt.

Man kann Dunger so gesehen am ehesten mit Stephan vergleichen. Er sah Reformbedarf, kämpfte um eine verständliche Sprache, wehrte sich gegen aufgeblasenes Gehabe und ein stures Festhalten an Gewohnheiten. In diesem Geist erschien unter seiner Federführung das erste themenbezogene jener Verdeutschungswörterbücher, die in rascher Folge in großer Zahl erstellt wurden: die *Deutsche Speisekarte.* Dunger strebte insgesamt eine Sprachpflege mit wissenschaftlichem Fundament an. Beitrag für Beitrag erschien in diesem Sinne; an fast jedem Heft, das bis zu seinem Tod 1912 erschien, wirkte er mit.

Aber Dunger war nicht wirklich repräsentativ. Es dominierten die Eiferer. Die wichtigste Führungsfigur dieser anderen Richtung stellte Otto Sarrazin dar, der 1885 als Mittvierziger zu den Männern der ersten Stunde gehörte. Er war von Beruf Bauingenieur, hatte in Bauämtern Karriere gemacht und landete zuletzt in Berlin als Ministerialrat. Mittlerweile betreute er drei wichtige Fachzeitschriften als Schriftleiter. Auch Sarrazin hatte früh das Fieber der Sprachreinigung gepackt. 1886 trat er mit einem *Verdeutschungswörterbuch* in Erscheinung, das in immer neuen Auflagen erschien, 1889 bereits in verdoppeltem Umfang mit mehr als 200 Seiten. Wenn es den Verein zu verteidigen galt, kämpfte er an vorderster Front. Dabei war Sarrazin der beste Formulierer, den der Verein in einer Spitzenposition je hatte. Ohne wirkliche Ausbildung im Bereich Sprache arbeitete er sich in Fachfragen ein. So ist sein Beitrag über das Binde-s bei Problemwörtern wie »Denkmalspflege« gegenüber »Denkmalpflege« ein kleines Kabinettstück. Noch deutlicher wurde dies beim Ausbruch des Ersten Weltkriegs. Mit Sarrazin festigte sich im Verein der Nationalismus in seiner unseligsten Variante. Während Dunger für eine eher vernünftige Form der Sprachpflege stand, vertrat Sarrazin einen immer schlimmer werdenden Chauvinismus.

Als Riegel von seinem Amt zurücktrat, waren es zwei Militärs, die kurzfristig den Verein führten: zuerst Oberstleutnant a. D. Max Jähns, dann Oberst a. D. Friedhelm Schöning. Als dieser 1900 verstarb, begann für Sarrazin die Führungszeit und mit ihr die längste, die ein Vorsitzender des Allgemeinen Deutschen Sprachvereins je innehatte. Sie endete erst aufgrund von Sarrazins schwerer Erkrankung 1921. Es folgten Ernst Dronke, ein Oberlandesgerichtspräsident, dann Richard Jahnke, ein Ministerialdirektor, unter dessen Regie 1933 die Umbenennung der Zeitschrift in *Muttersprache* erfolgte. Nach Jahnkes Tod im Mai 1933 trug der Verein den Vorsitz Rudolf Buttmann an, dem Generaldirektor der Bayerischen Staatsbibliothek, über dessen Rolle als »Gleichschalter« noch ausführlich zu berichten ist.

Wo aber blieb seit Beginn und dann im Laufe dieser langen Ent-

wicklung die Fachwissenschaft? Welche Germanisten aus der universitären Zunft ließen sich hineinziehen? Man muss dabei wissen, dass die damalige Germanistik seit den Gründungszeiten von Jacob Grimm stark sprachgeschichtlich orientiert war. Diese Sprachgeschichte aber lag mittlerweile in den Händen der sogenannten Junggrammatiker. Das Interesse galt in diesen Kreisen dem Funktionieren der Sprache, der Entwicklung vor allem ihrer Laute nach festen Gesetzen. Dabei suchte man eine Anlehnung an die Naturwissenschaften, die mit ihren überwältigenden Erfolgen die Führung in den Wissenschaften übernommen hatte. Auch die Literaturwissenschaft bemühte sich um ein »wissenschaftliches« Fundament, das sie schließlich in der Methode des Positivismus zu finden meinte, die statt an Interpretationen von Dichtung an der Aufdeckung der biografischen Hintergründe interessiert ist. Wilhelm Scherer, der auch noch eine Sprachgeschichte schrieb, arbeitete in diesem Sinne eine Literaturgeschichte aus, in der jedes Zettelchen der Autoren penibel verwertet ist. Auch eine der großen Editionsleistungen wie die von 1887 bis 1919 erstellte Weimarer Ausgabe der Werke Goethes (nach ihrer Schirmherrin, der Großherzogin von Weimar, auch »Sophienausgabe« genannt) ist vor diesem Hintergrund zu sehen und umfasst mit ihren Kommentaren 143 Bände.
Kein Wunder, dass sich diese wissenschaftsversessene Zunft von einem »Dilettantenverein« eher abgestoßen fühlte. Aber es gab darin Mitglieder sehr unterschiedlicher Art. Bernhard Suphan etwa war zunächst Gymnasiallehrer, seit 1887 erster Direktor des Goethe-Schiller-Archivs in Weimar. Er gehörte zu den wichtigen Herausgebern der klassischen Literatur im Sinne der positivistischen Schule – von ihm stammt die kritische Herder-Ausgabe in 33 Bänden. Suphan ließ sich 1887 zum Vorsitzenden des Berliner Zweigvereins wählen, nachdem er kurz zuvor frühere Bemerkungen Herders zur Gründung einer Akademie der deutschen Sprache kommentiert hatte. Später muss er sich jedoch abge-

wandt haben, jedenfalls wird er 1903 als »unerwarteter Widersacher« aufgeführt. Dabei sind auch noch seine mehr als abfälligen Bemerkungen zur Tätigkeit des Sprachvereins angeführt: Viele »redlich Meinende«, aber auch »Unberufene« hätten »so viel Unfug und verhältnismäßig so wenig Gutes mit ihrer Beflissenheit« gestiftet. »Nur der tief Gebildete kann Sprachreinigung üben (...). Von Ungeübten geübt ist sie Sprachverengung, Spracheinzwängung, Sprachvergröberung, Sprachverarmung (...).« Vor allem Goethe sei immer dagegen gewesen, wozu Suphan Einschlägiges zitiert. Natürlich sind Suphans Bemerkungen in der *Zeitschrift* kommentiert. Im gerade zurückliegenden Jahrgang 1902, so heißt es rechtfertigend, habe es unter 142 Vorträgen nur fünf zur Sprachreinheit gegeben. Und was Goethe anbelangt, bedürfe es einer gründlichen Aufarbeitung, die dessen »merkwürdige Gereiztheit« einmal sachlich einordne.

Mitmachen und Abfallen eines Profis also. Aber es gab viel öfter treues Dabeibleiben. Schon 1886 fühlte sich Rudolf Hildebrand vom Sprachverein angezogen, seines Zeichens Professor für Neuere deutsche Literatur und Sprache in Leipzig, Nachfolger der Brüder Grimm bei der Herausgabe des *Deutschen Wörterbuchs.* Die Eintrittskarte lieferte er mit seinem 1867 veröffentlichten Buch *Vom deutschen Sprachunterricht in der Schule*, dessen Kapitel »Von Behandlung der Fremdwörter in der Schule« eine unmittelbare Anregung für Riegel war, wozu der sich auch ausdrücklich bekannte. Auf der ersten Hauptversammlung in Dresden ließ sich Hildebrand in den Gesamtvorstand wählen.

Sogleich fällt Hildebrand mit einem überraschenden Vorschlag auf. Zur Vertiefung in das »Wesen unserer Sprache« könne die Wiederbelebung der Vergangenheit dienen, das *Nibelungenlied* und Walther von der Vogelweide zum Beispiel. Das Ungewöhnliche daran: Vor wenigen Jahren erst hatten die Gymnasien in Preußen und Österreich Mittelhochdeutsch, also die Sprache dieser mittelalterlichen Werke, aus dem Lehrplan gestrichen.

Natürlich ist aus der Kehrtwende nichts geworden. Hildebrand verstarb schon 1895. Aber die Forderung kehrte später häufig wieder. Sie wurde regelrecht gegen die Einengung auf die Fremdwortjagd vorgetragen, so unter anderem vom Direktor des Königlichen Staatsarchivs Münster, Ludwig Keller, der gleich im ersten Jahrgang der *Zeitschrift*, im Dezemberheft 1887, Reinigung »ohne Bereicherung« für »geistlos« hielt und sich von Mystikern wie Jakob Böhme oder der anonymen *Deutschen Theologie*, einer Schrift aus dem 14. Jahrhundert in der Tradition Meister Eckharts, eine »Wiedergeburt« erhoffte.

All dies entsprach übrigens den Vorstellungen Jacob Grimms, der am liebsten die Rechtschreibung nach mittelhochdeutschem Vorbild zurückgedreht hätte. Er selbst gab sämtliche Abhandlungen in reiner Kleinschrift heraus, unter dem Protest des Verlegers auch das *Deutsche Wörterbuch*. Wenn er gegen den Vorwurf des »Verfalls« der deutschen Sprache polemisierte, bezog sich dies vor allem auf diese orthografische Seite, nicht auf die »Wörter«.

Wesentlich länger und intensiver arbeiteten zwei Gelehrte im Sprachverein mit, die bis heute jedem Germanisten als Gespann bekannt sein sollten: Friedrich Kluge und Alfred Götze, der Begründer und der Fortsetzer des *Etymologischen Wörterbuchs*. Es geht also um das große Nachschlagewerk, in dem die Herkunft der deutschen Wörter aus ihren germanischen und indogermanischen Vorstufen nach den wissenschaftlichen Thesen von Grimm und den Junggrammatikern dargelegt ist. Man kann darin etwa lesen, wie die »Hure« mit lateinisch *carus* (»lieb«) zusammenhängt oder das »Knie« mit *genu* – alles aus strikten Lautgesetzen hergeleitet und abgestützt durch Belege aus sämtlichen erreichbaren Sprachen, darunter dem Hethitischen. Das Buch ist noch heute, in seiner 25. Auflage, ein unverzichtbares Hilfsmittel.

Mit diesen Autoren kam also wissenschaftliches Niveau nach

dem damals dominierenden Theoriemodell in die Beiträge. Von Kluge stammt das Buch *Unser Deutsch* mit einer Beschreibung der historischen Entwicklung der deutschen Sprache, was ihn im Verein zur Autorität machte mit der Konsequenz, dass er von 1894 bis 1921 Mitglied des Gesamtvorstands wurde. Wiederholt schrieb er Beiträge mit fachlichem Hintergrund. 1894 äußerte er sich zu *Sprachreinheit und Sprachreinigung geschichtlich betrachtet*, worin er sich gegen Übertreibung aussprach und das jeweilige »Sprachgefühl« verteidigte. 1901 erschien ein Artikel zu seinem Lieblingsforschungsgebiet, den Geheimsprachen, insbesondere der Gaunersprache und dem Rotwelsch. Auch der Studentensprache hat Kluge sich gewidmet. Sein Kollege Otto Behaghel rechnete ihn in seinem Nachruf von 1921 zu den »hervorragenden Sprachforschern der guten alten Schule«, dem es gelungen sei, den bayerischen *Ertag* (»Dienstag«) auf den antiken *Ares*-Tag zurückzuführen. Tatsächlich hatten die Bayern in früher Zeit über die benachbarten Langobarden Kontakt mit Byzanz. So etwas machte damals beinahe so viel Eindruck wie Entdeckungen in der Physik oder Chemie.

Götze war Professor an der Universität Gießen und wie Kluge vor allem auf die Wortforschung spezialisiert. Auch er lieferte sprachwissenschaftlich fundierte Beiträge, etwa zur Namenkunde, einem seiner Hauptarbeitsgebiete. Aber Götze erlag früh einem hemmungslosen Nationalismus. In einem Beiheft zur *Zeitschrift* schrieb er beispielsweise unter dem Titel *Deutscher Krieg und deutsche Sprache* über »die beiden jüngsten Waffen, die uns in diesem Kriege schon so viel Freude bereitet haben, das Unterseeboot und das Flugzeug, auch sprachlich Glanzleistungen einer im Aufstieg begriffenen rein deutschen Welt«. Zum Namen der Firma Aero-Lloyd in Dresden lautet sein Kommentar: »Wie mag es der Amtsrichter bedauert haben, daß er dem griechisch-keltisch-englischen Wechselbalg nicht sein Register verschließen durfte!« Beide Äußerungen wurden im Juniheft 1918 der *Zeit-*

schrift unter der Überschrift »Luftdeutsch« anerkennend hervorgehoben.

Kluge starb bereits 1921; Götze indes erlebte das »Dritte Reich« und gehörte zu denen, die sich den Nationalsozialisten begeistert anschlossen und sich selbst für unfassbare Entgleisungen nicht zu schade waren. Mit Götze besaß der Sprachverein also sowohl einen wissenschaftlichen Profi wie auch einen schlimmen Hetzer.

Weniger auffällig war Paul Pietsch, Schriftführer und Mitglied des Gesamtvorstands bis 1927, außerdem Herausgeber der *Wissenschaftlichen Beihefte* zur *Zeitschrift*, in der all das zu Wort kommen sollte, was Laien nicht zumutbar schien – das Eldorado der Germanisten. Der Lehrstuhlinhaber für Deutsche Philologie war an der großen Weimarer Lutherausgabe beteiligt, die von 1883 bis 2009 das Werk des Reformators in 127 Bänden herausbrachte.

In den Beiheften legte er 1906 und 1907 mit ausführlichem Kommentar zwei Schriften von Leibniz vor, die sich mit der deutschen Sprache befassten, beides eindringliche Aufrufe zur Pflege und überhaupt zur Behauptung gegenüber den anderen europäischen Sprachen. Schon deren etwas umständliche Titel sprechen Bände: *Ermahnung an die Teutsche, ihren Verstand und Sprache besser zu üben, samt beigefügtem Vorschlag einer Teutsch gesinnten Gesellschaft*, 1683 geschrieben und erst 1846 erstmals gedruckt, sowie *Unvorgreiffliche Gedancken, betreffend die Ausübung und Verbesserung der Teutschen Sprache*, vor 1706 geschrieben und 1717 gedruckt. Natürlich passten die Beiträge, die übrigens völlig konträr zu Leibniz' eigener Praxis standen (er schrieb selbst fast nur auf Latein oder Französisch), bestens in das Konzept des Vereins. Was Pietsch jedoch übergeht: Leibniz warnte nicht nur vor puritanischer Übertreibung, sondern hob ausdrücklich auch die vorteilhaften Seiten der Übernahmen hervor.

Eine besonders wichtige Persönlichkeit aus den Reihen der universitären Germanistik wurde der (wie Götze) in Gießen lehrende Professor Otto Behaghel, eine germanistische Institution, vor allem mit seiner *Geschichte der deutschen Sprache*, mit Editionen wie derjenigen zu Sebastian Brants *Narrenschiff* und zahllosen Fachartikeln zur deutschen Sprache und Literatur. Berühmt wurde sein »Gesetz der wachsenden Glieder«, was auf die Tatsache anspielt, dass in Dreieraufzählungen das dritte Glied immer das größte zu sein pflegt (spätpubertierende Studenten machten darüber natürlich ihre Witze). Im Verein gehörte Behaghel dem Gesamtvorstand an, übernahm die Abwehr von Angriffen und widmete sich unermüdlich auch scheinbar Nebensächlichstem wie dem Wegfall des Dativ-e etwa in »am Tag(e)«. Dabei stand der Schüler von Hermann Paul auf der Grundlage der Junggrammatiker und verteidigte die Wissenschaft immer wieder gegen Eiferer aus den eigenen Reihen, bei denen sich nationaler Überschwang mit grammatischer Ahnungslosigkeit paarte. Es gibt Äußerungen im Sinne eines gemäßigten Nationalismus, vom aufkommenden Nationalsozialismus ist bei ihm bis zu seinem Tod 1936 allerdings nichts zu lesen. Warum Behaghel die Stimmung um ihn herum nicht wahrnahm, nicht wahrnehmen wollte oder sein Eintreten als Korrektiv betrachtete, ist schwer zu sagen. Gleichwohl stellt dieser Professor eine der seltenen erfreulichen Erscheinungen des Vereins dar.

Eher das Gegenteil ist von der nächsten Generation von Germanisten zu sagen, die in der Nazizeit zum Verein stieß und dort Führungsaufgaben übernahm, darunter vor allem Georg Schmidt-Rohr und Leo Weisgerber. Mit ihnen kam ein neues Paradigma der Forschung zum Zuge, das allerdings ein altes lediglich modernisierte, nämlich die auf Humboldt zurückgehende Lehre von der weltbildbegründenden Sprache. Weisgerber hat dies, und darin lag damals seine »Modernität«, mit empirischen Untersuchungen etwa zu den Farbbezeichnungen untermauert und gezeigt, dass einzelne Namen nur im Zusammenhang eines

»Feldes« Bedeutung haben, wobei jede Sprache das »Feld« anders ordnet. »Gelb« etwa gilt im Deutschen für Dinge, menschliches Haar heißt dagegen »blond«, Gold wurde im mittelalterlichen Deutsch als »rot« bezeichnet.

Aber gerade diese These ließ sich unheilvoll mit dem Nationalismus verbinden, wenn etwa Deutschsprachige im Ausland gegen fremde Sprachen und deren Weltbild »geschützt« oder Fremdsprachler ausgegrenzt, ja vertrieben werden sollten, um die Gemeinschaftsleistung der Sprache ungestört zur Wirkung kommen zu lassen. Umgekehrt wird uns noch der Versuch von Weisgerber beschäftigen, während der Zeit der deutschen Besatzung in Frankreich zwischen Hochsprachler und Dialektsprecher einen Keil zu treiben, um den »Feind« zu schwächen.

»Mir fällt im Augenblick kein entsprechendes deutsches Wort ein«

Ehrenmitglied Bismarck

Unter den Ehrenmitgliedern des Allgemeinen Deutschen Sprachvereins findet sich ein Name, dessen Träger ausführlicher behandelt zu werden verdient: Otto von Bismarck, Reichskanzler und Fürst. Warum man sich um ihn bemühte und stolz auf seine Zusage war, versteht sich von selbst. Man schaute immer nach »oben«, um für Reputation zu sorgen. Letztlich war der Verein nicht sonderlich groß, der vergleichbare Dürer-Bund zum Beispiel übertraf ihn mit seinen 300 000 Mitgliedern und einer Auflagenhöhe der Flugschriften von 2,8 Millionen um ein Vielfaches. Außerdem gab es die ständige Gefahr, von »oben« zurückgepfiffen zu werden. Gute Beziehungen zu den Behörden waren deshalb fast lebenswichtig. Bedeutende Einzelpersönlichkeiten wogen ebenfalls viel – und dann der Reichskanzler, der mächtigste Mann neben dem Kaiser.

Aber wie stand der überhaupt zur entscheidenden Frage der Sprachreinigung? Das war eigentlich sehr klar, denn Bismarck liebte Fremdwörter, gebrauchte sie in seinen Reden ständig und konnte sie im Zweifel nicht einmal ins Deutsche übersetzen. Das berühmteste Beispiel: »Die Klagen … haben ein zu weites – retentissement – mir fällt im Augenblick kein entsprechendes deutsches Wort ein …«

Als 1895 der achtzigste Geburtstag des mittlerweile schmählich Entlassenen nahte und der Gesamtvorstand den Beschluss fasste, ihn an diesem Tag zum Ehrenmitglied zu ernennen, musste also etwas geschehen – eine Art Reinwaschung Bismarcks in Verbindung mit dem Lob all dessen, was mit den nationalen Motiven des Vereins übereinstimmte. So wollte man herausgefunden haben, dass der Kanzler mit den französischen Gesandten in den Friedensgesprächen von 1871 deutsch gesprochen hatte, obwohl Bismarck in der Diplomatie sonst wie üblich das Französische bevorzugte. Was man *nicht* sagte: Der Friedensvertrag von 1871 selbst war auf Französisch abgefasst worden, es gab nicht einmal eine gültige deutsche Übersetzung. In der Schriftlichkeit zählte also das Französische als einzig angemessene Sprache, der deutsche Sieger machte sich schlicht nichts daraus, auf sein Deutsch zu verzichten. Wenn die Widmung dem »stolzen Manne« galt, »der unsere so lange zurückgedrängte Muttersprache in den Weltverkehr der Staatsmänner eingeführt (…) hat«, stimmte dies also höchstens zur Hälfte. Und auch in der Fortsetzung mit »dem sprachgewaltigsten Redner unseres Volkes« wäre zu ergänzen gewesen, dass dies allenfalls die schriftlich festgehaltenen Äußerungen betraf. Im Mündlichen war Bismarck für seine Fistelstimme berühmt. Im Parlament (das er allerdings herzlich verachtete) verstand man ihn lediglich in den ersten Bankreihen.

Man legte entsprechend kräftig nach. Im Aprilheft des Jahres 1895, das den entscheidenden Vorstoß enthielt, steuerte der damalige Vorsitzende Jähns ein Gedicht bei unter dem Titel *Dem Fürsten Bismarck als dem Meister der deutschen Sprache.* Darin heißt es in einer Mischung aus Schleimerei, Kitsch und ächzender Bildlichkeit:

> Der Pfeil, den Deiner Lippe Bogen schoß,
> Traf uns're Feinde scharf durch Fleisch und Knochen;
> Volksgötzen, die des Beifalls Dunst umfloß,
> Vor Deinem Wort sind sie in Schutt gebrochen (…)

Es folgten Beiträge zum *Abgeordneten Bismarck als Redner* sowie zu den *Zeugnissen der Reden Bismarcks zu einigen vielerörterten Fragen der deutschen Satzlehre.* Ein weiterer Beitrag widmete sich dem einzigen nicht peinlichen Thema, nämlich Bismarcks Stellung zur »Schriftfrage«, die im 19. Jahrhundert heiß umstritten war. Darin ging es um die Wahl zwischen »deutscher« Fraktur und »lateinischer« Antiqua, die seit Luthers entschiedenem Eintreten für die Fraktur als »deutsche« Schrift für viel Entzweiung gesorgt hatte und noch eine ganze Weile sorgen sollte. Goethe etwa war ein Freund der Fraktur. Wieland hatte für seine Werke Antiqua gefordert und ruderte erst zurück, als sie sich so nicht verkaufen ließen. Bismarck, der Fremdwortliebhaber und darin also entschieden europäisch orientiert, dachte in der Schriftfrage ebenso entschieden national. So hatte er ein mehrbändiges lexikalisches Werk einstampfen lassen, weil man es in Antiqua gedruckt hatte. Man konnte ihn im Verein, der seiner nationalen Ausrichtung nach für die Fraktur eintrat und seine *Zeitschrift* selbstverständlich in Fraktur drucken ließ, als »Vorbild« präsentieren und tat es mit der nachtreterischen Formulierung: »Der deutsche Mensch ist aus weltbürgerlichen Träumen erwacht. Er spreche und schreibe deutsch!«
Aber es blieb eben die leidige Fremdwortliebhaberei des Geehrten. Ein Beitrag unter dem Titel *Fürst Bismarck und das Fremdwort* stellte sich dem Thema und wand sich sichtlich angesichts des nicht zu Leugnenden. Gegenüber dem Gebrauch bei anderen Rednern habe Bismarck »das Fremdwort durchaus in seine frische, ursprüngliche und bilderreiche Ausdrucksweise herein[ge]holt«, heißt es. Und weiter: »Der Gebrauch der Fremdwörter hat der Bismarckschen Politik nicht geschadet. Gerade aber die ungewöhnlicheren Fremdwörter, soweit sie nicht Citate sind, die dem klassisch Gebildeten an sich geläufig sind, zeugen von dem lebendigen Verkehr Bismarcks mit Ausländern oder von seiner außerordentlich großen Belesenheit in der englischen und fran-

zösischen Litteratur.« Was sich da der Leser denken musste, der sonst immer das Gegenteil vernahm! So schlägt der Artikel gegen Ende noch eine letzte Volte. Dem »Fremdwörterreichtum in Bismarcks Reden und Briefen (…) steht nun aber eine zweifellos absichtlich durchgeführte Vermeidung der Fremdwörter in den Thronreden, amtlichen Erklärungen und Botschaften gegenüber, die von Bismarck verfaßt und gegengezeichnet sind«.

Das war sie also, die Rettung. Bismarck nahm die Ehre an, bedankte sich artig mit einem Brief an den Vorsitzenden Jähns, in dem er sich dafür entschuldigte, aus Krankheitsgründen nicht persönlich erscheinen zu können. Natürlich gab es anlässlich des Todes wenige Jahre später eine ganzseitige Traueranzeige. Wer etwa in den *Gedanken und Erinnerungen* blättert, die wegen der ausgeplauderten Interna speziell hinsichtlich Wilhelms II. erst 1919 erschienen, kann sich leicht davon überzeugen, dass sich Bismarck bei den Fremdwörtern trotz der Ehrung und ihrer freundlichen Annahme keinerlei Zwang auferlegte. Es wimmelt von schlichten bis hochgestochenen Beispielen (»Coterie von ehrgeizigen Strebern«, »ein Imponderabile geht verloren«, »Zusagen, die der Kaiser utiliter acceptirt hat«). Übrigens zögerte Bismarck auch nicht, etwa französische Sprichwörter in der Originalsprache zu zitieren (*Le mieux est l'ennemi du bien*). Dass dies einen Mangel an nationaler Gesinnung bedeuten könnte, wäre ihm wohl nicht in den Sinn gekommen.

Aber etwas anderes gehört ebenfalls noch zum »Fall Bismarck«. Das – übrigens bismarckfreundliche – Satireblatt *Kladderadatsch* hatte im November 1877 ein Gedicht veröffentlicht unter dem Titel *Bismarck am Telefon*. Darin ging es in parodistischen Hexameterversen um den Besuch von Beamten aus dem Hause des Postministers, die dem hohen Herrn das Telefon erklären sollten (»gesandt von dem vielerfindenden Stephan«). In diesem Zusammenhang taucht das Hobby des Postministers auf, die Sprachreinigung. Die wird nun genüsslich durch den Kakao gezogen: »Doch in den Stunden der Muße betreibt der verdorbenen Sprache Reinigung er und den grausigen Mord des verdächtigen Fremdworts.«

Und so bekommt Bismarck kein »Telephon«, sondern, »in der Sprache des Diensts, der reinlichen«, einen »Fernhinsprecher« gezeigt. Woraufhin Bismarck die »gedrechselte Röhre« wütend auf den Boden schmeißt, die Beamten mehr oder weniger hinauswirft und Heinrich von Stephan für das »Ding« gerade noch freundlich danken lässt. Schwer zu sagen, was der Leser nun wichtiger fand: die Abneigung gegenüber einer neuen Erfindung oder die noch größere Abneigung gegen die Fremdwortjägerei.

»Blitzlicht« und »Drahtgruß«

Natürlich war die Welt der neuen Medien nicht fremdwortfrei, stammten doch viele Erfindungen wie das Telefon aus dem Ausland. Schon recht früh, 1898, wurde im Sprachverein die »Sprache des Photographen« unter die Lupe genommen, was angesichts der großen Mode kein Wunder ist. Da war mit »Lichtbild« leicht zu helfen, aber es gab ja viel mehr zu benennen. Zum Beispiel die »Momentaufnahme«, bei der ein Beiträger zweifelt, ob nicht doch die noch fremdwortfreiere »Augenblicksaufnahme« das Rechte dafür sei. Allerdings, räumte er ein, würde es »etwas schwerfällig« klingen. Aber dafür kommt ihm in einem anderen Fall eine konfliktfreiere Idee. Für die »Momentbelichtung« gebe es einen wundervollen Ersatz: das »Blitzlicht« nämlich.

Nur wenig später kam auch die Telegrafie an die Reihe, die ja in den Zuständigkeitsbereich des Reichspostmeisters fiel und damit kaum der Reinigung entgehen konnte. Prompt gerät 1909 der »telegraphische Geburtstagsgruß« ins Visier, sofern er nicht altmodisch per Postkarte, sondern modern durch die »Lüfte« gesendet wird – als »Drahtgruß« nämlich.

»Unsere Altvorderen machten nicht viel Federlesens mit den fremden Ausdrücken«

Entbehrliche Fremdwörter

Der Gründer des Sprachvereins, Herman Riegel, hatte die Reinigung der deutschen Sprache von Fremdwörtern in den Mittelpunkt gestellt, quasi als Zeugnis und Garanten des »Deutschtums«. Als Laie in Sprachfragen, der er nun einmal war, ließ er sich von Hermann Dunger das Stichwort liefern, das gegenüber den vielen Vorgängern den Erfolg sichern sollte: Mäßigung. Der Schlüsselbegriff lautete entsprechend »entbehrliche Fremdwörter« (auch dies von Dunger übernommen).

Aber damit begannen ja erst die Fragen. Welche Fremdwörter sollten entbehrlich sein und warum? Und dann die noch viel schwierigere Frage: Was sollte man unter einem Fremdwort verstehen? Dungers weise Zurückhaltung hinsichtlich einer genaueren Definition ließ sich auf Dauer nicht durchhalten, zumal von den Gegnern sehr bald das Argument kam, der Verein reinige die Sprache von Fremdwörtern, ohne zu wissen, was ein Fremdwort sei. Es setzte also eine endlose Diskussion ein, in der zu keinem Zeitpunkt eine Einigung erfolgte. Wie sollte sie auch zustande kommen? Wo man sich bei der Wissenschaft kaum Rat holte und stattdessen seinen eigenen Weg ging?

Was bei diesem Weg im Vordergrund stand, sieht man gleich im ersten Heft vom April 1886. Riegel als Vorsitzender kommentierte die Satzung mit den Vereinszielen und kam dabei natürlich auf die Fremdwörter zu sprechen. Aber statt einer Definition oder etwas Definitionsartigem ist die Rede davon,

dass »die Fremden unsern Boden grausam überflutheten«, dass »fremde Lappen« eingeflickt würden, als sei die deutsche Sprache, das »letzte Band« des Deutschtums, ein »Hanswurstenkleid«. Man kann also von Wut sprechen, von Ressentiment, jedenfalls von Emotionen. Nur stellt sich der Verdacht ein, dass Riegel diese Emotionen *brauchte*. Die Polemik war gezielt eingesetzt, nicht deshalb, weil die sprachlichen Verhältnisse dies erzwungen hätten, sondern weil sich mit Fremdwörtern allein keine »Bewegung« auf die Beine stellen ließ. Wer ein Problem hat beziehungsweise etwas als Problem ins Bewusstsein rücken will, verfällt ohnehin erfahrungsgemäß auf Moralisierung. Riegel lieferte sie von Anfang an in hoher Dosierung. Jeder empfinde, »welche Schande es ist, immer die wälschen Sudelwörter im Munde zu führen, wo doch der Schatz unserer unermeßlich reichen Sprache in Hülle und Fülle« bereitstehe.
Statt Fremdwortdefinition also blanker Nationalismus als Schmiermittel einer letztlich langweiligen Bewegung, x-mal in der Geschichte in Gang gesetzt und genauso x-mal gescheitert. Wenn es diesmal wirklich klappen soll, dann nicht unbedingt, weil man auf »Übertreibungen« verzichten wollte, was ohnehin eine arge Verzerrung war, widerlegt durch nicht endende Ersetzungen in 58 Jahren. Nein, klappen sollte es in der Verbindung mit dem Stimulans, das der Zeitgeist so üppig anbot. Die größtmögliche Steigerung dafür fand Riegel in einem damals gut bekannten Wort des Großen Kurfürsten, das auf seinem Denkmal in Minden auch noch mit dem falschen Jahr, nämlich 1648 (statt 1658) steht: »Gedenke, daß du ein Deutscher bist.« Damals war es in den Kriegen mit Schweden und Polen um das Herzogtum Preußen gegangen, um die Erlangung der Souveränität als Voraussetzung für die spätere Gründung des Königreichs. Dafür hatte der Kurfürst Soldaten gebraucht, die für diese Sache zu sterben bereit waren, die Todesmut im Dienst des Staates zeigten. Es ist schon bizarr, dass Riegel die Albernheit der Pa-

rallelisierung dieses Umstands zum Kampf gegen Fremdwörter nicht auffiel oder glaubte, sie werde nicht auffallen. Es war kein Todesmut nötig, um die »Sauce« zu ersetzen – es ging eher darum, dem Odium der Lächerlichkeit zu entgehen. *Dazu* taugte der Nationalismus.

Im gleichen ersten Heft findet sich ein weiterer Beitrag zum Fremdwort, der ernster zu nehmen ist. Er stammt von Dunger und hat den Titel *Welche Fremdwörter sind nicht zu bekämpfen?* Man merkt, wie Dunger die Diskussion auf wissenschaftliche Grundlagen zu stellen versucht, auch wenn er zunächst einmal Emotionen bedient. Die Fremdwörter nähmen »den Kindern unserer Sprache Luft und Licht und Nahrung weg«, heißt es dort unter anderem. Aber Dunger benennt auch Kategorien, mit deren Hilfe die Reinigung aus einer allzu ungeklärten »Fremdwörterjagd« herauskommt: erstens die »unentbehrlichen« feststellen, zweitens die Lehnwörter.

Klar, dass die Unentbehrlichkeit für eine Definition schwer handhabbar und auch durch Beispiele nicht wirklich zu klären ist. Riegel deklarierte schon im nächsten Heft »Nation« und »Religion« für unentbehrlich – Nation allein schon aufgrund von Fichtes hochgeschätzten, weil durch und durch nationalistischen *Reden an die deutsche Nation*, die den Begriff im wieder und wieder zitierten Titel enthielten. Später sollten sich jedoch Mitglieder melden, die keinerlei Skrupel gegenüber der Ersetzung hatten und entsprechende Vorschläge machten. Und auch Dunger selbst warnte davor, mit der Unentbehrlichkeit nicht zu großzügig umzugehen, und erklärte etwa »superb« zu einem Wort, das ohne Weiteres durch »vorzüglich« zu ersetzen sei, genauso wie »charmant« durch »prächtig« – seiner Meinung nach ohne jeden Bedeutungsverlust. Das Illusionäre, was dem anhaftet, liegt auf der Hand und wurde immer wieder deutlich.

Wissenschaft kommt dann schließlich bei den »Lehnwörtern« ins Spiel. Im Vorwort zu seinem *Wörterbuch* hat Dunger diesen

Punkt ausführlicher erläutert. Gemeint sind Wörter, die keinen germanischen Ursprung haben, sondern aus anderen Sprachen stammen, diesen Sprachen also »entlehnt« sind. Dabei kann man zwei Sorten unterscheiden: zum einen die Wörter, denen man die Entlehnung ansieht und deshalb »Fremdwörter« genannt werden, zum anderen die Eingebürgerten, die deutsche Gestalt angenommen haben, deutsch ausgesprochen und geschrieben werden, also »Lehnwörter« darstellen. Dungers Beispiele für Letztere sind »Natur«, »Harem« und »Mumie«. Wer sieht der »Natur« schon die lateinische *natura* an? Wohl aber ist dies der Fall bei »Equipage« oder »Email« (gemeint ist natürlich »Emaille«, keine »E-Mail«), weshalb sie Fremdwörter sind. So sieht es die Sprachwissenschaft auch heute noch. Deshalb sei es falsch gewesen, wenn ein Sprachreiniger wie Philipp von Zesen im 17. Jahrhundert aus der »Natur« eine »Zeugemutter« gemacht habe und Joachim Heinrich Campe im 19. Jahrhundert mit »Weiberhof« für »Harem« und »Dörrleiche« für »Mumie« dahergekommen sei – das habe die Sprachreinigung insgesamt in Misskredit gebracht. Nein, Lehnwörter seien zu bewahren. Die »Brille« konnte so gesehen ebenso bleiben wie das »Eisbein«, der »Flegel« und die »Frucht«.

Dunger ließ sich aber auch auf Feinheiten ein. Die »Etiquette« beispielsweise wollte er als Fremdwort beseitigen, obwohl ihr seiner Meinung nach ein niederdeutsches Wort zugrunde liege, die »Stikke« (ein »Stiftchen«). Aber die Schreibweise hatte gar nichts Deutsches, sondern zeigte jedem halbwegs Informierten den französischen Ursprung (oder, anders gesagt, den »wälschen Lappen«, wie Dunger, wohl als Zugeständnis an den Vereinsjargon, sagte). Hingegen sei bei »Marter« sprachlich nichts einzuwenden, obwohl dem Wort das griechische *martys* zugrunde liegt, aber hier hatte die Entlehnung zur Verdeutschung geführt, anders als im »Märtyrer«, mit seinem undeutschen y ein klar erkennbares Fremdwort.

Im Übrigen gibt es noch weitere Unterschiede. Nicht immer ist das, was als Lehnwort erscheint, tatsächlich entlehnt. Es gibt auch Urverwandtschaft, zum Beispiel bei der deutschen »Nase« mit dem lateinischen *nasus* (die Zesen noch mit »Löschhorn« vertreiben wollte, wie Dunger entsetzt festhält). Noch komplizierter gestaltet es sich, wenn Urverwandtes gewissermaßen vergessen und dann das Vergessene, etwa aus dem Französischen, wieder eingefügt wird, jetzt als Lehnwort. So ist es bei »Sauce« zum Beispiel gewesen, im Mittelalter noch als »Salze« geläufig. Aber damit war dann auch die sprachwissenschaftliche Lehrstunde vorbei, zu viele Feinheiten traute Dunger dem Publikum nicht zu beziehungsweise fehlte es schlicht an Platz.
Stattdessen driftete auch er in die Psychologie des Fremdwortgebrauchs ab, verbunden mit Polemik gegen die »fremdwortsüchtigen« Deutschen. Begeistert würden diese sich die Zunge verrenken, um fremdartige Laute nachzuahmen wie bei *Southampton*, oder stellten den fruchtlosen Versuch an, *Mexiko* mit einem spanischen x auszusprechen. Die Tradition sei eben abgerissen:

> Unsere Altvorderen machten nicht viel Federlesens mit den fremden Ausdrücken, sie verfuhren mit ihnen ganz so, wie noch heutigen Tages die Engländer und Franzosen mit fremden Namen: Sie machten sich das Fremde mundgerecht, sie drehten und wendeten es so lange, bis es gut deutsch klang. Hätten wir diese sprachschöpferische Behandlung der Fremdwörter beibehalten, dann brauchten wir jetzt ebensowenig die Fremdwörter zu bekämpfen wie andere Völker.

»Mauer« oder »Kalk«, »Koch« oder »Schüssel«, »Tisch« oder »Spiegel«, »Käse« oder »Butter«, »Pflaume« oder »Kürbis« – dies alles stammte von den Römern, aber nichts davon sei mehr erkennbar. »Es ist eine wahre Lust zu sehen wie damals das Fremde deutsch gemacht wurde.« Also keine Angst vor dem Fremden, schon gar keine Verachtung, nur eben die Forderung, dass eine Sprache ihre Eigenheit wahren müsse, um ihre wichtigsten Aufgaben zu erfüllen: Verständigung und Verständlichkeit. Aus diesem Grund so wenige Fremdwörter wie möglich. Entlehnung als solche ist demgegenüber ebenso nötig wie willkommen.

Der Sprachverein nahm dies wohl stirnrunzelnd zur Kenntnis, sah sich in späteren Jahren aber immer wieder vor die Aufgabe gestellt, allzu beflissenen Rechtfertigungen des Fremdworts im Geiste Dunger'scher Abgewogenheit entgegenzutreten. Die Argumente lagen dabei weit abseits sprachwissenschaftlicher Überlegungen. So machte man sich beispielsweise über die Tatsache lustig, dass die Fremdwörter in ihrer Herkunftssprache etwas anderes bedeuteten. Schon Riegel bezog sich in seiner Programmschrift etwa auf das »Rouleau«, das im Französischen eine Rolle oder Walze bezeichnet, aber keinen Rollvorhang am Fenster. Ein »Coupé« sei in Frankreich eine Halbkutsche, kein Abteil eines Eisenbahnwagens, das vielmehr *compartiment* heiße. Fremdwörter sind hier also irgendwie mit Unkenntnis, ja mit der Dummheit der Benutzer verbunden. Noch tiefer sei das Niveau, wenn die Verwender zeigten, wie wenig sie das Verwendete verstanden hätten und etwa von einem »solennen Festdiner« sprachen, also einem »festlichen Fest«, worüber sich die neuen Fremdwortjäger genüsslich aufregten. Erst als Gegner auftraten, die die Arbeit des Vereins massiv angriffen, schärfte sich gelegentlich das Profil, und man arbeitete genauer an den Begründungen.

Kritik kam aber auch aus dem Verein selbst. Ende 1888, im dritten Jahr des Bestehens, tadelte ein Mitglied namens Otto Hoffmann die ganze Richtung, hielt den Kampf gegen die Fremdwörter für »geistlos« und berief sich dabei auf Jacob Grimms Ausspruch: »Deutschland pflegt einen Schwarm von Puristen zu erzeugen, die sich gleich Fliegen an den Rand unserer Sprache

setzen und mit dünnen Fühlhörnern sie betasten.« Der Verein »sei kein Sprachverein, sondern ein Wörterverein geworden, der sich in der Fremdwörterjagd erschöpfe«. Als ein Professor Waetzoldt auch noch die Reinigung der Klassikertexte von störenden Fremdwörtern befürwortete, organisierte sich auf der entscheidenden Versammlung Widerspruch. Man wollte auf der gewohnten Linie bleiben. Die aber artikulierte sich sehr klar im nationalistischen Sinne, wie man im Bericht der *Zeitschrift* lesen kann: »(Der Fremdwörterkampf) ist der Ausdruck des wiedererwachten Nationalgefühls, welches sich auch gegen die entehrende Verwälschung der deutschen Sprache auflehnt und diese unsere Sprache von dem fremden Lappenwerk gesäubert sehen will ...« Der Verein wecke ein Gefühl für den »echten Geist und das eigenthümliche Wesen der deutschen Sprache«. Definition hin oder her.
Man »versteht« eben, was mit der deutschen Sprache auf dem Spiel steht, und drückt es überdeutlich aus:

> [Der Sprachverein] kämpft deshalb gegen das Fremdwort nicht als Wort, sondern als Zeichen nationaler Stumpfheit und sprachlicher Versumpfung (...). Er kämpft gegen *das* Fremdwort, nicht gegen *die* Fremdwörter als einzelne und mehrere (...). Wir (...) zeigen, wie geschmacklos und verkehrt der Gebrauch des unnützen Fremdwortes ist, wie sehr seine Einmengung unsere Sprache beleidigt und die deutsche Ehre befleckt. Der Kampf also ist recht eigentlich ein national-erzieherisches Werk.

Und noch deutlicher: »Wir leben nur im nationalen Gedanken und haben unsere Erfolge nur durch den nationalen Gedanken erreicht.« Hoffmanns »beleidigendste Schmähungen gegen den Verein« sind damit zurückgewiesen. Dabei handelte es sich letztlich aber um Feinheiten der Begründung, die von der Öffentlichkeit ohnehin nicht wahrgenommen wurden. Die Fremdwortjägerei, von Katastrophe zu Katastrophe hechelnd, war längst eine Jägerei geworden, die auf Menschen mit anderer Gesinnung zielte.

»Fühlen die Unterzeichneten sich gedrungen, öffentlich zu erklären, daß sie solche Bevormundung entschieden zurückweisen«

Erklärung der 41

Die erste massive und zu breiter Diskussion führende Kritik kam nicht etwa aus der Germanistik, erst recht nicht aus der direkt betroffenen Sprachwissenschaft, sondern vonseiten der Universität als Ganzer und von Schriftstellern, die sich zu einer »Erklärung« zusammenfanden. Es war die *Erklärung der 41* im März 1889. Die Situation war für den Verein gefährlich, denn es handelte sich um die Berliner Friedrich-Wilhelms-Universität, damals die wichtigste im Reich. Große Namen waren beteiligt. So fand sich unter den Professoren der weltweit renommierte Historiker Theodor Mommsen, der 1902 den Nobelpreis für Literatur erhalten sollte. Unter den Literaten waren Theodor Fontane und Gustav Freytag, Letzterer damals der bedeutendere, weil gerade seine Werke eng mit der Reichsbildung unter preußischer Führung verbunden waren. Auch der Ort der *Erklärung* war exquisit, denn es waren die *Preußischen Jahrbücher*, eine Monatsschrift mit breitem kulturellem Spektrum, dabei stets wissenschaftlichem Anspruch verpflichtet. Definitiv etwas für das gehobene »Bildungsbürgertum«.

Herausgeber der *Preußischen Jahrbücher* waren zu dieser Zeit Heinrich von Treitschke und Hans Delbrück. Treitschke war seit 31 Jahren Mitarbeiter und seit 1866 Leiter, Delbrück trat nach dem Rücktritt Treitschkes schon im nächsten Jahr die Nachfolge an. Die politische Ausrichtung des Blattes war stark von Treitschke geprägt, dem Nachfolger Leopold von Rankes auf dem Berliner Lehrstuhl und dort berühmt gewordenen Historiker, der die kleindeutsch-preußische Reichsidee in seinen Werken zur neueren Geschichte mit großem Pathos vertreten hatte und immer noch vertrat.

Delbrück war Spezialist für Militärfragen, in Preußen ein wichtiges Thema. Seine fünfbändige *Geschichte der Kriegskunst* hatte die bisherige Forschung regelrecht umgekrempelt. Delbrück legte seiner Arbeit stets die Quellen zugrunde, traute ihnen aber nicht, vor allem was die Zahlen anlangte. Berühmt ist sein Nachweis, dass die Angaben über das persische Heer in Marathon von Herodot nicht nur zu hoch, sondern bis zum Lächerlichen übertrieben waren. Würde man ihnen folgen, wäre der erste Perser in Marathon angekommen, als der letzte in Susa abmarschiert war, was allein schon an den antiken Versorgungsmöglichkeiten gescheitert wäre. Und so weiter und so fort. Keine einzige Angabe bei Caesar findet seine Gnade, auch Napoleon und der Alte Fritz müssen sich Korrekturen gefallen lassen. Mit anderen Worten: Delbrück war Wissenschaftler nach Ranke'schem Anspruch: Er wollte beschreiben, »wie es eigentlich gewesen ist«. Wenn er selbst etwas in den *Jahrbüchern* beitrug, dann etwa über die Strategie des Perikles. Sein Interesse an Sprache und Sprachreinigung kann nur begrenzt gewesen sein. Aber gerade er sollte schließlich ins Zentrum der Auseinandersetzung geraten.

Komplizierter war die Lage bei Treitschke. Als Herausgeber der *Jahrbücher* hatte er schon im Jahr zuvor, 1888, zwei kritische Beiträge eines Autors namens Robert Hessen zur Sprachreinigung aufgenommen, von denen der zweite unter dem Titel stand *Ein Ausweg aus der Fremdwörternoth*. Danach sollte nicht der aufwendige Weg des Sprachvereins mit der Erfindung neuer deutscher Wörter beschritten werden, es genüge bereits eine Verdeutschung durch die deutsche Aussprache der französischen Entlehnungen wie bei »Schokolade«, »scharmant« oder »Redaktör«. Sogar die bloß deutsche Schreibung sollte reichen, vor allem beim »undeutschen« c. So sei statt »Ocean« besser »Ozean« und statt »Race« »Rasse« zu schreiben.

Die Vorlage dafür hatte 1887 der Freiburger Universitätskanzler Gustav Rümelin geliefert, in einem kompletten Buch mit dem kämpferischen, gegen den Sprachverein gerichteten Titel *Die Berechtigung der Fremdwörter.* Rümelin hatte im Übrigen auf die Vorteile einer Internationalisierung der wissenschaftlichen Terminologie verwiesen und nicht zuletzt auch auf die Tatsache, dass bei Streichung von etwa 90 000 französischen Fremdwörtern die deutsche Sprache ärmer würde.

Treitschke, der sich selbst durchaus gegen »Verwälschung« wandte und der fremdwortreichen Sprache der jungen Generation den »deutschen« Turnvater Jahn entgegenhielt, war nicht grundsätzlich von der Reinigung, sondern primär vom Plan einer amtlichen Handhabung abgestoßen. Sein Brief an Freytag, in dem er ihn zur Unterzeichnung aufrief, ist erhalten geblieben. Darin betonte er, dass ohne dessen Mitmachen als Autorität unter den Schriftstellern das Unternehmen nicht durchzuführen sei. Auch artikulierte Treitschke hier klar seine Abneigung gegen das Vorgehen des Vereins, die Reinigung »von oben« durchführen zu wollen, mithilfe einer staatlichen Akademie. Ebendiese Wendung des Vereins an die Regierung mit der Bitte, die Rechtschreibung und Fremdwortbekämpfung amtlich abzustützen, hatte die Gegenaktion ausgelöst.

Wo genau Treitschkes Vorbehalte herkamen, ist schwer zu sagen. Es sind letztlich die Argumente der Brüder Grimm gegen die *Académie française.* Freytag bestätigt diese Position in seiner Antwort zwar, allerdings dringt er darauf, dem Ganzen die Schärfe zu nehmen. Ganz so überzeugt war er demnach nicht – was der Sprachverein noch weidlich ausnutzen sollte.

Treitschkes Vorstoß ist durchaus verwunderlich, denn es lag eine andere Aktion erst kurz zurück, die sein Ansehen unter den Intellektuellen schwer beschädigt hatte. Zwischen 1879 und

1881 wurde in Berlin der sogenannte Antisemitismus-Streit ausgetragen, bei dem 75 Prominente eine andere *Erklärung* unterzeichneten, und zwar gegen Treitschke. Dieser hatte massiv die Juden angegriffen und bereits 1874 von deren »feiler Habgier« gesprochen. In seiner *Deutschen Geschichte im 19. Jahrhundert*, die ab 1879 in mehreren Bänden erschien, ist vom angeblichen »Einbruch des Judenthums in das deutsche Leben« die Rede, was damals auf breite Zustimmung traf. Treitschke machte die *Preußischen Jahrbücher* regelrecht zum Organ der Polemik, wenn er die angebliche Verweigerung der Assimilierung anprangerte oder davon sprach, dass »Jahr für Jahr (…) aus der unerschöpflichen polnischen Wiege eine Schar strebsamer hosenverkaufender Jünglinge hereindrängten, deren Kinder und Kindeskinder dereinst Deutschlands Börsen und Zeitungen beherrschen sollen«.
Wer sich dabei an die heutigen Debatten um die sogenannten »Kopftuchmädchen« erinnert fühlt, muss sehen, dass Treitschke mit seinem Antisemitismus noch viel weiter ging: Berüchtigt ist seine Aufforderung an die Juden, sie sollten »Deutsche werden«, verbunden mit dem zynischen Hinweis, das gelänge nie, es bleibe bei »deutschredenden Orientalen«, die mit einem »Zeitalter deutsch-jüdischer Mischkultur« »die Jahrtausende germanischer Gesittung« ablösten. Es folgte schließlich der noch schlimmere und noch berüchtigtere Satz: »Bis in die Kreise höchster Bildung hinauf (…) ertönt es heute wie aus einem Munde: die Juden sind unser Unglück!« Treitschke stand damit nicht allein. Ihm sekundierte etwa die weitverbreite Zeitschrift *Die Gartenlaube*, ebenso wie das Organ der Zentrumspartei *Germania*. 1876 wurde die Gründung einer antisemitischen Partei gefordert.
Aber es wurde eben auch dagegengehalten. So kam es zur 1880 veröffentlichten *Notabeln-Erklärung*, die Position gegen den sich verbreitenden Antisemitismus bezog und an der sich bekannte Professoren wie der Germanist Wilhelm Scherer, der Charité-Arzt Rudolf Virchow, der Journalist und Reichstagsabgeordnete

Friedrich Kapp oder Treitschkes direkter Berliner Kollege Theodor Mommsen beteiligten. Scherer hatte gegen »Rassenhaß und Fanatismus« aufgerufen, Kapp die Zumutung angeprangert, »hundert Jahre nach Lessing geistig zu verrohen«, und Mommsen, der vielleicht bekannteste und energischste Unterstützer, klagte vor allem die Tatsache an, dass Treitschke mit seinem Prestige den Antisemitismus »anständig gemacht« habe. Der jüdische Bankier und liberale Oppositionspolitiker im Reichstag Ludwig Bamberger sah im Antisemitismus eine neue Form des Nationalismus, der den »Haß gegen andere Nationen zum Kennzeichen echter Gesinnung« beim »Kultus der Nationalität« gemacht habe. »Wo der Nationalhaß nach außen seine Schranken findet, wird der Feldzug nach innen eröffnet.«

Zwischen der *Erklärung* gegen den Antisemitismus und derjenigen gegen den Sprachverein aber lagen gerade einmal neun Jahre. Auffällig waren die teilweise gleichen Unterzeichner, geradezu ein *Who is who* der damaligen Berühmtheiten: Ernst Curtius, Wilhelm Dilthey, Gustav Roethe, Wilhelm Jordan, Otto Gildemeister, Ernst Haeckel, Rudolf Haym, Paul Heyse, Gustav Rümelin, Friedrich Spielhagen, Carl Weizsäcker, außerdem eben Treitschke und Delbrück sowie Mommsen. Die gerade einmal zwei Druckseiten umfassende *Erklärung* – in einem Heft veröffentlicht, das sich ansonsten etwa der Bildung der Gletscher, Goethes *Marienbader Elegie*, der Marine-Geschichte und der Gefahr der Einheitsschule widmete – enthielt als entscheidenden Satz:

> Jetzt, wo der Gesammtvorstand des Allgemeinen deutschen Sprachvereins die Autorität der Regierung anruft, die Schule in den Dienst seiner Bestrebungen stellen und nach dem Muster der Rechtschreibung auch den Sprachgebrauch von oben geregelt sehen möchte, fühlen die Unterzeichneten sich gedrungen öffentlich zu erklären, daß sie auf Grund der Ent-

> wicklung und der Bedürfnisse, der weltbürgerlichen Aneignungsfähigkeit und der nationalen Widerstandskraft unserer Sprache, Litteratur und Bildung, auf Grund des guten Rechtes unserer führenden Schriftsteller, die ihre Worte mit Bedacht wählen, auf Grund der deutschen und ausländischen Erfahrungen mancher Jahrhunderte solche Bevormundung entschieden zurückweisen.

Man könne nicht, so heißt es weiter, die »Abwehr der Fremdwörter (…) zum Gebot des Nationalstolzes« erheben, auch wenn es richtig sei, vor »verschwenderischem Mißbrauch der Fremdwörter« zu warnen. Übermäßige »Sprachmengerei« sei ein Übel, aber autoritative Bestimmung des Richtigen durch »Reichssprachämter und Reichssprachmeister« abzulehnen. »Unsere durch die Freiheit gedeihende Sprache hat nach jeder Hochflut von Fremdwörtern allmälig das ihrem Geist Fremde wieder ausgeschieden, aber die Wortbilder neuer Begriffe als bereichernden Gewinn festgehalten. Darin soll sie nicht verarmen.« Und schließlich wird nicht ungeschickt bemerkt, dass die »maßvollen Satzungen« des Sprachvereins ständig durch »übergroßen Eifer vieler Vertreter« konterkariert würden, die »das Heil der Sprache im Vernichtungskriege gegen das Fremdwort suchen und durch sprach- und sinnwidrige Schnellprägung von Ersatzwörtern Schaden anrichten und Unwillen herausfordern«. Der Schlusssatz wendet sich gegen »Puristen, die nach Jacob Grimms Wort in der Oberfläche der Sprache herumreuten und wühlen«.
Natürlich musste sich der Verein wehren und tat dies umgehend in seiner *Zeitschrift*, in der die *Erklärung* immerhin wortwörtlich abgedruckt wurde, allerdings mit einer umfassenden *Gegenerklärung* durch den Vorsitzenden Riegel. Darin streitet Riegel ab, mit der »Eingabe an den Herrn Kultusminister von Gossler« ein Sprachamt beziehungsweise einen Reichssprachmeister angestrebt zu haben; er bezeichnet derartige Unterfangen als »unrei-

fe Traumgebilde«, die dem Verein »etwas völlig Fremdes« seien. Dies sei eine handgreifliche Verzerrung der Tatsachen, sowohl was die Vergangenheit und noch mehr was die Zukunft betreffe. Genauso handle es sich beim »Vernichtungskrieg« um eine falsche Unterstellung, ja um »Unsinn« und eine noch gröbere Verzerrung der Tatsachen. Die Berufung auf das »Recht unserer führenden Schriftsteller« laufe auf »das Recht der Willkür« hinaus, sofern die »führenden Schriftsteller« oft genug diejenigen seien, die die Sprache »mißhandelt« hätten und »in bequemen Schlendrian« verfielen. Gegen ein »willkürliches Vorrecht über unsere Sprache« stehe »das kostbare Gemeingut der gesammten deutschen Nation«. Im Übrigen werde die *Erklärung* »zur Aufklärung der Geister über Wesen und Ziel der gegenwärtigen Sprachbewegung, die in ihrem höchsten Streben nur der Ehre und Würde des deutschen Namens gilt«, beitragen.

Die Unterzeichner der *Erklärung* haben sich nicht mehr zu einer gemeinsamen Antwort aufgerafft. Ähnlich wie Mommsen beim Antisemitismusstreit auf die Aufforderung zum Nachlegen mit dem resignierten Wort »Kanaille bleibt Kanaille, und der Antisemitismus ist die Gesinnung der Kanaille« reagiert hatte, ließ man es auch hier dabei bewenden und deckte nicht die vergiftende Verquickung von Sprache und nationaler Würde auf. Riegel stellte triumphierend im nächsten Heft fest, die Zeitungen hätten entweder negativ auf die *Erklärung* reagiert oder seien verstummt. »Der Sieg auf der ganzen, unabsehbaren Linie der Presse ist ein vollständiger«, posaunte er hinaus. Außerdem habe es »zahllose Eintritte« in den Sprachverein gegeben. Und der Mitunterzeichner Rümelin wurde kurzerhand zum »Kampfgenossen« erklärt, weil er in seinen Schriften erfreulich wenige Fremdwörter benutze und lediglich gegen wirkliche Puristen sei, die »alle« Fremdwörter ablehnten.

Im Juniheft, also drei Monate nach der *Erklärung*, folgte der polemischste Gegenstoß. Nachdem in den *Preußischen Jahr-*

büchern unter der Überschrift *Eine Duplik* dann doch wenigstens die Antwort eines einzelnen Mitstreiters erschienen war, in der von einem »Dilettantenverein« die Rede war, der »einseitig und geistlos« vorgehe, griff Riegel den Herausgeber der *Jahrbücher* als »eigentlichen Anstifter« scharf an:

> Er weiß nicht, was eine »Duplik« ist, und tauft in der rührenden Unschuld seiner erhabenen Unwissenheit die Otto Schröder'sche »Replik«, welche die dritte Schrift nach »Erklärung« und »Gegenerklärung« ist, frischweg »Duplik« (...) Da nun »Erklärung« und »Gegenerklärung«, wenn nicht alles trügt, zwei sind und vielleicht selbst bei den Herren Delbrück und Schröder noch $2 \times 2 = 4$ ist, so gehört die »Duplik« im vorliegenden Falle schon nach der Logik der Klippschule an die vierte Stelle ...

Garniert war das Ganze dann noch mit dem Hinweis, nicht nur die Ungebildeten fielen in die Fallgruben der Fremdwörterei.
Wie sehr der Stachel aber doch saß, zeigen die immer wieder erscheinenden Nachtretereien. Ein ganzer Beitrag befasste sich 1889 mit der Entstehung der *Erklärung*. Hier war zu lesen, dass auch, wenn die Leitung der *Preußischen Jahrbücher* von einem abgestimmten Wortlaut sprach, »der eigentliche Anstifter des ganzen übermüthigen Streiches« Hans Delbrück sei, »dessen leidenschaftlicher Haß gegen den Allgemeinen deutschen Sprachverein unsern Lesern schon seit längerer Zeit bekannt ist«. Im Übrigen habe man den ersten scharfen Entwurf schon aufgrund des Einspruchs der Mitunterzeichner abmildern müssen.
Daraufhin wurde Mitunterzeichner für Mitunterzeichner unter die Lupe genommen. Der Tübinger Theologieprofessor Carl Weizsäcker zeige in seiner Bibelübersetzung zahlreiche Fremdwörter, womit er die Sprache Luthers »verballhornt« habe. Gustav Freytag wurde dagegen als Musterfall eines Mitmachers

präsentiert, der sein Mitmachen am Ende angeblich nur noch bedauern konnte. In älteren Schriften habe er bei Neuauflagen die Fremdwörter beseitigt, »Generationen« zum Beispiel durch »Geschlechter«, »charakteristisch« durch »bezeichnend« ersetzt. Der bedeutende Naturforscher Ernst Haeckel sei zu einer Verdeutschung vieler biologischer Namen übergegangen, zum Beispiel bezeichne er »Planula« nun als »Flimmerlarve« oder »Phylogonie« als »Stammesgeschichte«. In einem Vortrag über den Verein und den Fremdwörterstreit an der Rostocker Universität habe jemand die Unterzeichner kritisiert, so wird berichtet, weil sie ohne Kenntnis an das Ganze herangetreten seien.
1893 erschien dann wieder einmal eine »Widerlegung« der *Erklärung*, und zwar vom damals bekannten österreichischen Autor Robert Hamerling unter dem vielsagenden Titel *Laß dich nicht irren, deutsches Volk*. Auch Weizsäcker bekam noch eins ausgewischt, wenn ihm eine Bibelübersetzung von Philipp Matthäus ohne Fremdwörter entgegengehalten wurde. Weiter tauchten immer wieder kleine Beiträge über Gustav Freytag auf, die etwa die deutsche Gesinnung des Autors als »Hüter deutschen Wesens« in dessen *Ahnen* herausstrichen.
Als 1900 der Briefwechsel zwischen Treitschke und Freytag erschien, wurde auch dieser ausführlich abgesucht, um die angebliche Wende von der Verachtung des Sprachvereins zu seiner Anerkennung zu dokumentieren. So konnte man dort lesen, dass zunächst Treitschke geschrieben hatte: »Die Narrethei unserer Sprachreiniger droht gemeinschädlich zu werden (…).« Weiter war von »Dilettantenart« die Rede und der These, dass die Sprache Wissenschaft und Behörden gar nichts angehe. Die Schulen seien besonders gefährdet. Schulbuben brächten täglich neue »eingebläute Wortungetüme« an Verdeutschungen mit nach Hause wie etwa »Revolution« oder »Redaktion«. Vielleicht höre dies auf, wenn »die wirklichen Kenner der Sprache« sich äußerten.

Freytags Antwort darauf lautete, es habe wirklich seit der Fruchtbringenden Gesellschaft viel Unsinn gegeben, aber jetzt gebe es doch »mehr Segen als Nachtheil«. Und dann:

> Ich selbst verdanke dieser Polizeiwirthschaft, daß ich aufmerksamer auf den deutschen Ausdruck und sparsamer im Gebrauch der Fremdwörter beim Schreiben geworden bin. Deshalb bin ich geneigt, ihre Abgeschmacktheiten mit guter Laune zu betrachten und mich sogar über Daniel Sanders so wenig als möglich zu ärgern.

Aber schließlich machte Freytag doch mit: »Wenn die Racker aber für ihre Erfindungen Staatshilfe fordern, so hört allerdings der Spaß auf, und ich bin gern bereit, eine Verwahrung dagegen zu unterschreiben.« Freytag schloss mit der Bemerkung, über hervorragende Schriftsteller zu Gericht zu sitzen mache den Eindruck, »als ob wir uns durch den Lärm dieser Sperlinge angegriffen fühlten«.

Dies galt dem Verein trotz der eindeutigen Worte als Abschwörung von der *Erklärung*. Noch wesentlich weiter schien man auf diesem Wege mit Treitschkes Rolle zu kommen. 1914 bot Otto Sarrazin, damals längst Vorsitzender des Sprachvereins, eine umfangreiche »geschichtliche Klarstellung«, in der er darzulegen versuchte, dass Delbrück nach seinen eigenen Worten von der angeblichen Fremdwörterjagd in Schulen und Ministerien lediglich »erzählt« bekommen habe und sie nicht selbst bezeugen könnte. Weiterhin habe es keine »Spur eines Gedankens« gegeben, die »Autorität der Regierung« anzurufen, nirgends ein »Verlangen« nach Reichssprachämtern. Schon die damaligen Zeitgenossen hätten die *Erklärung* deshalb mit Recht als »freche Lüge« und »übles Machwerk traurigster Art« erkannt. Im Übrigen habe Delbrück Treitschkes Rückzieher zu Unrecht bestritten, ja offenkundige Fakten verdreht.

Delbrück hat darauf in »seiner« Zeitschrift, den *Preußischen Jahrbüchern*, noch im Jahre 1914 geantwortet mit dem Beitrag *Die Sprachreinigung, Fürst Bismarck und Heinrich v. Treitschke.* Um nur das Wichtigste anzudeuten: Treitschkes Ablehnung der Fremdwortjägerei wird gut aus seinen Schriften belegt, Bismarcks Vorliebe für Fremdwörter beweise, dass dies keinen »Mangel an nationaler Gesinnung« bedeuten könne. Wenn Sarrazin die Wendung an die Regierung und damit die »Anrufung der Autorität« leugne, stehe dies im Widerspruch zu allen Äußerungen der Vergangenheit. Zudem laufe der Spagat zwischen »milden Satzungen« und brutaler Praxis auf eine Bauernfängerei hinaus, die neuerdings durch Mitglieder wie Eduard Engel mit einer rüpelhaften Verunglimpfung von Gegnern wie den Unterzeichnern der *Erklärung der 41* als »Pack« einhergehe. Eine ebenso ausführliche wie umsichtige Einordnung des Fremdworts in die Sprache endet mit der These, dass die Kurzschließung von Fremdwortverzicht und nationaler Treue auf »Fanatismus« hinauslaufe. Man kann nicht sagen, dass diese Einlassung irgendetwas bewirkt hat, vor allem gab es keine Antwort.

Was Otto Sarrazin in seiner Entgegnung übrigens nicht erwähnt hatte, war, dass nie wieder wirklich Ruhe eingekehrt war, weder im noch um den Verein. Für internen Aufruhr sorgte der Leiter des Berliner Zweigvereins, der Professor für Bauwesen und Geheimrat Franz Reuleaux, der im *Berliner Fremdenblatt* eine anonyme Attacke ritt, die fast zur Spaltung führte. Sie erschien unter dem Titel *Der geknebelte Sprachverein und seine umschleierte Verwaltung.* Darin ging es um angebliche Veruntreuung von Geldern durch den Vorsitzenden Riegel, um die falsche Ausrichtung bei der Fremdwörterjagd, aber letztlich vor allem auch um den Versuch von Reuleaux, Riegel zu stürzen und sich selbst an die Spitze zu setzen. Der große Herr Professor mit internationalem Ruf wollte statt des kleinen Studienrats den Verein anführen. Riegel wehrte sich mit einer ausführlichen Rechtfertigungsschrift und legte Reuleaux' umstrittene Stellung im Baufach (»hohles Phrasenzimmerwerk«) dar. Außerdem gab er einen Plagiatsvorwurf gegen Reuleaux' Hauptwerk weiter und erhob nicht zuletzt den Vorwurf, er wolle nach Verlust des »festen Bodens« im Fach »eine herrschende Stellung« im Verein erzwingen.

Es war eine regelrechte Schlammschlacht. Immerhin ging es um wirklich Wichtiges, denn Reuleaux hatte mit seinem Zweigverein im Rücken 1890 eine Eingabe an den Reichskanzler gerichtet, um im ganzen Reichsgebiet die fremdsprachlichen Ortsnamen zu verdeutschen, was einen Verstoß gegen die Satzung bedeutete, aber auch genau unter die Sorte von Aktivitäten fiel, die man bislang jedenfalls offiziell vermeiden wollte. Am Ende gab es nur Verlierer. Der Zweigverein warf Reuleaux hinaus und kroch beim Gesamtvorstand zu Kreuze. Riegel legte völlig entnervt sein Amt nieder.

Während es also innerhalb des Vereins Probleme gab, nahmen auch die Stellungnahmen gegen den Verein von außen nicht ab. 1898 trat ein Autor namens Ludwig Logander auf, der von »moderner Inquisition« und »Terrorismus« redete und der Sprachreinigung ihr Ende in spätestens zwanzig Jahren ankündigte. Genüsslich wies der stellvertretende Vorsitzende Hermann Dunger noch im gleichen Jahr in seiner Erwiderung in der *Zeitschrift* auf die Komik hin, dass die Fremdwörter »zum Schutze unserer Sprache« verteidigt würden, ja dass die deutsche Sprache nach dieser Argumentation gar »gegen den Deutschen Sprachverein geschützt werden« müsse. Aber Logander hatte nicht so leicht zu erledigende Argumente vorgetragen: Fremdwörter wie »Idee« ließen sich bequem für Ableitungen nutzen oder seien schlicht kürzer wie im Falle des »schlanken ›zentralisieren‹« gegenüber dem »silbenreichen ›vereinheitlichen‹«. Vor allem liege ein Horror in dem Gedanken, dass von irgendwem über die »Abschaffung und Einführung« von Fremdwörtern beschlossen

und die Allgemeinheit dann zur Annahme des Beschlusses »gezwungen« werden soll.
Dunger führte dagegen kein sprachliches, sondern ein nationales Argument an. Es gehe »ein Zug vaterländischen Gefühls« durch unser Volk, »das uns treibt, unsere Muttersprache zu lieben als kostbares Kleinod unseres Volkstums«. Das »Fremdwörter-Unwesen« hänge »mit einem alten Erbfehler der Deutschen zusammen«. Weiterhin gelte es, Rücksicht auf die nicht Gebildeten zu nehmen, »namentlich auf die Frauen«. Einer solchen »volkstümlichen, idealen Bewegung« stünden die *Preußischen Jahrbücher*, in denen Logander schrieb, gewissermaßen aus Prinzip »mürrisch und feindselig« gegenüber. Man sieht, welche Front hier aufgemacht wird: Es geht nicht um eine Diskussion im Sinne sprachwissenschaftlicher Beurteilung der Fremdwörter, sondern um pädagogische Sorge gegenüber intellektueller Nachlässigkeit.
Und auch einen in diesem Fall ungeeigneten Verteidigungsversuch der Fremdwörterjagd griff Dunger 1898 kritisch auf beziehungsweise wehrte ihn ab. Dieser Versuch bestand in der Annahme, dass zur »Beseitigung der Fremdwörternot« die Methode der »sogenannten Lehnwörter« genüge. So werde zum Beispiel »Teufel« aus *diabolus* oder »Münster« aus *monasterium*. Mit genau diesem alten Verfahren ließen sich eben auch jetzige Fremdwörter mit lautlicher Umgestaltung und Anpassung ans deutsche Betonungsgesetz »eindeutschen«.
Ein Autor namens Schirrmacher hatte diese Forderung in einer romanartigen Erzählung mit dem Titel *Neudeutsch* und dem fingierten Erscheinungsjahr »Altona 1935« tatsächlich 1891 vorgetragen: als Erzählung von jemandem, der 1935 nach Deutschland zurückkehrt und ein »Telegraphen-Bureau« sucht, aber keiner eines kennt, weil es inzwischen eingedeutscht wurde. Aber dieser Schirrmacher ging noch weiter: Er verlangte, fremde Endungen wegzulassen, wie etwa bei »Tem« für »Thema«, machte »Kwalte« aus »Qualität«, stellte »Fohbild« gegen »Fotographie«.

Dunger hielt dies alles weder für ausführbar noch wünschenswert noch nötig. Im Übrigen werde »Trotter« anstelle von »Trottoir« im Deutschen auch nicht verständlicher.

Als 1904 »ein neuer Widersacher« auftrat, glaubte der amtierende Schriftleiter der *Zeitschrift*, Oskar Streicher, genug zu tun, wenn er ihn wie alle anderen bezichtigte, nicht in die Materie »eingedrungen« zu sein. Originell sein Fazit: Der Gegenredner versuche seinen Lesern einzureden, »die Vereinsmitglieder seien satzungsmäßig verpflichtet zur Haltung bissiger Hunde, eigens dazu abgerichtet, jedem Sprecher eines fremden oder eines weniger als fünfsilbigen deutschen Wortes augenblicklich an die Gurgel zu springen«.

Auch Otto Sarrazin, zu dieser Zeit Vorsitzender des Sprachvereins, warf sich publizistisch an die Front. Nach dem Vorstoß von Robert Hessen zwanzig Jahre zuvor sei mit Walter Borgius ein neuer »Retter« der Fremdwörter aufgetaucht, weil sie vermeintlich spezielle »Nuancen« ausdrückten – alles schon einmal da gewesen und widerlegt. Scharf wendete Sarrazin sich gegen die herablassende Rede von den »arroganten Allüren unserer Sprachchauvinisten«, ihrem »Unsinn« und ihrem »widerlichen Bierbank-Chauvinismus«. Sarrazin zitierte auch genau das Argument, das letztlich das wichtigste war und von Vereinsseite nie ernsthaft diskutiert wurde: »Der Haß gegen alles, was international ist und internationale Verständigung der Völker fördert, ist die eigentliche Triebfeder des Kampfes gegen die Fremdworte.« Stattdessen glaubte Sarrazin, mit blödelnden Bemerkungen über das Problem hinwegzukommen: »Wir Toren dachten, es sei die Liebe und der Haß gegen eine verwelschte oder sonst wie verseuchte Sprache.« Aber Liebe und Hass führten eben weit weg von einer ernsthaften Auseinandersetzung. Gerade Sarrazin tat alles dafür, eine solche Auseinandersetzung zu verhindern.

Dabei hatte es Ansätze dieser Art gegeben. 1887 hielt Anton Frank einen Vortrag auf der Versammlung eines Zweigvereins, der daraufhin in der *Zeitschrift* abgedruckt wurde: *Die Sprache ein Spiegel des Volkes.* Alle Sprachen seien trotz ihrer Unterschiede im inneren Bau und in den äußeren Lauten ineinander übersetzbar, heißt es dort. In der »Ruhmeshalle unseres Volksthums« stünden nicht nur »unsere Dichter und Denker«, sondern auch die der anderen Völker. Mehr noch: »Dieses liebevolle Eingehen in die Eigenart anderer Völker hat unserer Bildung und Sprache reichen Gewinn gebracht, und kaum eine andere besitzt die Schmiegsamkeit, die fremde Volksart so anmuthig und ungezwungen wiederzugeben, als die deutsche Sprache.« Allerdings schließt Frank mit dem Nachsatz: »Allein das selbstlose Versenken in fremdes Wesen führt auch zur Weichheit, ja oft zum Vergessen des eigenen Selbst.« Aber letztlich gelte: »Im Geisterreigen aufstrebender Völker entwickelt die Eine Menschheit die Fülle ihrer Kräfte und bricht das Eine Licht der Vernunft durch das Farbenprisma der Sprachen.«

Töne dieser Art waren jedoch eine Seltenheit und wurden immer seltener. Man wusste im Verein wohl um die Gefahr einer abgewogenen Betrachtung oder gar eines Einlenkens – beides hätte unweigerlich dazu geführt, dass man sein Tätigkeitsgebiet verlor.

»Giro«

Fremdwörter kommen selten allein, sondern eher in Geschwadern. Weil die Musik in Europa zuerst in Italien florierte, stammen die entsprechenden Ausdrücke wie »Adagio« oder »piano« aus dem Italienischen. Das Französische beispielsweise steuerte wiederum viel zur Mode und zum Militär bei.

Und das Bankenwesen? Dessen Terminologie ist auch aus Italien, beginnend mit der »Bank« (banco) über das »Konto« bis hin zum »Skonto«. Da hatten alle Verdeutscher viel zu tun. Allerdings haben sie sich kaum durchgesetzt, weil das Bankgeschäft nicht gerade zu den beiläufigen Tätigkeiten zählt. Und so tat man sich schwer, litt aber auch. Noch 1929 tönt es einmal in einer kleinen Mitteilung ebenso schlicht wie zermürbt: »Giro – wer hilft?« Dabei hatte der Beiträger selbst eine Idee: Er fand »Umbuchungsverband« gut. Natürlich hatte dies keine Chance, spielte doch allein schon die Länge des Wortes den Gegnern in die Karten.

»Wer es mit der deutschen Kultur überhaupt ernst nimmt, der stößt dabei auf die mannigfaltigsten fremden Einflüsse«

Gegner aus den Reihen der Germanistik

Die *Erklärung der 41* war unter anderem von Vertretern der Germanistik unterschrieben worden. Der Berliner Professor Erich Schmidt, Rektor der Friedrich-Wilhelms-Universität in Berlin und Präsident der Goethe-Gesellschaft, gehörte ebenso dazu wie sein Kollege Gustav Roethe, beide Koryphäen ihres Fachs. Auch der Leipziger Ordinarius Friedrich Zarncke, auf den das noch heute benutzte *Mittelhochdeutsche Wörterbuch* zurückgeht, äußerte sich abfällig. Er kritisierte den »sehr zerfahrenen Feuilleton- und Zeitungsstil« in der *Zeitschrift* des Sprachvereins und mokierte sich darüber, wie bewährten Schriftstellern »schulmeisterlich mit Rothstift ihre wirklichen oder vermeinten Sünden« angekreidet würden. Immerhin folgt in diesem Fall der Satz, »der Sache wegen« sei das Ärgerliche dieser »Kleingeister« in Kauf zu nehmen. »Ganz werthlos und unnütz sind doch auch sie nicht: ohne ein bisschen Terrorismus werden so eingewachsene Schäden wie die gerügten nicht entfernt.« Was auch immer man sich unter »ein bisschen Terrorismus« vorzustellen hat …

Ein Schüler von Zarncke, der nach anfänglicher Tätigkeit auf dem Gebiet der mittelalterlichen Literatur zum wichtigsten Sprachwissenschaftler seiner Zeit wurde, äußerte sich wesentlich konsequenter, ja mit dieser Äußerung liegt die erste wirklich adäquate Antwort auf die Ziele des Vereins vor. Gemeint ist der schon genannte Hermann Paul, die Führungspersönlichkeit

der Junggrammatiker. Paul hat nie etwas direkt zum Sprachverein beziehungsweise zur Sprachreinigung gesagt. Es gibt von ihm allerdings ein Gutachten mit vernichtender Tendenz über das große Werk zur Bühnenaussprache von Theodor Siebs, das aus unerfindlichen Gründen ausgerechnet in den Beiheften der Vereinszeitschrift erschien. 1897 hat Paul dann eine Festrede vor der Münchner Akademie der Wissenschaften gehalten, in der er sich zur Aufgabe der Sprachwissenschaft in der Öffentlichkeit äußerte, wobei man nur bedauern kann, dass sie in kaum zugänglichen Sitzungsberichten veröffentlicht wurde, also so gut wie unterging.
Wenn man bedenkt, wie abstrakt, grundlagenbetont und damit weit von Alltagsfragen entfernt die Junggrammatiker Probleme der Sprache abhandelten, bedeutet es eine erhebliche Leistung, dass Paul die Frage der »Nützlichkeit« überhaupt anpackte. Seine Antwort liegt in der These, die Sprache sei generell die »beste Schulung für das Verständnis aller Kulturentwicklung überhaupt« und damit ein wichtiges Thema vor allem für die Schule. In diesem Zusammenhang aber fällt eine Äußerung, die nur auf den Verein gemünzt sein konnte: »Ein hohler Chauvinismus mag sich mit phrasenhafter Verherrlichung des eigenen Volkstumes begnügen. Wahrer Patriotismus verlangt strenge Selbstprüfung, wozu nur die wissenschaftliche Erforschung der Gesamtentwickelung unseres Volkes verhilft.« Und weiter:

> Das 18. Jahrhundert setzte sein Vertrauen auf den Fortschritt der Bildung, auf die Aufklärung und Veredelung der Individuen. Etwas von diesem Sinne brauchen wir sehr notwendig zur Ergänzung des unserigen, wenn wir nicht wieder mehr und mehr in Barbarei zurückfallen sollen, wenn die Früchte des angestrengten Ringens unserer edelsten Geister nicht wieder verloren gehen sollen. Schwere Bildungskämpfe sind damals ausgefochten, innerliche und äusserliche, die für alle

> Zeiten lehrreich sind, mit mannigfachen Verirrungen, bis das Ideal wahrer Humanität zu immer grösserer Reinheit geläutert ist, das auch für uns vorbildlich bleiben muss.

Damit war das eigentliche Sprachthema beziehungsweise die Art der Thematisierung von Sprache angeschnitten. Paul wandte sich aber auch konsequent gegen die unselige Verquickung der Sprache mit dem Nationalismus:

> Wenn ich so für eine Bildung auf nationaler Grundlage eintrete, so brauche ich darum den Vorwurf nicht zu fürchten, dass ich damit nationaler Beschränktheit das Wort rede. Wer es mit der Geschichte der deutschen Literatur und der deutschen Kultur überhaupt Ernst nimmt, der stößt dabei auf die mannigfaltigsten fremden Einflüsse, die er zu verfolgen genötigt ist, und wird so immer zu universalgeschichtlicher Betrachtung gedrängt. Eben deshalb, weil in unsere Literatur schon so viele wertvolle fremde Kulturelemente aufgenommen und angemessen verarbeitet sind, brauchen dieselben nicht von jedem Einzelnen wieder von neuem direkt aufgenommen zu werden. Nur die unbefangene geschichtliche Prüfung des Einflusses(,) den die fremden Kulturen auf unsere nationale Entwickelung gehabt haben, lehrt uns auch den Wert richtig abschätzen, den dieselben noch heute für unsere allgemeine Bildung beanspruchen dürfen.

Vielleicht liegt gerade in dieser wie nebenbei geäußerten Notiz die eindringlichste Abrechnung mit dem Verein. Man hat dort allerdings nichts davon bemerkt, rückte nur eine kurze Notiz über den Vortrag ein, in dem es um die »Bedeutung der Sprache« gegangen sei.

Erst dem Nachfolger von Gustav Roethe in Berlin, Arthur Hübner, fiel auf, dass das Problem nicht eigentlich auf der Ebene der

Sprachwissenschaft lag, sondern auf der des Gegensatzes von Sprachwissenschaft und Sprachpflege. Letztlich verstand man sich nicht. Die Sprachwissenschaft schüttelte den Kopf über den Dilettantismus der Sprachpflege und die Sprachpflege über die fehlende Aktivität der Sprachwissenschaft. Hermann Pauls Versuch einer Nutzbarmachung der Wissenschaft fürs Leben war ebenso sympathisch wie zu hoch gegriffen, und die Sprachpflege driftete immer weiter in die Richtung ab, von der sie sich Zuspruch erhoffte und auch Zuspruch erhielt: in den puren Nationalismus.

»Kein ehrlicher deutscher Mann kann das Bestreben rügen, echtgermanische Wörter vor Entfremdung und Entwendung zu bewahren«

Verdeutschung und Eindeutschung

Nach der gelungenen Gründung und nach der Abwehr der ersten Attacken mochte sich der Sprachverein sicher fühlen, auf dem richtigen Weg zu sein. Die Fremdwortfrage schien mit der Zauberformel von der »Entbehrlichkeit« geklärt. Aber sie war es nicht. Die Attacken hörten nicht auf, der Klärungsbedarf blieb. Und so arbeitete man die immer neuen Gesichtspunkte auf, flocht dem Gesamtkonzept immer neue Rechtfertigungen ein, während die Ersetzungen kein Ende und auch keine Rücksicht auf die theoretischen Überlegungen nahmen.

Auf der Hauptversammlung 1890 ergriff der amtierende Schriftleiter der *Zeitschrift*, Oskar Brenner, das Wort und sprach über *Freiheit und Zwang in der Muttersprache.* Gegner hätten vorgetragen, dass Sprache nicht »gemacht« werde. Brenner hielt dem dagegen, die Grammatik sei zum Beispiel in Bayern durchaus »gemacht« worden, und zwar 1765 durch kurfürstliche Verordnungen. In Schwaben hätten *Einzelne* das Eindringen der »norddeutschen Flut« gebremst. Insgesamt habe man jedenfalls die Sprache nicht einfach »werden« lassen, genauso heute. Schüler würden mit Recht »gezwungen«, hochdeutsche Laute anzunehmen, die ihnen fremd klängen. Und wieso sei dieser »Zwang« gerechtfertigt? Um der Einheit der Nation willen! Das »bewußte Bemühen um die Hebung der Sprache« dürfe man nicht »als unnatürliches Eingreifen« betrachten.

Und dann folgt der Salto mortale der Sprachpflege:

> Behüte uns aber Gott davor, daß wir unsere Aufgabe darin erblicken, mit polizeilicher Gewalt den Buchstaben zu hüten. Wir wissen ja Alle: die Sprache ist im Fluß und gar Manches, was unsere großen Dichter noch sagen und schreiben durften, wird kein Mensch mehr als mustergiltig festhalten wollen … Also kein Dogma, keine Inquisition! Aber wir beanspruchen das Recht, laut für die Erhaltung der alten Kraft, der alten Schönheit, der Deutlichkeit, Einheit und Reinheit eintreten zu dürfen.

Ja, was denn nun? Inquisition oder nicht Inquisition? Etwa eine Inquisition, die begeistert aufgenommen wird?
Aber Brenner ging es ohnehin nicht um die Sprache, sondern um genau das, wo von Anfang an die Grundlage jeder Willkür des Eingreifens gelegt wurde: um das Bekenntnis zur nationalen Gesinnung. So liest man bei ihm als Begründung für den ohne ein Eingreifen drohenden Verfall: »Aber es ist ja doch zumeist nur der Wunsch, den Anderen ebenbürtig zu scheinen, nicht (die Fremdwörter) sich dienstbar zu machen. Es ist ein Entleihen ohne Gegenleistung, es ist ein Bekenntniß der eigenen Armuth und Unfähigkeit.«
Und so ging es geradlinig weiter gegen »die Freunde des Völkerausgleichs«, die den »unaufhaltsam wachsenden Austausch der inneren Sprachmittel« begrüßten und dafür sorgten, dass »die entlehnten Anschauungen in Fleisch und Blut übergehen«, dass sie »als willkommene Bereicherung begrüßt werden«, was einer »Unterwerfung« gleichkomme. Und warum all dies? Weil zum Beispiel Kaufleute glaubten, kein Fremdwort scheine »kräftig genug, um Waren über Gebühr zu rühmen«. Als Ergebnis hielt Brenner schließlich fest: Der Einzelne sei machtlos »gegen die weit um sich greifende Mißhandlung der Muttersprache«; helfen könne nur die Bewegung, die der Sprachverein anführe – eben doch mit »polizeilichem« Eingreifen.

Wo Ersetzungen von Fremdwörtern vorgeschlagen wurden, brach gelegentlich Grundsätzliches auf. 1893 war es in einem Beitrag das leidige »Coupé«, das in »Abtheil« umbenannt werden sollte. Nun lautete die Rechtfertigung: Einführungen von Wörtern mit deutschem Stamm seien ein »Grundrecht«. Fremde Wörter seien »Dirnen«, heimische dagegen »Fleisch von unserem Fleische und Blut von unserem Blute«. Wenn dagegen eingewendet werde, das deutsche Wort klinge »nicht gut«, sei der Ersatz in Wirklichkeit nur »ungewohnt«. Wie üblich fühlte sich der Autor so sicher, dass er selbst höhnischen Widerspruch zu Wort kommen ließ. Offensichtlich war das »Abtheil« als eine sprachwidrige Neubildung bezeichnet worden, allenfalls »Abtheilung« könne, so das Gegenargument, als korrekt betrachtet werden. Es folgt daraufhin wörtlich die kleine Satire eines Gegners: »Nach seinem Überzeug verdiene der Verdeutsch ›Abtheil‹ durchaus keinen Empfehl, sei vielmehr als ein Verirr anzusehen, der hoffentlich keinen Verbreit finden werde.«

Dem hielt der Vertreter des Sprachvereins nicht ohne Geschick die Parallelbildungen »Anteil«, »Nachteil«, »Vorteil« entgegen. Wenn dabei von einer normalen Form »innerer Wortbildung« die Rede war, sollte das sprachwissenschaftliche Argument Kompetenz bezeugen. Aber diese Kompetenz reichte nicht weit. Sie wurde sofort preisgegeben, wenn der nationale Gedanke näherlag.

Dass die Vortäuschung sprachwissenschaftlicher Argumentation immer wieder mit schierem Nationalismus einherging, lehrt ein Beitrag von 1895 vor allem anhand seines Umgangs mit dem berechtigten Einwand, die Vereinsmitglieder wüssten gar nicht, was ein Fremdwort sei. Man erfährt nämlich zuerst einmal: »(...) kein ehrlicher und vor allem kein ehrlicher deutscher Mann« könne das Bestreben rügen, »echtgermanische Wörter vor Entfremdung und Entwendung zu bewahren«. Was dann über »germanische Wörter« folgt, wird jedem Sprachwissenschaftler die

Haare zu Berge stehen lassen. Denn die Auskunft lautet, in den scheinbaren Fremdwörtern seien in Wirklichkeit germanische Wörter »erhalten« geblieben wie etwa im Falle von »boxen«, das mit »Bock« zusammenhänge (und tatsächlich aus dem neuenglischen *box* stammt, mit ungeklärter Herkunft). Der »Apfel« sei zwar entlehnt (tatsächlich ist auch er ungeklärter Herkunft), aber »Obst« urverwandt (tatsächlich vordeutsch). Ein »echtgermanisches Wort« als Fremdwort hinzustellen, sei jedenfalls lächerlich. Wörter, die in allen germanischen Sprachen belegt seien, könnten also höchstens »aus sich selbst entlehnt« sein.

Erklärungen vergleichbarer Art begegnen einem in der *Zeitschrift* immer wieder, weil sie offenbar als »wissenschaftlich« geschätzt wurden. Ein gewisser Professor Schlenger behauptete tapfer, der »Gletscher« stamme nicht vom welschen *Glacier*, sondern von »(aus)glitschen«. In diesem Fall meldete jedoch sogar die eigene Schriftleitung Bedenken an, weil es ein Wort wie »glitscherig« in der Schweiz überhaupt nicht gebe. Die Diskussion stand jedenfalls nicht still. Sie drehte sich etwa um die Alternative zwischen Verdeutschung und Eindeutschung, wobei die Eindeutschung eher den Kürzeren zog. Wer also statt »Blouse« einfach »Bluse« schreibe, habe kein wirklich neues deutsches Wort kreiert, sondern nur das fremde dem eigenen Sprachgebrauch angepasst. So könne man zwar die »Ceder« als »Zeder«, das »Szepter« als »Zepter« wiedergeben oder das »Bureau« als »Büro«. Das Ergebnis sei jedoch: »Sie sind und bleiben Fremdwörter« – mit Hoffnung auf Verdeutschung.

Ein anderer Autor nahm statt der fremden Schreibweise die fremde Aussprache aufs Korn. In einem Falle wie »Monteur« solle man doch »wenigstens mit der näselnden Aussprache der ersten Silbe (Mong-) aufhören (…). Wir sagen doch auch nicht Kongtrolleur (…), warum also diese durch nichts begründete Welschelei?«

Es dominierte also die Ersetzung. Wie nicht anders zu erwarten, bot auch dies Stoff zu Diskussionen. Die Fremdwörterbücher versuchten es mit einer Auflistung von Alternativen, um die verschiedenen Schattierungen des Preisgegebenen einzufangen. Wenn das nicht ausreichte, griff man zu einem anderen Mittel: Preisausschreiben. 1890 ging es um den »Jongleur«, der als »Wurf-Fangkünstler« neu erstand, oder auch um den »Phantasie-Equilibristen«, der fortan als »Wundergaukler« auftreten sollte. 1897 stand der »Cocon« zur Debatte. Der Vorschlag »Seidling« gewann das Ausschreiben. Man durfte nur keine allzu hohen Erwartungen an die Belohnung richten. Der »Seidling«, natürlich abgeleitet von der »Seide«, brachte ganze fünf Mark – das reichte etwa für fünf Pfund Butter.

1910 berichtet Dunger über weitere Preisausschreiben. Der *Allgemeine Schnauferl-Klub* etwa lobte einen Preis aus für die Umbenennung seines wichtigsten Fortbewegungsmittels, dem »Automobil«. Scharf bekämpft waren »Töff-töff« oder das schwäbische »Stinkwägele« – im verpesteten Stuttgart von heute wäre es ein sicherer Kandidat für den ersten Preis. Unter tausend Vorschlägen setzte sich zuletzt das »Aut« durch, abwandelbar mit dem »Autler« und »auteln« nach dem Vorbild von »Radler« und »radeln«. Für die Umtaufe ihrer »Cakes« bot eine Bielefelder Fabrik 1000 Mark Preisgeld und erhielt prompt 15 349 Bewerbungen mit 5000 Vorschlägen. Die Entscheidung fiel zugunsten von »Knusperchen«, was in Süddeutschland allerdings dermaßen entrüstet bekämpft wurde, dass man sich umgehend für den zweiten Preis entschied, den »Reschling«. Doch auch der fand wenig Verständnis. Die Fabrik gab frustriert die Initiative auf und verkaufte weiter ihre »Cakes«. (Über den spektakulärsten Wettbewerb, der sich um die »Zigarre« drehte und wieder ergebnislos endete, ist noch andernorts zu berichten.)

Und so kamen denn mehrere Artikel zustande, die sich gegen den Vorwurf des »fürchterlichen Kunstdeutsch« als Konsequenz der Verdeutschungen wendeten, der prominent von »unserm guten Freund Delbrück« vorgetragen wurde. Hans Delbrück, führender Kopf der *Erklärung der 41*, hatte den »unlauteren Wettbewerb« als Ersetzung von »illoyale Konkurrenz« kritisiert, woran man nebenbei sieht, dass nicht jeder Vorstoß aus dem Verein auf lange Sicht verebbte, da die Wortverbindung auch heute noch so üblich ist. Umgekehrt wird die angebliche »Verschwommenheit der Fremdwörter« aufs Korn genommen. Mit dem Gebrauch verbänden sich »Unklarheit und Halbheit des Denkens«, geboren aus der »Massenschreiberei mit nippender Vielseitigkeit«, der ein deutscher Ausdruck fehle, »der scharf und bestimmt das Kind beim rechten Namen nennt«. Dahinter steht die Vorstellung, dass das fremde Wort nie klar sein könne, weil man es nicht wirklich verstehe, das eigene dagegen die bezeichnete Sache genau treffe, weil hier Wort und Sache zusammenfielen.

Aber stimmt das? Gibt es diese »richtige« Benennung überhaupt beziehungsweise diesen einen Namen, der das Bezeichnete »enthält«? Daran hat man selbst im Verein nicht immer geglaubt. Als der Vorsitzende Richard Jahnke 1928 höchstpersönlich zum Vorwurf Stellung bezog, die Verdeutschung decke nicht den gemeinten Begriff, betonte er in seiner Anwort, Wörter und Vorstellungen seien tatsächlich nicht zwingend verbunden. Schon glaubt man an eine gewisse Form von Einsicht oder Einknicken vor der Wissenschaft, die nun mal besagt, dass eine Bezeichnung letztlich immer »willkürlich« ist und lediglich auf »Vereinbarung« beruht. Aber es gab keine Einsicht – die Folgerung lautete vielmehr: Gerade deshalb sei die eigene Sprache ja so wichtig. Das deutsche Volk auf seiner »Höhe« könne schon »mit der eigenen Sprache auskommen«. Obwohl also die Willkür der Bezeichnung zugestanden wurde, sollte es eben lieber die eigene Willkür sein. Und schon hatte der nationale Gedanke wieder die zum Greifen nahe Erkenntnis unterlaufen beziehungsweise ausmanövriert.

Oft waren die Vorwürfe der Gegner jedoch harmloser und daher vom Verein einfacher zu handhaben. Ein Kritiker zeigte sich 1905 entsetzt angesichts der »stachligen Konsonantenwälle« in zusammengesetzten Eindeutschungen wie bei »Geschichtsschreiber« anstatt »Historiker«. In einem anderen Fall ging es um »spezielle Nuancen«, die mit dem Fremdwort verbunden seien, nicht aber mit seiner Verdeutschung. Diese Kritikpunkte wurden ebenso ausgesessen wie der vielleicht schärfste Angriff, der bereits im Jahr 1897 eine hübsche Vokabel aufbrachte: den »Sarrazinismus«.

Wieder einmal hatte ein Beiträger in den *Preußischen Jahrbüchern* die Attacke geführt: der Studienrat und Literat Franz Sandvoß, der es hauptsächlich auf die Nebenwirkungen der Sprachreinigung abgesehen hatte, nämlich auf das Ausklinken aus humanistischen Traditionen. Otto Sarrazin persönlich hat auf die scharfe Polemik betont süffisant geantwortet mit dem üblichen Vorwurf an den Gegner, sich nicht eingelesen, das wahre Ziel der »Vorsicht und Besonnenheit« nicht berücksichtigt und das humanistische Anliegen hinter dem Ganzen überhaupt nicht verstanden zu haben. Die Erwiderung endet mit der gespielten Hoffnung, im jetzigen Gegner bald einen »begehrenswerten Mitarbeiter« begrüßen zu dürfen, der »Schulter an Schulter« kämpfe. Der Vorstoß von Sandvoß verpuffte und Sarrazin wurde gut zwei Jahre später Vorsitzender.

Immer wieder flackerte auch das Argument der »schiefen Anwendung« auf, das schon Herman Riegel zu Beginn des Sprachvereins vorgetragen hatte. Die »Blamage« etwa, so ein Beiträger im Jahr 1908, stamme natürlich vom französischen *blâmer* ab in der Bedeutung von »tadeln«, ein dazugehöriges Substantiv gebe es jedoch im Französischen nicht und sei im Übrigen wie alle Wörter auf *-age* männlich. Noch schöner das Beispiel der »Beletage«, im Deutschen die Bezeichnung für den »ersten Stock«, der im Französischen jedoch *premier étage* heißt. Ähnliches gilt bei »Souterrain«, was auf Französisch *sous-sol* wäre. Immer wieder – 1905 und 1911 von Hermann Dunger persönlich – wird auf den fatalen »Chauffeur« hingewiesen, der eigentlich aus dem Eisenbahnwesen stammt und dort als Heizer fungierte, also gerade nicht jemand ist, der das Fahrzeug »chauffiert«. Es ließen sich unendlich viele weitere Beispiele finden. Auch bei den italienischen Fremdwörtern ist es das Gleiche. So heißt etwa die »Firma« dort *casa* oder *ditta.*

Noch einmal und dann auf besonders hohem Niveau sollte das Problem aufgegriffen werden, und zwar 1916 vom Sprachvereinsmitglied und Gießener Germanisten Otto Behaghel unter dem Titel *Die Fremdwörter in ihrer Heimat und bei uns*: »Um die völkerverbindende Kraft des Fremdwortes« sei es »recht bedenklich bestellt«, lautet der Beginn, bei dem Behaghel einen der Trümpfe der Gegner aufgreift. Es gebe eben »viel Veränderung« bei der Übernahme und manchmal einen »Einwandrer aus der Fremde«, der »dort überhaupt niemals gelebt hat«. Die Kandidaten folgen, diesmal mit englischen Beispielen: »Der Engländer kennt keinen Schlips, sondern nur a tie, a cravat, keinen Smoking, sondern ein dinner-jacket, keinen Cut-away, sondern einen morning-coat; den Cut-away hat irgendein geistreicher deutscher Schneider anscheinend frei erfunden. Wer in London cakes verlangt, würde Kuchen erhalten, nicht, was er haben wollte, nämlich biscuits.« Und so häufen sich die »verhängnisvollen Beispiele«, wozu Behaghel auch aus dem Französischen zahlreiche aufführt.

Fremdwörter bringen also nicht nur fremde Sprache in die eigene, sondern diese auch noch falsch. Aber wir wissen es ohnehin längst: Letztlich zählte nicht die »wissenschaftliche Argumentation«, sondern der nationale Grund, der früh unter dem Stichwort des »Völkischen« daherkam. Schon 1910 erklärte ein Dr. jur. Eugen Böninger unter dem Titel *Völkische Pflichten*, dass Verkäufer gerne zu Fremdwörtern griffen, um den Umsatz zu steigern. Die Schuld dafür suchte er nicht bei ihnen, sondern bei den Kunden, die nicht einfach weitergingen. Die Devise lautete dann: »Tue jeder seine Pflicht!« Jeder Bürger sei aufgerufen, kein »Schauspiel völkischer Charakterlosigkeit« zu bieten.

Als Otto Sarrazin in einem Artikel *Von deutscher Schokolade und deutschem Kakao* 1904 der Befürchtung nachging, bei dieser bereits im Titel angeführten Verdeutschung sei womöglich die Ausfuhr der Waren gefährdet, wehrte er das Argument mit der gleichen moralischen Inbrunst strikt ab. Jeder Deutsche, »namentlich aber jede Deutsche«, solle zukünftig »Chocolade und Cacao tugendhaft zurückweisen«. In die gleiche Richtung ging ein Artikel über die »Schande«, wenn das Kaufhaus des Westens in Berlin in seiner Werbung Fremdwörter benutzte, wobei die »Hauptschuld« beim weiblichen Geschlecht liege, das »statt die Anzeige mit Entrüstung zurückzuschicken oder wenigstens in den Papierkorb zu werfen, eine derart angekündigte Ausstellung mit Wonne besucht und damit solch undeutsches Gebaren gutheißt. Jeder hat eben das Kaufhaus, das er verdient.« In dem Augenblick, in dem das Problem von seiner ökonomischen Seite her betrachtet wurde, wurde es auch schon wieder von der nationalistischen zugedeckt.

Ein Beiträger namens Richard Palleske, der uns noch beschäftigen wird, hat es unmissverständlich ausgesprochen: Bei der »heutigen Sprachbewegung« stünden die »völkischen Beweggründe« im Vordergrund und forderten zuallererst »Gemeinverständlichkeit«. Diese Gemeinverständlichkeit aber wird zum Mythos, zum biologistischen Argument:

> Denn zum eigenen Worte, das mit dem ganzen Körper der Sprache durch den Kreislauf derselben Säfte und Lebensgeister zusammenhängt, verhält sich ein fremder Laut, wenn es sich um die Bezeichnung geistiger Begriffe handelt, wie zum lebendigen Gliede das hölzerne Bein.

Gerade hinsichtlich der »Ursprünglichkeit« sei das Deutsche dem Englischen und Französischen überlegen und daher zu bewahren. Auch dies also ein Plädoyer für aggressive Verdeutschung gegenüber kriecherischer Eindeutschung.

Als 1922 eine neue Satzung beschlossen wurde, in der die bloße Fremdwortjagd als Vereinsziel ausdrücklich mit der »Arbeit an der deutschen Sprache« als »Arbeit am deutschen Volkstum und an der deutschen Zukunft« ersetzt wurde, bedeutete dies nichts Gutes. Nicht nur, dass der Nationalismus nun offen das oberste Ziel darstellte, ja den Status einer Religion beziehungsweise »Gesinnungsreligion« einnahm, auch die Fremdwortjagd verlor nicht an Schwung. Im Gegenteil, 1927 nahm ein Vertreter des Sprachvereins anlässlich des Todes von Friedrich Kluge die alte Devise der unentbehrlichen Fremdwörter direkt zurück. Es sei jetzt ein »neuer Abschnitt in der Geschichte des Vereins« eingetreten. Man habe bislang lediglich überflüssige Fremdworte bekämpft, jetzt aber sollten auch die angeblich unentbehrlichen durch konsequente Neubildungen überflüssig gemacht werden. »Die frühere Ängstlichkeit der Wissenschaft bleibe uns fern«, liest man, gegenüber den Grimms und Kluges gelte es nun, »neue Wege« zu gehen.

»Signet«

Unter den heute eher kurios anmutenden Ersetzungen von Fremdwörtern erschien 1924 im »Sprechsaal« der Zeitschrift ein Beispiel, das ausdrücklich als »glückliche Bildung« bezeichnet wurde. Es ging um das »Signet«, das Firmen- oder Markenzeichen. Es sollte nach seiner werbenden Funktion künftig »Werbling« heißen. Die Heinzerlingsche Buchdruckerei in Hannoversch-Minden sollte dazu die passende Zeitschrift herausgeben, die Werbling-Warte. »Firmenzeichen« sei zu lang und der Bedeutungsumfang zu eng, hieß es in der Begründung der Wahl.

Dabei sollte Wörtern mit dieser Endung -ling noch eine große Zukunft beschert sein. 1927 notierte ein Beiträger in der Zeitschrift, im Deutschen Wörterbuch fehle es an deutschen Pflanzennamen, obwohl doch die ominöse Endung so gute Hilfestellung leisten könne. Und dann regnete es Beispiele: »Engerlingsschwamm«, »Moterling« (für »Mutterkorn«), »Räuschling« (für »Riesling«), »Hündeling« (für »Wacholder«). Einmal angefangen, gerieten auch Wörter aus anderen Bereichen ins Visier und wurden Opfer der Umtaufungsorgie: »Brätling« (für »Sprotte«), »Schwartling« (für »Schneeschuh«) etwa.

Eine Sammlung mit Wörtern aus Zeitungen, Zeitschriften und Romanen sollte belegen, dass damit nichts Neues in die Welt beziehungsweise die deutsche Sprache komme. Aufgespießt wurden unter anderem der »Bösling«, »Brünstling«, »Düsterling«, »Ehrgeizling« und »Impotenz-

ling«. Wer sich nicht mit Dirnen abgab, erschien als »Kindling«, in einer Goethe-Biografie liest man vom großen Dichter als »Kränkling«, in der Sozialdemokratie als Partei der Kleinbürger und Zufriedenen gab es »Ministerlinge«, in China wurde frechen »Profitlingen« das Handwerk gelegt, und statt als Erbe eines Industrie-Millionen-Vermögens tauchte der Glückliche als »Stämmling« auf. War das Deutsche auf dem Weg zur Ling-Sprache?

»Überhandnehmende Sprachverseuchung im Gasthofs- und Vergnügungswesen«

Verdeutschungswörterbücher

Natürlich hatte der Sprachverein die Strategie der Ersetzungen nicht erfunden. Dabei ist zum einen an die frühen Vorgänger zu denken, an die Fruchtbringende Gesellschaft im 17., an Ernst Moritz Arndt im frühen 18. oder an Heinrich Campe im frühen 19. Jahrhundert, als Tausende Ersetzungen vorgenommen wurden, von denen sich ein bescheidener Teil auch durchsetzte. Die Maßnahme war also bereits vor der Vereinsgründung in vollem Gange, und sie wurde zudem von einer Seite besorgt, die Herman Riegel immer als eigentlichen Motor anstrebte: von der Regierung, »von oben«.

Schon 1841 wies der preußische Justizminister in einem Erlass seine Beamten an, Fremdwörter möglichst zu vermeiden. Im *Bürgerlichen Gesetzbuch* Sachsens von 1863 sind Fremdwörter aussortiert. Das gleiche Werk für das Reich beginnt in seinen ersten Entwürfen 1871 mit entsprechenden Aktivitäten, setzt etwa für »Mundum« »Reinschrift« ein, für »Pension« »Ruhegehalt«. Das Weimarische Staatsministerium hatte Ende 1883, mit ausdrücklicher Forderung seiner Königlichen Hoheit, darauf gedrängt, unnötige Fremdwörter zu vermeiden. Der Großherzog von Baden meldete sich auf Riegels ersten Aufruf hin mit »huldvollem Handschreiben« und sagte seine Unterstützung zu. Beim Eisenbahnwesen war der zuständige Minister Karl von Thielen bereits 1884 tätig geworden und hatte »Direktion«, »Etat«, »Titel« und »Billett« verdeutschen lassen. Von oben sei das Unheil hereingetragen worden, liest man, von oben sei es auch wieder hinauszutreiben. Will sagen, was die frankophilen Oberschichten einst der Sprache angetan hatten, sollte nun eine deutsch gesinnte neue Führungsschicht wiedergutmachen.

Und nicht nur von ganz oben ist reagiert worden. Es gab in Kreisen des Bildungsbürgertums bereits Initiativen zur Sprachreinigung. Schulen hatten guten Willen bewiesen. Auf Tagungen wurde beschlossen, den Gebrauch von Fremdwörtern mit einem Pfennig Strafe zu belegen. In Braunschweig brachten 25 Mitglieder auf diese Weise allein innerhalb der beiden ersten Wochen sechs Mark zusammen. Eine Mittwochsgesellschaft in einem Magdeburger Gasthaus verwendete entsprechend eingetriebene Strafgelder zugunsten der Rettung Schiffbrüchiger in Bremen. Die Kunstfahrer des »Hampel-, Strampel- und Tretwagens« benannten sich auf ihrem »Velozipedisten-Congreß« 1884 »tiefsinnig und vaterlandsglühend« in »Deutscher Radfahrerbund« um als »Zeugnis guter Gesinnung«.

Heinrich von Stephan war also nicht der Erste, als er 1874 und 1875 die Ersetzung von Fremdwörtern anordnete. Und auch kurz nach der Vereinsgründung, als der Verein selbst wohl kaum bereits Wirkung zeigte, wurden die Felddienstordnung und die Schießvorschrift für die Infanterie durchforstet. Fremdwörter waren wohl zu gefährlich in diesem gefährlichen Bereich. Auch im Eisenbahnwesen gab es so gesehen weitere Fortschritte. Der zuständige Minister Albert von Maybach ließ Schilder mit »Local- und Externverkehr« entfernen und durch »Stadt- und Fernverkehr« ersetzen; das »geschmacklose Stations-Bureau« hingegen blieb erhalten, wohl aufgrund von »gewissen Bedenken, an die Gewohnheit zu rühren«, wie es in der *Zeitschrift* rückblickend kommentiert wird. In Otto Sarrazins früher Zusammenfassung der Entwicklung brachte er die Einschätzung zum Ausdruck, die neue Situation bei der Ersetzung verdanke sich dem Eintritt »der leitenden Behörden in den Kampf«. Man fragt sich, wieso eigentlich Herman Riegels größte Sehnsucht nach Einbindung der Regierung so umstritten war und warum es so lange dauerte, bis sie Wirklichkeit wurde.

Jedenfalls sprang Riegel mit seinem Verein auf einen bereits angefahrenen Zug. Wenn man Hermann Dungers Rückblick anlässlich des 25-jährigen Bestehens liest, hat man den Eindruck, als hätten alle nur auf ein zusätzliches Signal gewartet, um bei der »Sprachbewegung« mitzumachen. Vereine und Genossenschaften »reinigten« ihre Satzungen von Fremdwörtern, darunter zum Beispiel 1886, also noch im Gründungsjahr, der Kriegerverein in Gleiwitz, 1887 die Brandversicherung in Dresden, 1888 der Berliner Lehrerverein und der Aktienverein für den Zoologischen Garten zu Dresden und noch viele weitere mehr. Selbst der Schweizerische Alkoholgegner-Bund checkte Sprache und Stil seiner Verlautbarungen, um seine Klienten besser retten zu können. Und im Eisenbahnwesen war ohnehin schon lange das Ersetzen im Gange. 1890 wird berichtet, dass die für den Publikumsverkehr zuständigen Dienststellen nach einem Ministererlass deutsch benannt seien, also etwa »Fahrkarten-Ausgabe« für »Billett-Expedition«, »Bahnsteig« für »Perron« und »Waschzimmer für Frauen« statt »Damentoilette«.

Eine erste große Offensive des Sprachvereins selbst galt der Speisekarte, den dominanten französischen Küchenausdrücken. Im Deutsch-Französischen Krieg von 1870/71 sei »ein heftiger Sturm gegen die französische Speisekarte« losgebrochen, will Dunger wissen, aber die »Aufwallung« habe nicht angehalten. Deshalb der Neuanlauf, der unter seiner Federführung, jedoch zunächst ohne seinen Namen zu nennen, zu einer Broschüre mit dem Titel *Die deutsche Speisekarte* führte.

Sie erschien binnen zwölf Jahren in vier stets erweiterten Auflagen und galt als eine der erfolgreichsten Initiativen des Vereins überhaupt. Beim Festmahl zur Feier des 90. Geburtstags von Kaiser Wilhelm I. im Jahr 1887 habe man schon allenthalben deutsche Tischkarten aufgelegt, liest man dort. Kaiser Wilhelm II. verbannte dann die französische Speisekarte aus seinem Haushalt, andere deutsche Fürsten schlossen sich treu – oder duckmäuserisch – an. Einige dieser Tischkarten sind in der Broschüre abgedruckt. Dunger listete für den Mai 1898 Gasthöfe auf, die eine deutsche Speisekarte führten, und kam auf 255 Namen. Auch Schifffahrtsgesellschaften stellten um, die Hamburg-Amerika-Linie zum Beispiel, weiter der Norddeutsche Lloyd und sogar die Rheindampfer. Das »häßliche und nichtssagende Menu« (das auf das lateinische *minutus* = »klein, gering« zurückgeht) ersetzte man nun also durch »Speisenfolge«. Diese Änderung wurde als großer Sieg gefeiert.

In der vierten Auflage von 1900 hat Dunger eine ausführliche Einleitung zum speziellen »Fremdwortunwesen in der Küchen- und Gasthofsprache« formuliert, wie immer auf breiter empirischer Basis. Gründe gegen die Verdeutschung werden aufgeführt und widerlegt.

So wird der Unmöglichkeit der Übersetzung das Beispiel des Kaisers und seiner ausdrücklichen Verfügung von 1888 entgegengestellt und berichtet, wie bei Regierungsantritt die Festgäste »Zander in Rheinwein gedämpft« oder »Mehlspeise von Äpfeln« vorfanden. Dass die Kochkunst immer schon französisch geprägt gewesen sei, widerlege allein schon ein Essen des Kurfürsten von Brandenburg von 1524, wo es »Auerhahn«, »Schweinen-Wildprett« und »gepreßte Schweinsköpfe mit Äpfeln« gegeben habe. Die Vormacht des Französischen datiere erst auf die Zeit nach dem Dreißigjährigen Krieg mit seiner »beklagenswerten Unterjochung des deutschen Geistes«. Das Argument der Rücksicht auf die ausländischen Gäste verfange schon deshalb nicht, weil ihre Zahl viel zu gering sei. Für die Verdeutschung spräche dagegen die »Äußerung des Nationalgefühls« nach der »nationalen Entwürdigung« vor dem Sieg von 1871. Angebote wie »Rheinsalm hollandais« seien eine – natürlich nur sprachliche – »Geschmacksroheit«, der Rest beruhe auf »Eitelkeit und Vornehmtuerei der Köche«. In Einzelfällen wüssten nicht einmal sie, was gemeint sei, zum Beispiel bei der *Gigant de présalé*, die keine gepökelte Hammelkeule, sondern die Keule eines Hammels darstelle, der auf den salzhaltigen Meerwiesen der Normandie fett gemacht wurde.

Das umfangreiche Wörterbuch enthält dann Gerichte mit ihren entsprechenden Verdeutschungen: »Äpfel en Surround« sind »Äpfel im Schlafrock«, »Aroma« wird zu »Duft«, »Aspik« zu »Fleisch- bzw. Fischsülze« und »Balmomba« zur »Eisbombe«. Selbst der »Champignon« soll als »Edelpilz« angeboten werden, der »Chicorée« als »Bleichsalat«, »Confituren« als »Zuckerfrüchte«, »Delikatesse« als »Leckerei«. Bei »Chocolat« genüge die Wiedergabe als »Schokolade«, bei »Liqueur« als »Likör«. Und was sind »Paradiesäpfel«? »Tomaten«, woran heute noch das österreichische »Paradeiser« erinnert.

Die Speisekarte ist ein Paradebeispiel für die Kunst der Verdeutschung, wie man sie sich im Sprachverein vorstellte – mal als Ersetzung durch einen schon bekannten Ausdruck, mal als Umschreibung, eher in Ausnahmefällen als bloße Angleichung an die Schreibweise. Vor allem aber zeigt sie, wie sich das Ganze gewissermaßen weiterentwickelte, sich nationalistisch auflud.

Der Zweigverein Hamburg verschickte einen der zahllosen »Mahnrufe« wegen der »überhandnehmenden Sprachverseuchung im Gasthofs- und Vergnügungswesen«. Man solle öffentlich mit Unterschrift für das Sprachvereinsziel eintreten, hieß es dort. Die Zustimmungserklärung war gleich beigelegt. Dunger bezeichnete den Erfolg als »überraschend«: 100 Vereine und 2336 Einzelpersonen, darunter ausdrücklich 25 Professoren, seien dem Aufruf gefolgt. Allerdings verschwieg er nicht, dass die Lage trotzdem schwierig blieb, wobei die Hauptschuld nicht bei den Wirten, sondern bei den Gästen liege, die über die Neuerungen spotteten. Wieder wird deutlich, was die Umbenennung eigentlich bezwecken sollte. Wörtlich: »Jede deutsche Speisekarte ist eine Predigt gegen den Götzen der Ausländerei.« Während das »Volksempfinden« dem Fremden ohnehin abhold sei, blieben die begriffsstutzigen Intellektuellen, die den Zusammenhang von Sprache und Nation nicht verstehen wollten, ja sich in ihrer überlegenen Bildung angegriffen fühlten, ablehnend.

Die Politik der Karten, kostenlos in großer Auflage verteilt, war ein Erfolg. Rasch folgten weitere Ausgaben zum Handel, zum häuslichen und gesellschaftlichen Leben, ein deutsches Namenbüchlein, etwas zur Amtssprache, zum Berg- und Hüttenwesen, zur Schule, zur Heilkunde, zu Tonkunst, Bühnenwesen und Tanz. Um etwas ausführlicher auf die Schule einzugehen: Als Dunger die Geschichte des Sprachvereins anlässlich des 25-jährigen Bestehens durchging, zählte er gerade sie zum »schlimmsten« Fall überhaupt. Das Büchlein *Regeln und Wörterverzeichnis für die deutsche Rechtschreibung*, im Auftrag des Königlichen Ministeriums für preußische Schulen herausgegeben – von Konrad Duden übrigens als wichtiger Einstieg in die Rechtschreibreform gewürdigt –, enthalte unter 3500 Wörtern rund 1500 fremde, ganze Spalten seien ohne ein einziges deutsches Wort gewesen.

Der Kommentar fällt für Dungers Verhältnisse nicht nur reichlich grob aus, sondern ist ein Beispiel für den nahtlosen Übergang von der Sprachreinigung zum ungeschminkten Nationalismus: »Da stehen sie in geschlossenen Reihen, diese Franzosen! Auf dem Schlachtfeld haben wir sie überwunden, nicht aber auf dem Felde unserer Sprache. Da herrscht noch ganz die schmählichste Unterjochung, die albernste Afferei.« Was der Schüler lerne, sei, »die schöne deutsche Sprache verhunzen«, wofür als Abhilfe nur eines infrage komme: eine von der Regierung eingesetzte und gesteuerte Akademie. Bis zur »endlichen Erlösung« müsse jeder selbst mitwirken, alle Hoffnung ruhe auf der »Bewegung«.

Zwischenzeitlich hatte es sogar noch viel gröbere Ausfälle gegeben. 1891 veröffentlichte die *Zeitschrift* einen Beitrag zur Zukunft der Schule, von dem sich die Redaktion distanzierte und ihn angeblich nur aufgrund der Meinung des »hochgeschätzten Fachmanns« durchgehen ließ. Darin heißt es:

> Unsere Sprache ist wirklich in jämmerlicher Verfassung (...). Wir haben eine überaus elende Schreibung (...). Wir erfreuen uns nicht einer allgemein gültigen Aussprache (...). Bei keinem Volke ist der Ausdruck so vernachlässigt, der Satzbau so unordentlich, die Kunst klar und lichtvoll zu sprechen und zu schreiben so unausgebildet, und bei keinem Volke ist der Sinn für das sprachlich Schöne so unentwickelt wie bei uns.

Der Grund für die hysterische Klage lag diesmal im angeblich kompletten Versagen des Gymnasiums. Von dort gehe der Verfall aus. »Wahrhaft entsetzliche Beispiele dieser Art sind Richard Wagners Dichtungen auf dem Gebiete der deutschen Sage (...)« Auch die Folgen werden noch greller ausgemalt, als es im Verein üblich war:

> Der Deutsche hat ein äußerst unentwickeltes »Nationalgefühl«, wie wir es zu nennen pflegen. Sehr bezeichnend, der Mangel eines deutschen Wortes für diesen Begriff! Tausende gehen jährlich in alle Länder der Erde und werfen ihr Deutschthum ab wie eine alte Jacke. Und während der Deutsche überall draußen untergeht mit Lust, verrückt sich zu Hause von Jahr zu Jahr die Sprachgrenze zu Gunsten der Nachbarn; nicht einmal gegen das zertretene Polenthum können wir uns halten. Der Deutsche regt sich über nationale Dinge nicht leicht auf; aber gar nicht vertragen können die Meisten, wenn jemand auf anständige, deutsche Gesinnung dringt oder zum Lobe des deutschen Volkes spricht; dann werden sie böse und schimpfen »Deutschthümler« oder, was ihnen geläufiger ist, »Chauvinist«.

Ein ausgewiesener Fachgelehrter wie Hermann von Helmholtz habe dagegen nachdrücklich auf die geringen Fähigkeiten seiner Studenten hingewiesen. In Schweden verwende man auf Sprachunterricht fünf bis sechs Stunden, in Frankreich neun, bei uns zwei, höchstens drei. Habe der Kaiser mit Recht gefordert, an den Schulen keine »kleinen Römer und Griechen« zu erziehen, so lautete die daraus abgeleitete Forderung nun: »Das Griechische muß fallen. Natürlich nur fallen als Schulfach (...)«
1899 blies Richard Palleske noch immer ins gleiche Horn, wenn er über die *Fremdwortfrage auf dem Gebiete der deutschen Schule* schrieb:

> (...) allen selbständig Denkenden aber mußte gleichzeitig auch der Zusammenhang zwischen dieser verdeutschenden Thätigkeit der Behörden und dem großen nationalen Gedanken der Befreiung unsres Volkes von dem welschen Geiste, von seiner Auslandssucht, von seiner Geringschätzung des Eigenen klar vor die Seele treten.

Schon viel sei »zurückerobert« worden, besonders geringe Fortschritte gebe es jedoch im Schulwesen. So erhob Palleske die Forderung nach einem »amtlichen Verzeichnis von solchen entbehrlichen Fremdwörtern« wie »Konferenz« oder »Aula«. Weiter sei eine Aufstellung von »Normen für die Verdeutschung« nötig. Neue Lehrbücher dürften nur »fremdwortfrei« zugelassen werden, Lesebücher nur »Fremdwortfreies« als Stoff enthalten.
Aber dies ist nur die eine Seite. Die Schule zählte gleichzeitig zu den großen Erfolgen, kein Wunder, wo so viele Mitglieder des Vereins Lehrer waren und entsprechend einwirkten. Auch auf höchster Schulebene zeigte sich sofort Interesse. Als 1889 die berühmt-berüchtigte Anfrage an die Preußische Schulbehörde erging, die zur *Erklärung der 41* führte, antwortete der Minister mehr als positiv: Der Sprachverein trachte mit Recht »in Süh-

nung alter Schuld nach Reinheit und Richtigkeit der Sprache«, heißt es da, man sehe das Vorgehen in seiner Behörde als eine »heilige Aufgabe unserer Schule« an. Ebenso wünschte der Bayerische Staatsminister Johann von Lutz bestes Gedeihen. Die Herzoglich-Anhaltische Regierung schrieb, dass sie »unzulässige Sprachmengerei in den Lehranstalten grundsätzlich nicht dulde«. Schon auf der 27. Allgemeinen Deutschen Lehrerversammlung 1886 in Gotha war völliges Einverständnis mit den Bestrebungen des Vereins erklärt worden – als willkommene Hilfe bei der »Erziehung zur Vaterlandsliebe«.

Die Grundsätze des Vereins fanden also nicht nur Widerhall, sondern stießen auf entsprechende Überzeugungen. Sprachreinigung und nationales Denken waren für eine breite Schicht des Bildungsbürgertums eine Selbstverständlichkeit. Das Vorgehen war alles andere als ein Tabubruch, im Gegenteil wurde quasi systematisch ein Tabu aufgebaut.

Vor diesem Hintergrund ist das Verdeutschungswörterbuch *Die Schule* zu sehen. Dabei ging es um schulübliches Vokabular im Sinne der Verwaltungsarbeit, aber auch um all das, was im Unterricht vorkam. So ersetzte man auf der organisatorischen Ebene »Absolutium« durch »Reifezeugnis« oder »Examinator« durch »Prüfender«, weiter »Frequenz« durch »Besuch«, »Kalligraphie« durch »Schönschreiben«. Innerschulisch waren vor allem Fächer wie die Sprachen mit ihrer Grammatik sowie die Mathematik und die Naturwissenschaften betroffen. Aus dem »Substantiv« wurde ein »Hauptwort«, aus dem »Adjektiv« ein »Eigenschaftswort«, aus der »Regula de tri« ein »Dreisatz«, aus der »Reduplikation« eine »Verdoppelung«, aus der »Atmosphäre« ein »Dunst- oder Luftkreis« und aus dem »Äquator« ein »Gleicher«.

Ein wieder anderes Problem stellte sich bei der *Deutschen Tanzkarte*, die besonders umstritten war, ja das Potenzial zum Eklat besaß, weil die Tanzlehrer um das Ansehen ihrer Kunst bangten und entsprechend panisch reagierten. So liest man dann von Ersetzungen wie der »Verbeugung« für »Compliment«, »Gegentanz« für »Contre-dance«, »Edelreigen« für »Polonaise«. Für spezielle Tänze nehme man die deutschen Wörter aus dem Mädchenturnen, lautete die weitere, reichlich kenntnislose Botschaft, woraus dann »Reihe«, »Gasse«, »Kette«, »Tor« und »Stern« stammen. Schließlich wurde für Kommandos wie »Balance« »Seitwogen« empfohlen, für »à droite« »Schrägwogen« – man kann allmählich verstehen, woher der Widerstand der Tanzlehrer kam. Wer eben keine Vorstellung davon hat, welche Rolle auf dem Feld der »Bedeutung« die »Konnotationen« beziehungsweise »Mitbedeutungen« spielen, wie Wörter sich mit Atmosphäre aufladen und eine eigene Aura bilden, bleibt hier mit Forderungen nach Reinheit aus Vaterlandsliebe oder Verständlichkeit aus pädagogischen Gründen schlicht stecken. Fast nichts davon hat sich dementsprechend durchgesetzt.

Anders sah es beim Verdeutschungswörterbuch *Der Handel* aus, bei dem Verständlichkeit ebenso wichtig wie unstrittig ist. In diesem Fall lud sich das Anliegen dafür in besonderem Maß mit Nationalismus auf, verband es sich doch mit einem »Mahnruf an den deutschen Kaufmann«. Zur Erleichterung wurden Tafeln angeboten, die griffbereit ihre Dienste leisten sollten.

Auch das Bankenwesen war angesprochen. Reichsbankpräsident Hermann von Dechend hatte sich auf Anfrage vorsichtig wohlwollend geäußert und raffte sich zu einem Erlass auf, in dem etwa die »Provision« durch »Gebühr« ersetzt wurde. In der Hamburger Hypothekenbank las man 1902 noch: »Statutarisch sind die Coupons nicht mortifizierbar«, was dann ersetzt wurde durch: »Zinsscheine können nicht für kraftlos erklärt werden« – das klang in diesem Fall allerdings wirklich verständlicher. Auch den »Check« erwischte es; er begann als »Scheck« ein neues Leben (scheiterte jedoch als »Zahlschein«).

Ein letztes, relativ spät betretenes und dann besonders ausführlich beackertes Betätigungsfeld stellten Spiel und Sport dar. Den

Beginn bei den Spielen machte der Skat, noch vor Schach und Billard, weil er trotz seines Namens (nach italienisch *scartare*) als »rein deutsches« Spiel galt.
1903 widmete sich ein Beitrag den vielen Fremdwörtern, die mit der Zeit eingedrungen waren, vom »Grand« über »Solo« bis »passen«, die durch »Großspiel«, »Handspiel« und »verzichten« zu ersetzen seien, was im Verdeutschungswörterbuch *Der deutsche Skat* (2. Auflage 1906) festgehalten und auf einer Hauptversammlung des Deutschen Skatbundes in Altenburg gewissermaßen amtlich abgesegnet wurde. 1929 gab es einen Bericht über den Deutschen Skatkongreß zwei Jahre zuvor, auf dem die Skatordnung fast gänzlich auf Deutsch umgestellt worden sei, nur »Partie« und »Turnier« seien noch übrig geblieben. Am Ende des Berichts heißt es fröhlich reimend: »Das Deutsche Spiel in deutschen Orten / den deutschen Skat mit deutschen Worten!«
Es folgte der Sport mit sämtlichen Einzeldisziplinen vom Radfahren über Ski bis zum Pferderennen. Für den populären Fußball wurden die Umbenennungen auf Tafeln angeboten, die so wasserdicht angefertigt waren, dass man auch im Regen nachlesen konnte, wie der richtige Ausdruck lautete. 1903 war die Rede vom Kampf »gegen das häßliche Fremdwort ›Goal‹«, bei dem die Ersetzung durch »Mal« als zu schwach erscheine und sich neuerdings »Tor« durchgesetzt habe, weil es »dem frohen Siegesbewußtsein weit mehr« entspreche. Bei den Spielern in der zweiten Reihe der »Kampfesaufstellung« solle es nicht mehr »Mittelspieler« heißen, weil Verwechslung mit den mittleren in der Stürmerreihe drohe, »weit kräftiger« sei für diese drei der Ausdruck »Markmänner« als Rückgrat des Ganzen.
Noch 1928 wurden neue Verdeutschungen vorgeschlagen und man hob hervor, dass für »Tor« nun so schöne Ausdrücke wie »Kiste«, »Kasten«, »Kanne«, »Butte«, »Laden«, »die Maschen«, »das Heiligtum« und »das Allerheiligste« vorlägen. Für das eigentliche Sportgerät, den Fußball, hatten sich Umschreibungen

wie das »Leder«, die »Pille« oder die »Aue« eingebürgert. Ein »Einbeiniger« im Fußballspiel entpuppt sich nicht als Akrobat, sondern als jemand mit nur einem (»guten«) Fuß fürs Schießen. Einen Fall für sich bildete das Tennisspiel, genauer das »Lawn-Tennis«, also Rasentennis, das nach seiner Herkunft nicht französisch, sondern englisch geprägt war. 1897 erschien in der *Zeitschrift* dazu ein Hauptbeitrag, der die wesentlichen Begriffe erklärte und ersetzte – »Service« etwa durch »Aufschlag«. Eigenartigerweise ist es gerade dieser Sport, der immer wieder angesprochen wurde. Als sich 1902 in Berlin der Deutsche Lawn-Tennis-Bund etablierte, versprach er künftig eine eigene Verdeutschung neben den vorhandenen Karten und wendete sich sogar an den Sprachverein wegen entsprechender Beratung. Vor allem aber sollte der Ausdruck »Lawn-Tennis« ersetzt werden, da man in Deutschland weitgehend auf Kies spiele und selbst in England nur von *Tennis* gesprochen werde. Allerdings wurde keine Übersetzung für dieses Fremdwort vorgeschlagen, weil es sich um einen Namen handle, der wie im Falle von Kricket, Polo, Hockey und Golf erhalten bleiben sollte.

Als 1904 die in Aussicht gestellten Verdeutschungen durch den Tennisbund erfolgten, zeigte man sich beim Sprachverein erfreut und kommentierte: »Angesichts der großen Beliebtheit, deren sich das Körper und Seele erfrischende Tennisspiel jetzt in Deutschland erfreut, kann das Vorgehen des Bundes vom nationalen Standpunkt aus als bedeutungsvoll und hocherfreulich bezeichnet werden.« Der Bund selbst formulierte als Fazit:

> Wenn künftig aus dem Munde deutscher Schiedsrichter und Spieler nur die Laute der Muttersprache erschallen, dann wird dem deutschen Lawn-Tennis-Sport sich auch die große Menge derer nicht mehr fernhalten, die in ihm heute nur eine tadelnswerte Ausländerei erblicken. Erst dann wird das Spiel in Deutschland wahrhaft volkstümlich werden können.

Unter den Anzeigen in der *Zeitschrift* finden sich übrigens – wie schon beim Fußball – »Tennistafeln auf Pappe gezogen, gegen Witterungseinfluß auf beiden Seiten gefirnißt, und zum Aufhängen eingerichtet«, und zwar für eine Mark, unaufgezogen sogar kostenlos.
Zu den weiteren Kandidaten der Verdeutschung im Bereich des Sports zählte die Turnsprache, die bereits früh vom »Turnvater Jahn« mit Erfolg umgekrempelt worden war, beginnend mit der Eröffnung des ersten Turnplatzes in der Berliner Hasenheide 1811 als Vorbereitung der deutschen Männer für den Kampf gegen Napoleon. Ausdruck für Ausdruck wurde ersetzt. Bis heute haben sich der »Barren« und der »Dauerlauf«, die »Grätsche« und das »Reck« erhalten. Niemand hatte offenbar bemerkt, dass ausgerechnet das Wort fürs Ganze darüber unberührt blieb, von Jahn in seiner *Deutschen Turnkunst* von 1816 gar als »deutscher Urlaut« bezeichnet, obwohl ihm der fremde Ursprung regelrecht auf die Stirn geschrieben war: »turnen«, ursprünglich von griechisch *tornos*, »Zirkel«, über französisch *tourner*, »drehen«, »wenden«. Dafür folgten weitere Eindeutschungen. Auf dem Allgemeinen Deutschen Turntag in Coburg 1887 wurden neue Kandidaten per Zuruf angenommen, wobei es auch etablierte Begriffe wie »Start« oder »Rekord« traf. Die Ersetzung galt als »Pflicht gegen das deutsche Volkstum«.
Wie sehr gerade die Sprache des Sports für nationalistische Abwege offenstand, mag ein Beitrag aus dem Jahre 1913 belegen. Aus den bloßen Verdeutschungen sind scharfe Anklagen »gegen den ›entdeutschenden‹ Sport« geworden.

> Sport (…) entfremdet Deutschlands Jungen ihrem Volke, treibt sie der Ausländerei in die Arme und läßt das hehre Bewußtsein, deutsch (zum Volke gehörig) zu sein, in Nachäffung fremden Wesens versumpfen. Denn die Sprache des Sports, d.h. jene sinnlosen, unverstandenen Brocken engli-

> schen Ursprungs, die jeder »sportsman« im Munde führen muß, um »sportsmanlike« zu erscheinen, bildet eine Brücke zu der Insel, auf der in erhabener Verachtung ihres Deutschtums die Jünger des Sports hausen.

Wenn dann weiter von der »deutschen Sportsprache« als »Herd dieses englischen Unkrauts« die Rede ist, dient der Fußball als Hauptbeleg. Mit seinem englischen Vokabular vom *Match*, *Team*, *Goal* und *Kick* über *Corner* und *Foul* habe er all die »häßlichen Ausdrücke« gebracht, die heute zum Glück vergessen seien, nachdem der Deutsche Fußballbund sein Verzeichnis der Spielregeln herausgegeben hatte, die an die Fußballtafeln des Vereins aus dem Jahr 1905 anschlossen. Weil kein anderes Spiel so populär wurde wie der Fußball, sei er auch »das breiteste Einfallstor für die englischen Eindringlinge« gewesen. Zum Glück hätten sich auch das Schwimmen und der Wintersport der Verdeutschung angeschlossen und höchstens in weniger volkstümlichen Sportarten wie dem »Skeleton« ein Fremdwort erhalten.
Betrachtet man die Initiative der Verdeutschungsbücher und -karten insgesamt, ergibt sich als Gesamteindruck: Ohne die Aufladung mit dem nationalen Gedanken wären die Aktionen wohl hoffnungslos verpufft. Und das war nur der Anfang. Je länger der Verein wirkte und je langweiliger das Verdeutschen wurde, umso mehr rückte das nationale Element in den Vordergrund, sättigte sich an mit einer Abwehr des Fremden – auch auf anderem als dem sprachlichen Gebiet.

»Um die Reinheit der Sprache in Meinem Heere zu fördern«

Arbeit mit den Institutionen

Der Erfolg der Verdeutschungswörterbücher lässt sich bis zu einem gewissen Grad an der Auflagenhöhe ablesen. Einen anderen Stellenwert erreichte die gemeinsame Arbeit mit den Institutionen, das Eindringen in sie, um damit in einer Breite zu wirken, die mit Einzelnen nie zu erreichen gewesen wäre. Schon vor Auftreten des Sprachvereins waren die Post und das Eisenbahnwesen vielversprechende Beispiele. Nach deren Vorbild betrachtete man weitere Institutionen auf der Suche nach Multiplikatoren. Es gab dabei ebenso erstaunliche Erfolge wie für den Verein frustrierende Erlebnisse.

Als ein dankbares Arbeitsfeld, ja eines der dankbarsten überhaupt, erschien die Regierung, der Hof. Im Aufruf *An mein Volk* vom 31. Juli 1870 und dann in der Proklamation in Versailles vom 17. Januar 1871, also noch vor dem eigenen Auftreten, habe es keine entbehrlichen Fremdwörter gegeben, stellte man befriedigt fest. Auch in der Urkunde, die 1884 in den Grundstein des Reichstagsgebäudes versenkt wurde, zählte man nach und kam bei 300 Wörtern auf nur zwei »kaum entbehrliche« fremde, nämlich »Archiv« und »national«.

Daneben wird das »musterhafte, reine Deutsch« der Armeebefehle im Krieg hervorgehoben. Vor dem Hintergrund dieser Funde schien Kaiser Wilhelm II. als »vorbildliche Verkörperung des neuen deutschen Geistes« die Fortsetzungsgeschichte zu bieten. Seine Thronrede vom 22. November 1888 enthielt unter

952 Wörtern nur elf »Ausdrücke fremden Ursprungs«, selbst »Industrie« und »Kolonien« seien durch »gewerbliche Arbeit« und »Ansiedelungen« ersetzt gewesen. Der Aufruf *An mein Heer* vom 22. März 1897, bei dem die deutsche Kokarde Schwarz-Weiß-Rot bei allen deutschen Truppen eingeführt wurde, habe kein Fremdwort außer eben der »Kokarde« enthalten. Das Armee-Verordnungsblatt von 1899 veröffentlichte als »Allerhöchsten Befehl« schwungvoll und schwülstig:

> Um die Reinheit der Sprache in Meinem Heere zu fördern, will Ich bei voller Schonung der Ueberlieferungen auf den Mir gehaltenen Vortrag bestimmen, daß von heute ab nachstehende Fremdausdrücke durch die nebenangeführten deutschen Wörter zu ersetzen sind: Offizier-Aspirant Fahnenjunker, (…) Lieutenant Leutnant, (…) Charge Dienstgrad (…)

Dabei wimmelte es gerade im Bereich des Militärischen von Fremdwörtern, die sich der Tatsache verdankten, dass Frankreich in diesem Punkt einmal führend gewesen war. Nach dem Dreißigjährigen Krieg hatte sich dort das erste stehende Heer ausgebildet und war damit in ganz Europa zum Vorbild geworden. Entsprechend stammten Dienstgrade und Waffenbezeichnungen aus dem Französischen, vom »Leutnant« bis zur »Artillerie«. Bei ersten Versuchen, dies zu ändern, stieß der Verein bei Feldmarschall Helmuth von Moltke auf eine Äußerung guten Willens ohne große Folgen. Kaiser Wilhelm II. erkannte demgegenüber die Motivationskraft, die mit dieser billigen Münze zu erzielen war, und ließ es an keiner Gelegenheit fehlen, sich zum Bewahrer der deutschen Sprache aufzuspielen, wie gesagt bis hin zu den Speisekarten an seinem Hof.

Amtliche Verdeutschungen der Heeressprache folgten in kurzen Abschnitten. Für das Jahr 1889 gibt es die Mitteilung, das preußische Kriegsministerium habe die »Portiers« in »Pförtner«

»verwandelt«. Besonders umfangreich fielen sie im Jahre 1900 mit einer neuen Felddienstordnung aus, die 1908 noch einmal überholt wurde. Als 1902 das Generalstabswerk über den Krieg von 1870 bis 1871 herausgegeben wurde, war auch die Sprachreinigung beteiligt. Im Juniheft der *Zeitschrift* las man dementsprechend, die Politik sei »vielleicht weiter fortgeschritten als andere Berufs- bzw. Fachsprachen«.

Allerdings gab es auch Rückschritte. Als man beispielweise 1886 »Avantgarde« durch »Vorhut« ersetzte, ordnete Kaiser Wilhelm I. die Beibehaltung an, weil Vorhut bisher lediglich einen Teil der Avantgarde bezeichnet hatte, also Verwechslungen drohten. Übrigens findet sich in diesem Zusammenhang in der *Zeitschrift* ein Bericht darüber, dass der Vorschlag schon 1848 vorgetragen worden und ebenfalls gescheitert war, genauso wie die Ersetzung von »Grenadier« durch »Stürmer«, »Pionier« durch »Schanzer« oder »Füsilier« durch »Schwärmer« – beim letzten Beispiel mehr als verständlich. Das sollte sich nun eben ändern. 1907 folgte der nächste Anlauf, bei dem auch die Kriegssanitätsordnung bearbeitet wurde.

Wenn Hof und Militär voranschritten, wollten die nachgeordneten Ministerien nicht zurückstehen. Auch in diesem Fall konnte man an Vorläufer oder zumindest einen Vorlauf anknüpfen.

1883 hatte das Weimarische Staatsministerium als Wille seiner Königlichen Hoheit erklärt, unnötige Fremdwörter zu vermeiden. 1897 ordnete das Preußische Staatsministerium an, die Amtssprache in seinen Behörden fremdwortfrei zu halten. Im Stempelsteuergesetz wurde »Briefwechsel« für »Korrespondenz«, »Nennwert« für »Nominalwert«, »Urschrift« für »Original« und »Abschrift« für »Kopie« gefordert. 1905 gab das Innenministerium einen Erlass heraus, der an den Handelsschulen im Elsass eingriff und Französisches durch Deutsches ersetzte. 1911 ging es in der Reichsversicherungsordnung, 1913 im preußischen Waffengesetz den Schachtelsätzen an den Kragen. Ebenfalls 1913 wurde auch Bayern tätig, lange Zeit ein Nachzügler der Entwicklung. Nun erschienen Erlasse im Innen- wie im Kultusministerium, die der Reinigung dienten, die »Terminologie« austauschen lassen mit »Ausdrucksweise«, »Kompetenzkonflikt« mit »Zuständigkeitsstreit«.

Von besonderer Bedeutung war ein unscheinbares Vorgehen sowohl im bayerischen Staatsministerium des Königlichen Hauses und des Äußern als auch im Staatsministerium des Innern, das 1917 in der *Zeitschrift* wiedergegeben wurde:

> In Zusammenarbeit mit Vertretern von Handel und Gewerbe und mit dem Allgemeinen Deutschen Sprachverein ist eine Verdeutschungsliste aufgestellt worden, welche die Befreiung des äußern Straßenbildes von den fremdsprachigen Geschäftsschilderaufschriften durch Aufführung geeigneter deutscher Ersatzausdrücke zu fördern bestimmt ist.

Denn dies gehört in eine lange Reihe von Verdeutschungen, die in besonderer Weise mit der nationalen Idee zusammengingen. Schon 1886 war davon die Rede, dass die Geschäftsschilder »von gemeingefährlicher Wirkung« sein könnten, da sie auf »offener Straße allen Blicken, hauptsächlich auch denen der lernbegierigen Jugend, ausgesetzt« seien, zumal sich auch noch Falsches wie »Fabrick«, »Egport« oder »Soutorrain« fände. Die Empfehlung ging dann dahin, Beamte müssten die Geschäftsschilder überwachen wie Maße und Gewichte. 1894 gab es einen Bericht über Verdeutschungen, der den Kampf »gegen Sprachverwilderung« unterstützte: Die Behörden sollten sich des Übels annehmen, allerdings sich höflich an die Schildermaler wenden, um wirklich Erfolg zu haben.

1903 wurde in diesem Zusammenhang der Turnvater Jahn aus einem seiner kämpferischen Werke zitiert:

> Es ist hart, daß ein armer Deutscher noch eine fremde Sprache erlernen muß, um sich in deutschen Städten zurecht zu finden und notdürftig zu erfahren, wo ein Schuhmacher und Schneider wohnt (…). Was einer im Schilde führt, muß schlecht und recht deutsch sein.

Der begeisterte Zitierer legt noch nach: Eine Behörde, die auf Landstreicher achte, solle dies auch hinsichtlich der Schilder tun. Dazu wird ein Zitat aus der Wiener Zeitung angeführt, wo jemand im »Erntemond« 1812 entsprechend bestraft wurde. Fazit: »In fremden Inschriften kriecht die Muttersprache unter das Joch.« Und noch schärfer: »Es ist unleutselig und welschhold, wenn die Denktafeln bei Ehrensäulen, an Stand- und Roßbildern dem Volke durch fremde Inschriften des Denkmals Bedeutung, Sinn und Absicht verschleiern.«

Während Hermann Dunger für die Anfangsjahre der Aktivitäten des Vereins beklagte, dass sich gewisse Verwaltungen »völlig stumpf« gegenüber der Fremdwortfrage verhielten und sich der Bahnhof in Straßburg zum Beispiel voller Fremdwörter präsentierte, änderte sich dies mit der Zeit immer mehr und wurde aus Sicht des Vereins immer günstiger.

1890 entschuldigte sich die bayerische Eisenbahnverwaltung dafür, dass in einem Erlass unnötige Fremdwörter stehen geblieben waren. Bei der neuen Finanzordnung der preußischen Staatseisenbahnverwaltung 1911 saß der Sprachverein bereits ganz selbstverständlich mit im Boot. 1915 war das Zusammengehen mit den Behörden schon so weit gediehen, dass es zum regelrechten Schulterschluss kam. Der Zentralausschuss des deutschen Einzelhandels verständigte sich mit der Polizei zum weiteren Vorgehen gegen Fremdwörter und, wie könnte es anders sein, in der *Zeitschrift* freute man sich über diese Art von »amtlicher Sprachreinigung«. Ein Jahr später brachte der preußische Innenminister einen Erlass zur Verdeutschungsliste des

Polizeipräsidenten in Berlin heraus, dessen Vorbildcharakter hoch gelobt wurde.
Von besonderem Erfolg war immer wieder mit Blick auf das Eisenbahnwesen die Rede. 1889 wird in der *Zeitschrift* über die Beschlüsse auf der Hauptversammlung des Vereins deutscher Eisenbahnverwaltungen vom Jahr zuvor berichtet. Diese seien besonders günstig verlaufen. Beizubehalten seien lediglich Wörter wie »Direktor«, »Portier«, »Desinfektion«, »elektrisch« und so weiter. »Tunnel« sei allerdings gar kein Fremdwort, wenn es »Túnnel« ausgesprochen wird und damit zum Lehnwort mutiere. Über 500 wirkliche Fremdwörter seien aber beseitigt worden: Für »Coupé« sei nun »Wagenabtheilung«, für »Barrière« »Schranke«, für »Billett« »Fahrkarte« »vorgeschrieben«. 1890 gab es bei der bayerischen Eisenbahnverwaltung Fortschritte. Man habe sich »eifrig um Sprachreinigung bemüht« und entschuldigte sich regelrecht für eine »Ausnahme« in einem Erlass.
Wie aber stand es in der Politik beziehungsweise bei den Politikern? Obwohl sich der Sprachverein in diesem Punkt immer wieder als neutral bezeichnete, waren es die Sozialdemokraten, die besonders scharf angegriffen wurden. Ihre Reden seien »mit Fremdwörtern gespickt«, liest man. Als man den Gründer Ferdinand Lassalle in diesem Punkt zur Rede stellte, erhielt man die Antwort, »unverständliche Fremdwörter (machten) auf das ungebildete Volk besonderen Eindruck«. Weiter fügte er hinzu, das vor allem von der Arbeiterschaft gestellte Publikum fühle sich »geschmeichelt«, weil er ihm diese gehobene Ausdrucksweise »zutraue«.
Allerdings musste die Partei ein *Sozialistisches Fremdwörterbuch* erarbeiten lassen, um dringend nötige Hilfe zu leisten. Der Informator des Sprachvereins wies bei dieser Gelegenheit höhnisch auf eine peinliche Panne hin. Nach Auskunft der *Kölnischen Zeitung* im Jahr 1887 bildeten die Genossen Körperschaften mit

zwanzig bis dreißig Mitgliedern, die sie als »Corpora« bezeichneten. Weil dies aufgrund geringer Lateinkenntnis als ein Wort mit weiblicher Endung aufgefasst wurde, sprachen sie stolz von »ihrer Corpora«. Mit dem Hohn verbindet der Kommentator den für alle Konservativen typischen Vorwurf: Bei den Sozialdemokraten herrsche Furcht, für »Patrioten« gehalten zu werden: »Es wäre ja auch ein himmelschreiendes Verbrechen, wenn ein waschechter Sozialist in den Verdacht käme, sein Vaterland zu lieben!«

Wie wichtig das Thema war, kann man daran erkennen, dass das Preußische Abgeordnetenhaus 1914 eine Debatte über das »Fremdwörterunwesen« befürwortete. In großer Einigkeit stellte man sich als treue Husaren im Kampf für die deutsche Sprache hin. An die Lehrer erging die Mahnung, in der Jugend

> das Gefühl (zu) erwecken, daß es einen Mangel an Volksbewußtsein, an berechtigtem völkischem Stolz bedeutet, wenn wir in der Fremde erbetteln, wenn wir im Auslande auf Leih und Borg nehmen, was wir im eigenen Vaterlande selbst viel besser und reichhaltiger besitzen.

Der Präsident der Preußischen Justizprüfungskommission Gotthold Ule fügt hinzu: »Der Deutsche hat eine fast perverse Vorliebe für alles Fremde (…). Was in Berlin nicht englisch ist (…), das ist französisch. Dieser Mangel an Achtung für die eigene Kultur ist das Haupthindernis für die Ausbreitung des deutschen Einflusses.« Das könnte sich der hohe Herr aus einer der vielen Verlautbarungen des Vereins abgeschrieben haben. Aber er sucht seine Haltung auch mit konkreten Beispielen zu unterfüttern:

> Muß das, was bei der Finanzverwaltung schlicht und einfach Schuldentilgung heißt, im Kulturetat zu einer Amortisation von Passivkapitalien werden? (Heiterkeit) (…) Sollte sich nicht auch, im Einvernehmen mit dem Bistum Breslau, die »Adversionalsumme für Persolvierung fundierter Messen« (Heiterkeit) ins Deutsche übersetzen lassen?

Ein etwas weniger begabter Abgeordneter sekundierte mit dem Vorschlag, in der Technischen Hochschule in Breslau statt von einem »Projektionsapparat« künftig von einem »Bildwerfer« zu sprechen.

In der Politik waren also kaum besondere Anstrengungen nötig, um Sprachreinigung durchzusetzen. So gut wie jeder Vorstoß endete mit Zustimmung. So hatte es 1908 im Bayerischen Landtag eine Debatte über die Ersetzung von Fremdwörtern gegeben, die anschließend in einer Bitte an den Finanzminister mündete. Das »Katasterbureau« beispielsweise stamme aus der Zeit Napoleons und seinen militärischen Interessen, so die Argumentation. Prompt schlossen sich Abgeordnete aller Parteien der Bitte an, unter ihnen auch welche aus der sozialdemokratischen Opposition. Man muss nicht raten, worin diese Einhelligkeit wurzelte. Welcher Politiker wollte sich im wilhelminischen Deutschland den Anschein geben, kein Nationalist zu sein?

»Gymnastik«

Schwer zu sagen, ob es ein erfolgreicheres Feld für die Umbenennungen gab als den Sport, wo man den Fremdwörtern mit regendichten Tafeln zu Leibe gerückt war. Und dann »Gymnastik«. Wie konnte man diesen Ausdruck übersehen, ein Fremdwort, wie es im Buche steht, für die Absolventen eines humanistischen Gymnasiums sogar mit dem Namen ihrer Bildungseinrichtung engstens verknüpft?

Aber dann fiel es doch auf. Reichlich spät, im Jahr 1930, heißt es in einem Artikel über Turnen, Sport, Gymnastik, bei diesem Überbleibsel handle es sich um einen »üblen Fremdling«. Hinzu käme, dass »Gymnastik« nicht einmal verständlich, sondern auch noch ein »richtiges Schwammwort« sei, bald mit diesem, bald mit jenem Sinn verbunden, wobei die wörtliche Übersetzung mit »Nacktsport« gar nicht erst erwogen wurde. Wie im Falle der »Olympischen Spiele« und des »Stadions« handle es sich um modische Begriffe aus dem Griechischen, verdanke sich der typisch deutschen Hellenenbegeisterung und diene der Vortäuschung entsprechender Bildung. Dabei hätten antike und moderne Gymnastik rein gar nichts miteinander zu tun. Letztlich gehe es in der sportbegeisterten, aber auch äußerst differenzierten Sportwelt von heute um »Ausgleichs- und haltungsformende Übungen«. Weil das erkennbar viel zu lang war, könne man vielleicht besser von »Bewegungsformung« oder »Bewegungskunst« reden.

Aber warum fruchtete der Vorschlag nicht, wie man heute weiß? Weil ihm schlicht jede Aura abging. Zwar gab es diesmal keine Tanzlehrer, die sich in ihrem Ansehen bedroht fühlten. Doch fühlte sich schlicht die breite Masse veräppelt, die sich mit ihrer »Gymnastik« so wundervoll über den grauen Alltag erhoben sah.

»Von dem widerwärtigen Zustande, der ein Schandfleck ist auf dem Schilde deutscher Ehre«

Die Presse

Im 19. Jahrhundert hatte sich neben dem Buch ein weiteres Medium der Information etabliert: die Presse. Seit der Märzrevolution von 1848 entstanden immer neue Zeitungen mit teilweise großer Reichweite. Waren es um 1800 noch etwa 1200 an 150 Druckorten, so stieg die Zahl um 1900 auf 3405 an 1884 Druckorten. Binnen eines Jahrhunderts hatte sich die Gesamtauflagenhöhe vervierzigfacht.

Einige Blätter erreichten überregionale Bedeutung wie etwa die *Vossische Zeitung* in Berlin, die *Augsburger Allgemeine* oder auch die *Kölnische Zeitung*. Technische Erfindungen wie die Schnellpresse, die Rotationsmaschine und zuletzt 1886 die Linotype-Setzmaschine (die ganze Zeilen mit automatischem Zeilenausgleich am Ende liefert) garantierten eine hohe Geschwindigkeit bei der Herstellung. Seit 1848 existierte die Nachrichtenagentur *Associated Press (AP)* in New York. Als in Deutschland das Anzeigenmonopol des Staates fiel, verband sich auch dieses Geschäft mit den Zeitungen, die entsprechend zu Massenblättern wurden wie etwa das *Berliner Tageblatt*, die *Berliner Abendpost* oder die neu aufgekommenen *General-Anzeiger*. Neben den teilweise sogar mehrmals täglich erscheinenden Zeitungen sorgte seit 1853 eine erste Illustrierte für Information: die *Gartenlaube* mit idyllischem Titelblatt und entsprechend konservativem Inhalt. 1876 lag die Auflagenhöhe bei 382 000 Exemplaren, also etwa dem Zehnfachen der *Zeitschrift* des Allgemeinen Deutschen Sprachvereins.

Bei alldem entstand eine eigene Nachrichtensprache, die dem *Lead*-Prinzip folgend mit »Vorspann« aufgebaut war, um Spannung zu erzeugen und gleichzeitig das Verständnis zu erleichtern. Dieses Vorgehen traf auf die Kritik von Intellektuellen, die in der Zeitungssprache den Inbegriff des Jargons und damit den Untergang der Kultur witterten. Arthur Schopenhauer führte 1851 in seiner Schrift *Ueber Schriftstellerei und Stil* regelrechte Lästerkataloge zur Beschimpfung der Journalisten an. Von »hirnlosen Tintenklecksern« liest man und deren »vandalischer Zerstörungswut«, von »stumpfen Tölpeln« und deren »Lumpenjargon«. Einen Höhepunkt der Invektiven gegen die »Zeitungsschmierer« dürfte der folgende Passus von Schopenhauer darstellen:

> Seht daher, wie sie schwelgen in der Sprachverhunzung, diese edeln Söhne der ›Jetztzeit‹. Seht sie nur an! Kahle Köpfe, lange Bärte, Brillen statt der Augen, als Surrogat der Gedanken ein Cigarro im thierischen Maul, ein Sack auf dem Rücken statt des Rocks, Herumtreiben statt des Fleißes, Arroganz statt der Kenntnisse, Frechheit und Kameraderie statt der Verdienste …

Friedrich Nietzsche, ein Schüler Schopenhauers, hat munter mitgeprügelt. In einer seiner *Unzeitgemäßen Betrachtungen* von 1874 lesen wir vom »Schleim dieser Zeitungs-Sprache«. Noch mehr zog er allerdings gegen die Literaten seiner Zeit zu Felde, die Bücherschreiber. So wendet er sich gegen das »schamlose Sudlerdeutsch« eines Eduard Devrient, gegen das »Stil-Monstrum« Karl Gutzkow, gegen den »nichtswürdigen Stilisten« David Strauß, dessen sprachliche Schnitzer er in einem eigenen Beitrag aufspießte, um schließlich gegen »die verruchtesten aller Deutsch-Verderber, die Hegelianer und ihren verkrüppelten Nachwuchs« zu wettern.

Wer will, wird auch in Beiträgen von Karl Kraus in dessen *Fackel* fündig, die zwischen 1899 und 1936 entstanden. Hier sind es ebenfalls immer wieder die Journalisten, die ins Visier geraten. Die Rede ist dabei vom »Tiefstand der Verkommenheit«, ja es werde in den Zeitungen nur noch »gelallt« und »gekotzt«. Berühmt ist die Formulierung: »Es genügt nicht, keine Gedanken zu haben; man muß auch unfähig sein, sie auszudrücken.« Ein andermal heißt es: »Sprechen und Denken sind eins, und die Schmöcke (Schwätzer) sprechen so korrupt, wie sie denken«, bevor dann »straffe Bestimmungen gegen die öffentliche Unzucht« eingefordert werden, »die mit der deutschen Sprache getrieben werde«.

Man muss diese allgemeine Stimmung kennen, wenn man sich ansieht, wie der Sprachverein auf die Zeitungsschreiber blickte. Natürlich fehlte es an der Brillanz der Angriffe. Aber das Interesse war auch ein anderes. Hier zeigte sich besonders klar, was der Rückzug auf das Minifeld des Fremdworts bedeutete. Es ging nicht um Inhalte und auch nicht wirklich um die »Sprache«, nein, über den Wert einer Zeitung entschied stattdessen schlicht die Frequenz ihres Fremdwortgebrauchs.

Hermann Dungers Berichterstattung über die damaligen Initiativen in seinem Beitrag zum 25-jährigen Jubiläum des Vereins von 1910 klingt zunächst einmal optimistisch. Überall habe es bereitwillige Zusagen zur Mitarbeit gegeben, zum Beispiel bei der *Vossischen Zeitung*, dem *Weidmann*, der *Kölnischen Volkszeitung*, der *Berliner Militärzeitung*, dem *Bremer Kurier* und der Lübecker *Eisenbahnzeitung*. Mit dem Rückenwind durch den Verein trafen entrüstete Leserbriefe in den Redaktionen ein, auch wurden einzelne Ausgaben zurückgegeben, in denen die Fremdwörter mit Rotstift dick angestrichen und damit »gebrandmarkt« waren.

Wiederholt war die Zeitungssprache Thema auf Hauptversammlungen des Vereins. 1888 ergingen Schreiben an 600 Zeitungen mit Hinweis auf die vaterländischen Ziele des Vereins. Und schon regnete es Ersetzungsvorschläge, vor allem hinsichtlich der für die Zeitung wesentlichen Begriffe: »Ankündigung« für »Inserat«, »Schriftleitung« für »Redaktion« und so weiter. Vom Zweigverein Prag stammte 1890 ein Beitrag über häufige Fremdwörter im Zeitungswesen. Überall löse die Kritik daran verständnisvolles Entgegenkommen aus und die Ersetzungen würden vorangetrieben, darunter »Abonnent« durch »Bezieher«, »Exemplar« durch »Stück«, »Feuilleton« durch »Unterhaltungsteil« oder »Meteorologische Nachrichten« durch »Wetterbericht«.

Im Reichspressegesetz von 1874, in dem die Zensur aufgehoben beziehungsweise auf ausdrückliche Initiative des Reichstags eingeschränkt wurde, ist dann von »Schriftleiter« und »Schriftleitung« für »Redakteur« und »Redaktion« die Rede. So gab es einen Fall, bei dem sich jemand weigerte, als »verantwortlicher Redakteur« zu firmieren, und stattdessen mit »verantwortlicher Schriftleiter« unterzeichnete, woraufhin er wegen eigenmächtiger Abweichung vom Üblichen mit einer Geldstrafe belegt wurde. Aber das Schöffengericht zu Berlin erkannte auf Freispruch, nachdem sich der Vorstand des Vereins an den preußischen Justizminister gewendet hatte. Triumphierend meldete der Vereinsvertreter den Erfolg und fügte erklärend hinzu, alte Gewohnheiten behinderten eben die Umstellung, bei »Schriftsteller« anstelle von »Autor« sei es im 18. Jahrhundert genauso gewesen.

Und die Zeitungen machten mit, veröffentlichten fleißig Aufsätze über das »Fremdwörterunwesen«, unter anderem geschrieben von Vereinsmitgliedern wie Professor Paul Pietsch. Die *Kölnische Zeitung* wurde als besonders eifrig gelobt, weil sie zum Beispiel »Fonds« durch »Wertpapiere« ersetzte.

Man kann sich fragen, wie diese Diskussion in der Öffentlichkeit so dauerhaft hochgehalten, wie die Lappalie des Fremdwortgebrauchs im Reichspressegesetz die endlich errungene, aber immer noch zerbrechliche (vom Reichstag jederzeit einschränkbare) Zensurfreiheit überlagern, ja verdrängen konnte. Aber die

Antwort liegt einmal mehr im Nationalismus, der Trumpfkarte, die immer stach. Herman Riegel, der die Kooperationsbereitschaft sowie die Verweigerungshaltung der Presse minutiös wiedergibt, spricht eben nicht nur von »Beifall und Unterstützung«, sondern auch »von dem widerwärtigen Zustande (...), der ein Schandfleck ist auf dem Schilde deutscher Ehre und öffentlichen Anstandes unter uns«. Dies vor Augen fühlte er sich gerüstet, den Widersachern entgegenzutreten, die leichtes Spiel hatten angesichts immer neuer überstürzter oder verunglückter Ersetzungen.

Die Vertreter des nationalen Gedankens mussten es entsprechend ertragen, in der Presse lächerlich gemacht zu werden, etwa vom Satireblatt *Kladderadatsch* – ein Beispiel dafür hatten wir schon. Die Heldenrolle wurde also stets von der Opferrolle begleitet. Wenn es, wie etwa in der *Conservativen Correspondenz*, zu polemischen Artikeln gegen die »Sprachreinigungseiferer« kam, wenn man ironisch beteuerte, nie mehr »Perron«, sondern nur noch »Bahnsteig« schreiben zu wollen, dann rächte man sich im Verein durch die Sammlung von Stilblüten, die in den entsprechenden Organen zu finden waren. Mit ihrer Hilfe sorgte die *Zeitschrift* für Auflockerung in den eigenen Berichten.

Schöner war es für den Verein natürlich, wenn er Unterstützung erhielt beim Kampf gegen die Fremdwörter. In einem frühen Heft des allerersten Jahrgangs wird berichtet, die *Vossische Zeitung* – »unglaublich, aber wahr« – habe einen Pariser Modebericht ohne viele Fremdwörter gedruckt. Allerdings heißt es auch: »Mode, Krinoline und Dame lassen wir einstweilen gelten.« Einstweilen ...

»Franzosen und Amerikaner denken nicht daran, internationalen Rücksichten ihre Muttersprache zu opfern«

Handwerk und Technik

Otto Sarrazin hatte 1884, noch vor der Vereinsgründung, ein erstes *Verdeutschungs-Wörterbuch* vorgelegt, das für die im allgemeinen Wörterbuch gefundenen Fremdwörter Alternativen bereitstellte. Bei den Ministerien und Behörden, aber auch in der Küche oder im Sport war es eher um Fachsprachen gegangen, deren Fremdwörter nun deutsche Äquivalente erhielten. Für diese Fachsprachen sollten rasch weitere Fälle auftauchen, in denen nach Ersatz gesucht wurde. Dabei lag das Problem nicht nur in der langen Gewöhnungsphase, die für neu eingeführte Wörter galt, sondern auch im Verlust der präzisen Bedeutung, die bei den bestehenden Terminologien dank des eingefahrenen Gebrauchs bereits erreicht wurde. Nicht jeder war begeistert, wenn er sich umgewöhnen sollte. In der Küche etwa hatte man recht gute Erfahrungen gemacht, beim Tanz eher schlechte. Es war vor allem die Frage, wie in diesen Bereichen das nationale Argument wirkte. Wenn man die folgenden Beispiele betrachtet, kann man alles in allem sagen: Es wirkte.

Man sieht es an der Weidmannssprache, der Fachsprache der Jäger, bei der sich sofort ein paar Spezialisten zu Wort meldeten, die Fachkenntnis und Fremdwortabneigung verbanden. Einer unter ihnen wies stolz darauf hin, die Jäger seien »noch keine Sklaven des Papiers und der Feder«, also »gefeit gegen das schleichende Gift der Fremdwörter«. 1898 las man dies in dem Artikel *Die Weidmannsprache deutsch*, der unter anderem auch

Hundenamen durchging, wobei er »Walkyre« für gut befand, dagegen über »Sherry« oder gar »Champion Raby Trickster« den Kopf schüttelte. In diesem Artikel erörterte der Autor weiterhin die Ersetzung des für jeden Jagdhund wichtigsten Befehls, der leider aus dem Französischen stamme: *apporte*. Dabei wird mit großer Ernsthaftigkeit die Frage erörtert, »wie die Aussprache und der Klang der vorgeschlagenen Ersatzwörter auf den Hund wirken«. Als vorbildliche Beispiele sind genannt »nieder«, »da!«, »leg dich« und »bring her«. Vom Erfolg der jeweiligen Alternativen ist nichts bekannt, die Hunde werden die Umstellung wohl ertragen haben.
1906 folgte ein weiterer Artikel zum Weidmannsdeutsch, diesmal mit Erörterung der Wörter für Fährtenzeichen, die rein deutsch sind – »Schrank« oder »Geäfter« zum Beispiel, was auch immer das bedeutet. Auch an den »Lichtern« und »Lauschern« des Hirschs begeisterte sich der Verfasser und empfahl, für die Austilgung der Fremdwörter im Allgemeinen auf die edle Weidmannssprache im Besonderen zurückzugreifen. 1918, am Ende des Ersten Weltkriegs, tauchte das Thema erneut auf, ja wurde im »Verteidigungskrieg« als besonders wichtig erachtet. Nur weniges wie »birschen« (aus altfranzösisch *berser*) ist beibehalten, genauso wie »bugsieren« (Hase oder Fuchs zu Pferde niederhetzen) oder »buschieren« (Buschjagd). Ganz rein ist die Weidmannssprache also nicht, die Bergmannssprache beweise jedenfalls, so der Artikel, dass noch mehr Reinheit möglich sei.
Dazu gab es selbstverständlich auch Beiträge. Ein erster Artikel zur Bergmannssprache erschien 1894. Darin liest man, dass diese Fachsprache als nahezu rein deutsch gelte, weil auf diesem Gebiet »die Deutschen allen Völkern der Erde überlegen« seien. Wenn sich neuerdings überall der »Streik« ausbreite, bezeichne man ihn hier als »Ausstand«, genauso wie »Gedinge« für »Accord« stehe. Von den Griechen stamme zwar der »Gips«

oder der »Marmor«, von den Römern die »Kreide« (benannt nach Kreta), aber in späteren Zeiten blieb gerade der übliche romanische Einfluss aus. Der »Mergel« und die »Düne« seien vermutlich keltisch, »Gold«, »Silber«, »Salz«, »Stahl« und einige mehr alle deutsch. Aus dem Erzabbau stammten jede Menge deutscher Begriffe wie »Schlacke«, »Abraum«, »Gerölle« oder »Geschiebe«.

Selbst in die *Wissenschaftlichen Beihefte* hat es das Thema geschafft. Im 31. Heft von 1911 findet sich ein 25 Seiten langer Beitrag mit dem Titel *Eigentümlichkeiten und Vorzüge der deutschen Bergmannssprache.* Hier wird hervorgehoben, dass bereits Leibniz diese Fachsprache als besonders »deutsche« erkannt und wertgeschätzt habe. Auch von der Verbreitung bis etwa Sibirien wusste er. Vor allem aber konnte sich der Autor nicht die nationalistische Suada verkneifen. Im Gegensatz zur Hochsprache fänden sich hier keine »Spuren der Knechtschaft«. Und wieder wurde die Wortbildung durchgegangen. Der Bergmann »importiert« nicht, sondern »fördert«, er »sortiert« nicht, sondern »klaubt«, er »produziert« nicht, sondern »bringt aus« – und so weiter und so fort. Auch in der Bildlichkeit war die Bergmannssprache besonders kreativ. Was ist ein »Hund«? Nein, nicht der beste Freund des Menschen, sondern ein »Kasten«, also ein kastenförmiger, offener Förderwagen.

Ein letztes Beispiel mag besonders überraschend sein. Es betrifft das Bestattungswesen, speziell die Praxis der Verbrennung. Unter den vielen Vereinen, die ihre Satzungen überarbeiteten, war auch der Verein für Feuerbestattung mit seinem Fachblatt *Die Flamme.* Er verabschiedete sich früh vom »Krematorium«, das nun als »Feuerhalle« oder »Flammenhalle« firmierte. 1902 war es Dunger eine Nachricht wert, dass man mittlerweile nichts mehr von »cremieren« oder »Cremierung« lese. 1915 fasste auch der Berliner Rat den Entschluss, die Umbenennung durchzusetzen, womit nach Otto Sarrazin »ein Stein des Anstoßes«

beseitigt war. 1937 betonte jemand, mit dieser Feuerbestattung habe sich etwas »Volkstümliches« aus »germanischer Wurzel« durchgesetzt.

Allerdings kam nebenbei heraus, dass man am Ende des 19. Jahrhunderts offenbar Platzprobleme auf den Friedhöfen hatte und deshalb etwas einrichtete, was heute (jedoch aus völlig anderem Grund, nämlich der Aufgabe von Gotteshäusern) wiederkehrt und somit keineswegs eine Neuerfindung darstellt: das Columbarium oder auch der »Taubenschlag«. Der Name stammt von den Wänden, in die die Urnen eingelassen und auf diese Weise angemessen verwahrt werden. Wie sich der germanische Brauch mit der lateinischen Bezeichnung vertrug, hat niemand gefragt.

Man kann in diesen Fällen von Handwerk sprechen. Stellt sich die Frage, wie die Technik erfasst wurde, der Bereich, in dem Internationalisierung seit jeher eine wichtige Rolle spielt. 1906, relativ spät also, widmete sich Dunger dem Thema unter dem Titel *Sprachreinheit in technischen Schriften.* Entgegen der üblichen Behauptung, hier handle es sich um einen Sonder- oder Schonbereich der Sprache, der allein wegen der Internationalität auszusparen sei, berief sich Dunger auf das Beispiel eines Bauingenieurs namens Alfred Hausding, Mitglied des Kaiserlichen Patentamtes, der den Beweis fürs Gegenteil liefere. In einem Buch über Torfgewinnung 1876 habe es noch von Fremdwörtern gewimmelt, in der zweiten Auflage 1904 seien dann die meisten davon ausgemerzt gewesen. Die »Zentralpumpe« heiße jetzt »Schleuderpumpe«, »Brennmaterial« »Brennstoff«, »Heizeffekt« »Heizwirkung« und so weiter. Selbst scheinbar unersetzbare Begriffe wie »Übergang aus dem Organischen zum Unorganischen« habe Hausding offenbar mühelos gemeistert und in »Übergang vom Pflanzlichen zum Erdigen« umgewandelt.

Aber das Thema muss schwierig gewesen sein, es blieb lange liegen – bis, nicht zufällig, Otto Sarrazin, der Bauingenieur, es erneut aufgriff. 1909 erschien ein Artikel von ihm unter dem Titel *Zur Wahrung der deutschen Sprache in Naturwissenschaft und Technik.* Darin wendet er sich an den Elektrotechnischen Verein mit der Bitte, sich für die Verdeutschung einzusetzen. Engländer, Franzosen und Amerikaner hätten ihre eigenen Kunstausdrücke, »halten an diesen zähe fest und denken nicht daran, internationalen Rücksichten ihre Muttersprache zu opfern«. Da ist es wieder, das entscheidende Argument: Gegen die Internationalisierung soll die Nationalisierung durchgedrückt werden, mit dem Argument, diese sei der Normalfall, nur die Deutschen gäben aufgrund ihrer fehlenden Wehrhaftigkeit ihre eigenen Interessen preis. Mitten in die Entstehung einer internationalen Technik platzt der Versuch, diese Technik in jeder Nation mit einem eigenen Vokabular zu versehen.

1925 legte ein Fachmann namens E. v. Mecenseffy mit einem erneuten Artikel zu *Bautechnik und Sprache* nach. Eine ganze Serie von Vorschlägen betraf den Fachwerkbau, für den etwa »Ständer«, »Rahmholz«, »Holmen«, »Gefach«, »Streben« und »Bänder« aufgeführt werden. Weiter ging es mit der Bezeichnung spezieller Arbeitsweisen wie »verzapfen«, »überblatten«, »ächseln«, »verkämmen« und »aufdollen«. Auch auf Schwellen »aufgeplattete« oder »aufgeklaute« Sparren sind darunter, »Dübel« und »Biberschwänze« (für flache Ziegel). Für die Bedeckung von Graten und Firsten gebe es Grat- beziehungsweise Firststeine, die in Bayern als »Preißeln« bezeichnet würden – auch der Dialekt galt als beliebtes Reservoir, aus dem Ersetzungen geschöpft werden konnten. In diesem Fall fügt der Fachmann hinzu: »Ein etwas boshafter Volkswitz nannte damals die ersten (gemeint: die darunterliegenden Ziegel) Nonnen, die Deckziegel Mönche«. Heute sei beides von den »Falzziegeln« verdrängt.

Aber das Thema erwies sich offenbar als schwieriger denn gedacht, es wurde still um den Vorstoß im Bereich der Technik. Erst nach dem Tod Sarrazins trat ein Mitglied auf, das den

Gedanken regelmäßig in Beiträgen erneut zur Geltung brachte: Karl Ammon. 1933 meldete er sich erstmals zu Wort: über die Elektrotechnik. Die »Parallelschaltung« sollte durch »Nebeneinanderschaltung« ersetzt werden, was ohne Erfolg blieb. So schlug er stattdessen die Verdeutschung durch »Zweigen« vor. In einem grundsätzlichen Artikel über *Technik und Sprache*, ebenfalls noch im Jahre 1933, wählte Ammon ein anderes Beispiel: die Benennung der »Federn«. 1934 gab es dazu eine Fortführung mit weiteren Ersetzungen wie »Membran« durch »Schwinghaut«, »Mikrofon« durch »Tonfang«, »Modulation« durch »Modelung« und so weiter. Man hat Ammon mitten im Aufschwung des Nationalsozialismus gewähren lassen. Der Erfolg blieb jedoch dürftig.

Es gab ein weiteres Feld der Technik mit erheblichem Engagement und besserer Durchsetzungskraft: die Luftschifffahrt. Nach Anfängen in Frankreich Ende des 19. Jahrhunderts war Graf Zeppelin im Jahre 1900 am Bodensee die Jungfernfahrt eines eigenen Prototyps gelungen. Im Dezember 1907 tauchte das Thema in der *Zeitschrift* des Sprachvereins auf, im Januar des folgenden Jahres erschien ein weiterer Artikel.

In beiden Fällen ging es um die sprachliche Bezeichnung, die Fremdwörter wie »Motorballon« oder »Lenkballon« beseitigen sollte. Allein wegen der aufsehenerregenden Fahrten von Jean-Pierre Blanchard in Deutschland sei der Begriff »Ballon« überhaupt in Mode gekommen, vor allem als »Luftballon«. Gegen die »luftschifferliche Sprachenverwirrung« lautete der Vorschlag zur Ersetzung »Luftschiff« und als Bezeichnung seiner Bewegungsweise »fliegen«, wogegen der Einspruch folgte, »schwimmen« sei passender. Zum ersten Deutschen Luftschiffertag erschien im Januar 1910 ein Beitrag, der zum sprachlichen Großreinemachen aufforderte. Es sei ein Zeichen von »bedenklicher Begriffsverwechslung«, heißt es, wenn plötzlich der Mensch statt der Maschine als »Flieger« fungiere.

Also erwarten wir behördliche Vorschriften für Flieger-Lotsen oder Flugmaschinen-Führer, und dann zum Schutz gegen diebische und räuberische Flugbeflissene eine ordentliche Luftpolizei. Letztere Aufgabe ist von den Vögeln bereits in mustergültiger Weise gelöst, und wir haben ihnen nur zu folgen.

1911 wurden dann von einem Beiträger namens Johannes Pöschel systematisch Fachausdrücke für die Luftfahrt vorgeschlagen. Für »Flugzeug« sollte es »das Lil« heißen, als sprachliches Ehrendenkmal für Otto Lilienthal, so wie das »Volt« nach dem italienischen Entdecker Alessandro Volta. Ein anderer Vorschlag lautete »Flieg« mit passendem »fliegen«, genauso wie »Schiff« mit »schiffen«. Dazu gab es den Merkvers: »Der Flieger hilft mit seinem Flieg / Im Kriege einst von Sieg zu Sieg.« Demgegenüber klinge »Flugzeug« unsympathisch, schon besser sei »Fliegzeug«, gebildet parallel zu »Schießzeug«. Schon damals lagen die Assoziationen mit dem Militärischen immer äußerst nahe. Aber das »Flugzeug« sei bereits in Amtsdeutsch übergegangen, in die Gesetzessprache, wonach sich auch der private Gebrauch richten müsse.
1914 gab es einen Artikel in der *Zeitschrift* mit einheitlichen Fachausdrücken im Flugwesen. Hier wird für »Pilot« »Flugzeugführer« und für »Passagiere« »Fluggäste« vorgeschlagen. Im Übrigen sei »Tragfläche« verfehlt, weil eine gewisse Dicke nötig sei, daher heiße es besser »Tragdeck« oder »Flügel«. Man sieht, wie unterschiedlich die Wirkung sprachlicher Ersetzungen sein konnte. Im Bereich der Technik war sie nicht ohne Grund besonders gering, weil hier eben doch die Internationalität die nationalen Interessen weitgehend aushebelte.

»Stahlskelettbau«

Der Anstoß zur Umbenennung von »Stahlskelettbau« kam nicht von denen, die sich mit der Sprache der Technik befassten und Umbenennungen in großer Zahl vorschlugen. Nein, es handelte sich um einen kleinen Beitrag am Rande, in dem ein Dr. v. Ritgen auch eine Alternative bot: »Stahlgerippebau«. Gerippe für Skelett also – warum nicht? Das ist eine gut verständliche Umbenennung, jeder weiß sofort, was gemeint ist. Wozu also das Fremdwort?

Aber so lautet die Erläuterung nicht, sondern folgendermaßen: »Wozu also das häßliche und undeutsch klingende und das deutsche Empfinden verletzende Fremdwort Skelett?« Da staunt man, was alles wen verletzen kann.

»Vollständig berechtigt, anstatt der verwelschten Sauce das Wort Salse zu brauchen«

Sauce und Dame, Zigarre und Adieu

Vier Fremdwörter waren es, die jenseits von Fachsprachen immer wieder die Diskussion erregten, als sei mit ihrem Verschwinden die deutsche Sprache gerettet, das Deutschtum gesichert: die Sauce und die Dame, die Zigarre und das »Adieu«.
Schon im allerersten Jahrgang der *Zeitschrift*, im gebündelten Sommerheft der Monate Juni und Juli 1886, trifft man auf den Beitrag *Sauce, Salße, Tunke.* Dunger berichtet darin über einen Vorstoß von Daniel Sanders, der nach einer Anregung des Postmeisters Heinrich von Stephan die »Sauce« durch die im mittelalterlichen Deutsch noch vorhandene *salse* ersetzen wollte, heute lediglich mit scharfem s gesprochen, also »Salße« – davon war schon die Rede. Sanders, der eigentlich gegen die genetische Methode Grimms den Sprachgebrauch als wichtiger erachtete, bestätigte dies, ja ergänzte es in seinem eigenen *Verdeutschungswörterbuch* durch einen Fund beim Renaissance-Poeten Johann Fischart, der die »Salse« noch kannte. Sein Fazit in den Worten von Dunger: »Wir seien also vollständig berechtigt, anstatt der verwelschten Sauce das Wort Salse zu brauchen.«
Aber der Artikel ist damit nicht zu Ende, denn Dunger meldet sich nun mit seinem eigenen Kommentar zu Wort und sucht mit besseren etymologischen Kenntnissen zu glänzen, die wohl mit ihrem wissenschaftlichen Niveau irgendwie auf das schummrige Gesamtanliegen des Vereins zurückstrahlen sollten. Nein, liest man dort, so schön stehe es in dieser Sache nicht, die »Salße«

sei kein deutsches Wort, also nicht urverwandt mit dem Lateinischen, sondern zuerst diesem Lateinischen, dann dem Französischen als Fremdwort entführt worden. Deshalb sei Ersetzung das Beste, zum Beispiel in Form von »Brühe«, noch lieber durch »Beiguß« als »echtes deutsches Wort«, das auch der von der *Kölnischen Zeitung* vorgeschlagenen »Tunke« überlegen sei.

Das Brisante daran: Noch im Jahr zuvor hatte Herman Riegel in seinem zweiten *Mahnruf* die Auffassung vertreten, dass man bei der Verdeutschung mit Bedacht vorgehen müsse. Eingefahrene Wörter wie »Sauce« gehörten nicht zu den nötigen Kandidaten, übrigens auch nicht »Adieu«. Wonach man sich als Leser fragt: Was denn nun? Ersetzen oder nicht ersetzen? Und vor allem: Nach welchem Prinzip? Soll wirklich die Etymologie mit ihrem »wissenschaftlichen« Niveau entscheiden? Und nicht der Gebrauch, wie es Hugo von Hofmannsthal zum Ausdruck gebracht hatte, als er sagte, die »Sauce« – Etymologie hin oder her – werde jedenfalls in Wien als weniger fremd empfunden als die Berliner »Tunke«. Auch da konnte man natürlich anderer Meinung sein, und so äußerte sich Riegel 1887 in dem Artikel *Noch einmal Sauce, Salße, Tunke* mit den schönen, jedoch leider immer noch nicht abschließenden Worten: »Aber nur ein Erzhallunke / Wendet sich von dir, o Tunke!«

Ähnlich wie die »Sauce« gehörte auch die »Dame« zu den Streitthemen. Im ersten Jahr des Sprachvereins, 1886, galt sie noch als tolerierbar, zusammen mit »Mode« und sogar der »Krinoline«, also dem Reifrock, der zu dieser Zeit fast nur noch als Brautkleid benutzt wurde. Aber schon im nächsten Jahr erschien der kämpferische Artikel *Frau oder Dame?* Er entschied sich klar für die »Frau«, hafte doch der »Dame« »gar nichts so Feines an«. Im Übrigen sei das Fremdwort zu uns gekommen »in einer Zeit der Geschmacklosigkeit und sittlichen Verwilderung, im dreißigjährigen Kriege«. Auch wenn zum Beispiel Goethe es in seinem *Tasso* verwende, so sei es wie die sonstigen »Fremdlinge (…) ins deutsche Haus, die deutsche Familie eingedrungen« und müsse wieder hinaus, denn: »Von dieser Schmach müssen wir uns befreien (…).«

Das war die höchste Dosis der Abwehr und in Vereinskreisen das entscheidende Argument. Als Riegel, der Vorsitzende persönlich, sich zwei Jahre später zum Problem äußerte, suchte er lediglich nach einer sprachgeschichtlichen Unterfütterung. Die »Dame« sei im 17. Jahrhundert, also in der Zeit der Übernahme, nicht als »Herrin«, sondern als »Buhlerin« verstanden worden, wie Belege zeigten.

Was der ohnehin wenig kenntnisreiche Riegel nicht sagt: Tatsächlich waren Bezeichnungen für die Frau notorisch verfallsbedroht, wie etwa die »Dirne« beweist, die den nicht wieder umkehrbaren Weg vom Mädchen zur Hure durchmachte. Das war bei der »Dame« jedoch nicht der Fall, ein paar gegenteilige Belege können nicht die Tatsache erschüttern, dass sie sich als vornehme Variante durchaus behauptete. Anders als etwa die italienische *cortegiana* als Gegensatz zum *cortegiano.* Als Baldassare Castiglione 1528 seine berühmte literarische Schrift *Il Libro del cortegiano*, das »Buch vom Hofmann«, veröffentlichte, musste er bei dem der Hofdame gewidmeten dritten Buch auf *la donna* ausweichen, da *cortegiana* inzwischen eine Mätresse bezeichnete, auch wenn diese durchaus gebildet und gesellschaftlich anerkannt war.

Wenige Jahre später, 1896, fuhr ein Mitglied ganz anderer Art dem damals schon abgelösten Vorsitzenden in die Parade. Es war die weibliche Autorin Anna Bauer in dem Artikel *An die Frauen.* Wegen der bedauerlich geringen Beteiligung von Frauen an den Versammlungen und ihrer geringen Mitarbeit in den Zweigvereinen sei manche Erörterung nicht zum Abschluss gekommen, liest man. Der Beleg dafür: »Es sei hier bloß an die wiederholte Abschlachtung des Wortes ›Dame‹ erinnert.« Natürlich verteidigte die Schreiberin das Fremdwort. Fremdwörter seien nicht

durch Zwang, sondern durch freundliches Übereinkommen zu beseitigen, also sei die Einbeziehung von Frauen nötig.
Die Schriftleitung nahm den Artikel an, ließ aber den Frauenmangel nicht auf sich sitzen und zitierte fünf Beiträgerinnen. Aber die Behandlung der Frauen war ansonsten wenig erbaulich. Es gab Witze über ein »Damen-Single« im Tennisspiel, das jemand als ein »Damenringelspiel« verstand (»Die deutschen Leser vernehmen mit Staunen, wie weit die Frauenemanzipation schon gediehen ist«). Und zum Thema *Frau und Fremdwort* las man 1906: »Unsere liebe deutsche Frau ist, Gott sei es geklagt, nach ihrem auswendigen Menschen bisher ein wohlgepflegter, liebevoll behüteter Garten üppigster Fremdländerei (...).«
Da atmet man auf, wenn man etwas anderes findet. Als sich Dunger 1895 wieder einmal über das Anliegen des Sprachvereins ausließ, die Reinigung verteidigte und die Hetze ablehnte, sprach er von der »jetzigen Bewegung« als einem »Erzeugnis des Volksgeistes«, wogegen anzureden sich jeder in Acht nehmen möge, »sonst bekommt er es mit den Frauen zu thun!«. Auch ein Artikel von 1914 über *Frau Doktor oder Frau Doktorin?* lässt eine gewisse Aufwertung der Frau erkennen. Es ging dabei um die Frage, wer »Frau eines Doktors« beziehungsweise selbst »Doktorin« ist. Wer es selbst sei, der habe auch Anrecht auf entsprechende weibliche Bezeichnung. Weiter heißt es: »Doch schon wird auch daran gearbeitet, den Unverheirateten die gleichen Rechte wie den Verheirateten zu geben (...).« Nie sei die »Köchin« die »Frau eines Kochs« gewesen. Also sei die männliche Form immer nur für »Frau von ...« zu lesen, etwa »Frau General«. Inwieweit dies ein Erfolg war, sei dahingestellt.
Man kann davon ausgehen, dass die Diskussion über die »Dame« danach einschlief. Und so verwundert es, dass ein Autor, von dem noch ausführlich zu berichten ist, das Problem 1938 wieder ansprach: Ewald Geißler im Artikel *Noch einmal Dame und Frau*. Inzwischen gelte die »Dame« als »fast unvermeidbar«, siehe die

Begrüßungsformel »Meine Damen und Herren«. Auch ein Beispiel wie »Sie war nach dem Sport ganz Dame« ist für Geißler einigermaßen normal. Und doch schwenkt er um, und zwar aufgrund eines angeblichen »Erbgefühls«, das Geißler (wie wir noch sehen werden) überreichlich ins Spiel bringen sollte. Eigentlich habe die »Dame« ihren Platz neben dem »Kavalier«, die »Frau« gehöre neben den »Herrn«. Und so lautet die letzte Auskunft: »Sagen wir doch ›Verehrte Frauen und Herrn‹.« Womit der Nationalismus einmal mehr alle sprachgeschichtlichen Argumente bequem überflügelt hätte.

Eine der spektakulärsten Diskussionen entspann sich um die »Zigarre«, ausgelöst durch das Preisausschreiben einer Düsseldorfer Zigarrenfabrik, die ihr Produkt endlich fremdwortfrei verkaufen wollte. Im Oktober 1889 war die Aktion gestartet, man zählte unter 4400 Einsendungen ganze 200 Ersatzwörter. Als Favorit erwies sich die »Rauchrolle«. Tatsächlich war der Jubel groß, fast glaubt man an eine Realsatire, wenn man das Fazit in der *Zeitschrift* liest:

> Stolz athmen die Raucher auf und jubeln über das grenzenlose Glück, endlich für ihre heißgeliebte Gesellschafterin ein echt deutsches Wort zu besitzen, das an Wohlklang und Geschmeidigkeit der Aussprache seines Gleichen sucht. Frohlokkend blasen sie Ringe von Rauchrollenrauch in die Lüfte und preisen den geistvollen Einfall des vaterlandsliebenden Mannes, der mit seiner befreienden That alle großen Denker des deutschen Volkes um die Höhe des Eiffelthurmes überragt (...). Wie glücklich sind unsere Kinder und Enkel zu preisen, denen es vergönnt wird, in einer so großen Zeit zu leben! Und das hat mit ihrem Klingen die Rauchrollerei gethan!

Nur entsprach dem – mit einer Variante von Heinrich Heines Schlusssatz aus dem Loreleylied verkündeten – Triumph das wirkliche Ergebnis keineswegs. Denn die gepriesene »Rauchrolle« fand wenig Zustimmung. Auch die nächste Alternative, der »Rölling«, fiel glatt durch, worauf die Fabrik letztendlich auf eine Ersetzung verzichtete, also schlicht weiter »Zigarren« anbot.

Ausgesetzte Preise auf andere Kandidaten fanden oft ein gleiches Ende: großer Jubel, geringe Akzeptanz. Wie die »Rauchrolle« fielen der »Kunstbäcker«, die »Sülzfrüchte«, die »Lebebilder«, der »Kleinling« oder der »Verkund« durch. Die zugrunde liegenden Fremdwörter waren der »Konditor«, die »Konfitüren«, der »Kinematograph«, das »Baby« und die »Reklame«.

Heiß diskutiert war schließlich ein besonders häufig vorkommendes Fremdwort: die Abschiedsfloskel »Adieu«, gewissermaßen ein Gallizismus in Reinkultur und auch noch mitten im Leben. Herman Riegel, darauf wurde schon hingewiesen, hat es zu den vorläufig schwer vermeidbaren Worten gezählt, aber zugleich als »schlimm« bezeichnet. Noch 1910 ist davon die Rede, dass es in Norddeutschland sehr verbreitet sei, ähnlich wie in Süddeutschland »Moment« und »Appetit«.

Als dann mit Ausbruch des Ersten Weltkriegs die große Stunde der Sprachreinigung schlug, rückte »Adieu« in die Rolle eines Paradebeispiels. Die »höchsten Regierungskreise« sollten mit der Ersetzung beginnen und den Anfang machen. Aber mit dem Kaiser gab es gerade in diesem Punkt Schwierigkeiten, was Otto Sarrazin, dem damaligen Vorsitzenden, in einem Artikel vom Oktober 1914 zum Thema durchaus klar war. Denn der Kaiser benutzte »Adieu« genauso wie »Grenadiere« und wurde dafür vom Vorsitzenden entschuldigt – eine Rüge sei »wirklich unangebracht«. Mehr noch, Sarrazin fährt fort: »Das Adieu ist uns allen (…) von Kindesbeinen an so geläufig, daß es selbst denen, die sich jahrelang ernsthaft bemüht haben, es zu vermeiden, im unbewachten Augenblick doch stets von neuem unwillkürlich wieder entschlüpft.« Nur ließ Sarrazin nicht locker:

> Freilich, davon bin ich fest überzeugt, und wohl alle Deutschen mit mir: wenn sich unser Kaiser bei einer nächsten Truppenschau von seinen Soldaten mit einem deutschen »Grüß Gott!« verabschieden sollte – dem »Adieu« wäre mit einem Schlage der Garaus gemacht, soweit die deutsche Zunge klingt!

Ob der Kaiser nun die Kehrtwende vollzogen hatte oder nicht; 1916 ist für den Beiträger Karl Lubowski der Fall erledigt:

> Es geht wirklich nicht an, mit einem durch keine Sachkenntnis getrübten Urteil das glücklich überwundene Fremdwort »Adieu« noch verteidigen zu wollen; das deutsche Volk hat es auf der ganzen Linie zurückgedrängt; wer das nicht zugeben will, fordert Empörung und Entrüstung heraus.

Leo Spitzer, auf dessen Pamphlet gegen den Sprachverein noch ausführlich einzugehen ist, kommentierte dies so: »Der Wiener stutzt wohl über diese kraftmeierische Behauptung, da die ›ganze Linie‹ doch offenbar in Wien ein Loch hat.«

»Auch in dieser Spracherscheinung treten die alten Erbfehler des deutschen Volkes hervor«

Wider die Engländerei

Im Dezemberheft 1899 meldeten sich zwei wichtige Persönlichkeiten des Sprachvereins mit einem neuen Thema zu Wort. Hermann Dunger, stellvertretender Vorsitzender, und Oskar Streicher, Herausgeber beziehungsweise Schriftleiter der *Zeitschrift* und Gymnasialprofessor am Köllnischen Gymnasium in Berlin, schrieben über die Rolle der englischen Sprache als neue Bedrohung. Nachdem der Verein bislang beim Stichwort Fremdwort so gut wie ausschließlich ans Französische gedacht hatte, tauchte am Horizont ein neuer Feind des Deutschtums auf. Und diesmal geht es nicht nur um die Bedrohung durch einen direkten Nachbarn, diesmal geht es um ein Gespenst ganz anderer Art: um die Etablierung einer Weltsprache als Verdrängung *aller* (anderen) Sprachen.

Dungers Ausführungen hatten dabei ein besonderes Gewicht dank der Situation, in der sie zustande kamen. Es handelte sich nämlich um einen Vortrag auf der Hauptversammlung des Vereins, der in eine eigens mit diesem Thema befasste Broschüre einfloss. Es ist der erste nennenswerte Beitrag zum Thema Anglizismen, lange vor der Diskussion in den 1970er-Jahren.

Wie es Dungers Art war, bot er sogleich den geschichtlichen Hintergrund zum Thema. Der zeigte, dass es sich wirklich um etwas Neues handelte. Vor hundert Jahren waren in einem Fremdwörterbuch ganze zwölf Fälle aufgestöbert worden: »Bombast«, »Dogge« und »Frack« zum Beispiel. Vor zwanzig Jahren habe er, Dunger, in seiner damaligen Sammlung bereits 148 gefunden. Aber dann sei es erst richtig losgegangen und es habe »eine neue Überflutung« eingesetzt. Die ersten Kommentatoren sprächen schon mit der üblichen Übertreibung von der »kommenden Weltsprache«. Dunger winkte jedoch gelassen ab: Nein, der Grund für die Verbreitung liege eher in einem gestiegenen Englischunterricht an den Schulen. Wie das Gymnasium mit seinem Latein und Griechisch einst die entsprechenden Termini ins Deutsche gespült hatte, so prunkten die Lerner des Englischen eben auch mit ihrem neuen Wissen.

Tatsächlich war das Englische im 19. Jahrhundert noch wenig verbreitet gewesen. Shakespeare etwa las man im gebildeten Bürgertum in der Übersetzung von Tieck, die modischen Romane von Henry Fielding oder Laurence Sterne erschienen bereits im Erscheinungsjahr der Originale in entsprechenden Übersetzungen auch in Deutschland. Das hatte sich inzwischen geändert. Und Dunger machte nun weitere Quellen des Einflusses aus: englische Sitte, Mode und Sport. Bei Sitte dachte er wohl an den »Gentleman«, der schon lange dem französischen *honnête homme* Konkurrenz machte. Selbst die französische Mode war nicht mehr alleinherrschend, die praktischere englische hatte viele Anhänger und Anhängerinnen gefunden. Vom Sport war bereits die Rede.

So wundert es nicht, wenn Dunger den Slogan wiedergibt: »Englisch ist jetzt fein, Englisch ist Trumpf.« Oder derber: »Wie der Deutsche früher der Affe des Franzosen war, so äfft er jetzt den Engländern nach.« Man müsse schon froh sein, wenn es bei der Übernahme neuer Termini beim einfachen Übersetzen bleibe, also Lehnwörter entstünden wie »Buchmacher«, »Schrittmacher«, »Freidenker«, »Freimaurer«, »Heißsporn« oder (dem streikbedingten) »aussperren«. Schon würden nämlich echt deutsche Erzeugnisse in deutschen Zeitungen unter englischen Namen angekündigt. Ein Kölner Hutmacher empfehle »Pocket-

Hats«, benutze statt »Schutzmarke« »Trade-Mark«, spreche von »Copyright« und so fort. Am üppigsten wuchere diese Sprachmode im Sport, speziell in den Bewegungsspielen. Im Tennis werde sogar englisch gezählt: »fifteen«, »thirty«, »forty«.
Und so bat Dunger die Versammlung offiziell darum, die folgende Erklärung anzunehmen:

> Mit dem immer wachsenden Einfluß englischen Wesens mehrt sich neuerdings in bedenklicher Weise die Zahl der aus dem Englischen stammenden entbehrlichen Fremdwörter. Auch in dieser Spracherscheinung treten die alten Erbfehler des deutschen Volkes hervor, Überschätzung des Fremden, Mangel an Selbstgefühl, Mißachtung der eigenen Sprache (...)

Man sieht, Dunger blieb nicht bei der Diagnose stehen, sondern überführte sie in die Vereinsphilosophie: in den Nationalismus. Das Englische ist nicht besser und nicht schlechter als das Französische, nur eine weitere Fremdsprache, die die Reinheit des Deutschen bedroht. Wie ernst dies zu nehmen sei, malte Streicher im selben Heft im darauffolgenden Artikel *Englisch wird Weltsprache* aus. Allerdings ist dieser Titel ironisch gemeint: Er zitiert die Meinung des Professors der Altphilologie Hermann Diels. Dieser hatte an der Königlich Preußischen Akademie der Wissenschaften einen Vortrag über *Leibniz und das Problem der Universalsprache* gehalten, in dem er »mit größter Zuversichtlichkeit die geschichtliche Bestimmung des Englischen zur Weltsprache der Zukunft« prophezeite. Mit Recht sei diesem Vortrag eine »Sturmflut von Unwillen« in den Zeitungen gefolgt, so Streicher. Diels lasse jedoch nur eine »allbekannte, vielbeklagte Schwäche deutschen Wesens in besonders grellem Lichte erscheinen«.
Weiter heißt es, Diels wende sich schließlich auch gegen die

deutsche Schrift, also die Fraktur, fasele von »unberufener Deutschtümelei« und zeige damit seine »herzlose Unbefangenheit unserm Volkstum und unsrer Sprache gegenüber«. Dem hält Streicher entgegen: »Das wirklich Große leistet der tüchtige Mann schließlich doch nur aus eigner, in ihm selbst quellender Kraft; fremde mag er dazu immer in seinen Dienst stellen.«

Das Kapitel Engländerei mündet so in eine Auseinandersetzung über das Eigene und das Fremde. Und man sieht, dass es keine Panik angesichts des Fremden gab, aber ein klares Austarieren:

> Wir denken nicht an eitle Selbstbespiegelung und prahlerische Ruhmredigkeit, denken nicht an thörichte Verachtung des Fremden. Wir wollen das Gute auch aus der Fremde aufnehmen, aber nur als Herren über das Fremde, es muß in unsre Art hinein, wir nicht in seine.

Das klingt trotz der vordergründigen Anerkennung des Fremden durch und durch nationalistisch und war mit dem Überlegenheitsanspruch sogar deutlich chauvinistisch gedacht. Und etwas Weiteres ist interessant: Streicher sah wie Dunger die Bedrohung, aber er fürchtete sich nicht davor. Der letzte Satz des Artikels lautet: »Englisch wird die Weltsprache nicht!« Wie man sich irren kann.

Man merkte es im Verein selbst schon sehr bald. 1901 lautete in der *Zeitschrift* ein Artikel *Englisch ist Trumpf* und berichtete über das Eindringen des Englischen nicht nur in Deutschland, sondern auch in Frankreich. Das Fazit: »Aber das kann uns ja gleichgültig sein; nur möge ein gütiges Geschick unsere deutsche Sprache vor diesem unmusikalisch-musikalischen Eindringlinge gnädig bewahren!« 1904 sekundierte ein weiterer Artikel mit dem Thema der Engländerei in Frankreich. Der *pharmacien* sei dort nun zum *chemist* geworden, liest man, der *coiffeur* zum *hair-dresser*.

1907 aber hatte sich das Thema deutlich verändert. Es ging nun nicht weiter um Englisch als eine Fremdsprache unter vielen anderen, sondern um Englisch als Weltsprache – und damit kam die Frage auf, ob nicht auch oder eher das Deutsche diese Rolle ausfüllen könne. Ein Zürcher Kaufmann namens Jakob Brodbeck-Abenz, zwanzig Jahre im Ausland tätig, verfasste dazu einen Artikel mit einer interessanten Beobachtung: Englisch sei »Welthandelssprache« geworden, Französisch »Weltpostsprache«. Der Aufschwung des Englischen verdanke sich den Vereinigten Staaten von Amerika, wo sechzig von neunzig Millionen Einwohnern Englisch sprächen. Die Diagnose aber ist für einen neutralen Schweizer typisch:

> Englische Tatkraft und Zähigkeit, englischer Unternehmungsgeist und Weitblick haben dazu den Grund gelegt. Während sich die Mächte des europäischen Festlands in unaufhörlichen Völker- und Bürgerkriegen bekämpften und aufrieben, widmete sich der kluge Brite seinem Handel.

Auf dem Weltkongress der Baumwollindustrie in Zürich sei 1905 nur englisch gesprochen worden, zum Nachteil des Französischen: »Die schöne französische Sprache löste« – vor Zeiten – »die lateinische ab (...).« Die Franzosen würden sich heutzutage mit Glück bei der Weltpost halten, auch in der Wissenschaft und Diplomatie. Auf vielen Kongressen werde jedenfalls mittlerweile Englisch und Deutsch gesprochen, auf dem Abstinentlertag in Ofen-Pest sei Deutsch die einzige Verhandlungssprache gewesen. Anspruch auf den Status der Weltsprache hätten noch Russisch und Japanisch, nicht dagegen Chinesisch mit seiner zurückgebliebenen Kultur und zu schwierigen Schrift. Im Übrigen sei die Verbreitung der Muttersprache für Kaufleute »vorteilhaft«. Aber auch Fremdsprachenkenntnis nützt und »schützt zudem vor einem schädlichen und widrigen nationalen Eigendünkel, der ohnedies dem deutschen Volke ferner liegt als jedem anderen«, so Brodbeck-Abenz.

Das Ergebnis lautet, Deutsch sei eine Weltsprache, auch wenn es nach der Zahl der Sprecher, der räumlichen Ausdehnung und im Handel noch weit hinter Englisch zurückstehe. Immerhin werde es von fast doppelt so vielen Einwohnern als Muttersprache gesprochen als das Französische. Wir werden von dem Thema noch hören.

»Stadion«

Das heutige »Stadion« hat Glück gehabt, denn viel Energie richtete sich auf den Versuch seiner Ersetzung. 1932 war dies so weit fortgeschritten, dass ein Beiträger in einem Artikel zu diesem Thema behauptete, Befragte hätten nicht mehr gewusst, was »Stadion« eigentlich bedeute. Mittlerweile hieß es tatsächlich fast überall »Kampfbahn«.

1927 hatte ein Artikel noch die Alternativen besprochen: Kampfbahn oder Stadion? Zwei Jahre später war man sich nach zahlreichen offiziellen Umbenennungen wie etwa in Hamburg, Leipzig oder Danzig – alle in Meldungen innerhalb der Zeitschrift *triumphal angezeigt – des endgültigen Sieges sicher, denn nun stand die »Kampfbahn« im gerade neu erschienenen Duden. Als es am 5. Mai 1929 in Bautzen auf der Müllerwiese eine Neueröffnung zu feiern gab, hieß diese fast wie selbstverständlich »Kampfbahn Müllerwiese«.*

Nur gegen die »Interessengemeinschaft«, die hinter der Initiative stand, hatte man damals nichts unternehmen können. Der Sprachverein hielt »Arbeitsgemeinschaft« für angemessener, was jedoch abgewiesen wurde, weil die betroffenen Sportvereine nicht zusammen »arbeiten« wollten, sondern nur ihre »Interessen« gemeinsam vertraten. So blieb es also bei der »Interessengemeinschaft Kampfbahnbau«. Zum Turnfest von 1933 lud die Stadt Breslau übrigens in die neue »Kampfspielanlage« ein.

Da drängt sich die Frage auf, wie es dazu kommen konnte, dass das »Stadion« ein Comeback erlebte. Lag es möglicherweise am etwas zu martialischen Begriff »Kampf«, den man mittlerweile allenfalls mit den wirklich kämpferischen Sportarten wie Boxen oder Ringen verband, während man beim »Stadion« eher an Laufen und Werfen dachte?

»Das Fremdwort als Zeichen nationaler Stumpfheit und sprachlicher Versumpfung«

Polemik

Es ist schwer zu sagen, ob Polemik zeitbedingt ist, selbst dann, wenn man sie auf bestimmte »Schichten« wie etwa die Gebildeten einschränkt. Man kennt die wüsten Tiraden eines Martin Luther und schreibt sie dem 16. Jahrhundert zu, das gerne nach einem satirischen Text mit dem Titel *Grobianus* als »grobianisch« eingestuft wird. Aber waren das vorangegangene oder das nachfolgende Zeitalter weniger grob? Möglich, dass die Klassik mehr Mäßigung kannte, nur muss man berücksichtigen, dass ihre wichtigsten Autoren aus dem Sturm und Drang kamen, der alles andere als zimperlich auftrat. Und das 19. Jahrhundert? Einige Kapitel zuvor wurden Passagen von Schopenhauer und Nietzsche über das Zeitungsdeutsch präsentiert – grober geht es wohl kaum.

Woran das alles liegt? Peter Sloterdijk hat in seiner *Kritik der zynischen Vernunft* an die Vorform des Zynismus erinnert, den Cynismus: eine »Frechheit«, die statt von oben (wie beim Zynismus) von unten kommt, die aus der Unterdrückung das Recht ableitet, hart zuzuschlagen, um überhaupt gehört zu werden. In der frühen Aufklärung war Gotthold Ephraim Lessing ein solcher Fall. Als er in Hamburg mit seinen religionskritischen Thesen gegen die Orthodoxie in Gestalt des Hauptpastors Johann Melchior Goeze antrat, war in den *Anti-Goeze-Briefen* Frechheit eine Waffe, um sich zu behaupten.

Kann man das mit der Situation der Sprachpfleger am Ende des

19. Jahrhunderts vergleichen? Kann man sagen, dass ein Mann wie Riegel, später ein ganzer Verein von Gesinnungsgenossen »Frechheit« brauchte, um gegen die große Mehrheit der Andersdenkenden anzukommen? Dass sie zu scharfer Polemik greifen mussten, um gehört zu werden? Da muss man Zweifel anmelden. Denn im Fall Riegels und des Sprachvereins war es ja eher umgekehrt: Man rannte offene Türen ein, der Nationalismus als Boden der Polemik musste weder erfunden noch salonfähig gemacht werden. Er verhalf eher einem harmlosen Unternehmen, Aufmerksamkeit zu erzielen. Oder um es simpler auszudrücken: Es musste dick aufgetragen werden, wenn man Erfolg haben wollte. Die entsprechenden Mittel entstammten anerkannten Reservoirs, zu denen Franzosenhass und Kränkungsfantasien zählten, der Vorwurf von fehlender Vaterlandsliebe und mangelnder Wehrhaftigkeit als »Erbfehler«. All dies wurde in einer Vorstellungswelt von Einheit und Reinheit auf einem ebenso einfachen wie wichtigen Gebiet gebündelt: der Sprache.

Wie sich dies genauer gestaltete, ist bereits in vielen Zitaten deutlich geworden. Es lässt sich kaum von Entwicklung oder etwa Steigerung sprechen. Schon Herman Riegel kannte sich in der Farbpalette der Verunglimpfungen bestens aus. Von Anfang an ist von den Fremdwörtern als einer »Seuche« oder »Plage« die Rede, als stammten sie aus dem Bereich der »Krankheit«. In der Programmschrift von 1885 heißt es bei den »Grundsätzen«: »Die Fremdwörterseuche ist eine schwere, tief eingewurzelte Krankheit der deutschen Sprache.« Ganz so, als könnten Sprachen und nicht die sie verwendenden Menschen erkranken. Wenn weiter der Hauptkampf »gegen die Überlast französischer Schmarotzer« beschrieben wird, dann ist die Metaphorik der Krankheit nur weiter ausgeführt. 1890 spricht jemand von einer »Durchseuchung« wie bei einem »Milzbrand«, womit zum biologistisch-medizinischen Bildbereich das Eklige kommt, das abschrecken soll. In die gleiche Rubrik fallen die »Trichinen«, mit denen die »Eindringlinge« 1916 umschrieben wurden.

Ob »Fremdwörterseuche« oder »Hauptwörterseuche«, die Metaphorik wurde überall aufgegriffen, sogar von den Gegnern zitiert, allerdings umgedreht, wenn sie etwa die »Sprachreinigungsseuche« attackierten, von der sich vorübergehend sogar Persönlichkeiten wie Jean Paul und Gustav Freytag hätten »unterkriegen« lassen.

Fast harmlos dagegen wirkt die Metaphorik der »Überflutung« und »Überschwemmung«. Dunger sprach bei der nun aufkommenden »Engländerei« von einer »neuen Überflutung«, die die alte gewissermaßen fortsetzte, sich aber zugleich mit ihr zu einem immer höheren Anstieg der drohenden sprachlichen Wassermassen verband.

Mit alldem wurde eine unsichtbare, aber vermeintlich umso gefährlichere Realität beschrieben: ein Angriff auf die eigene Identität, das »Volk«, die Nation. Fremdwörter kommen nicht irgendwie vor, sondern sind eine Katastrophe, eine körperliche oder eben eine Naturkatastrophe. Man muss jedenfalls Heilung bringen oder Dämme bauen. Rücksichten sind nicht anzuraten angesichts der Schwere des Ereignisses, nein, Handeln ist gefragt, vielleicht ein vorsichtig-diplomatisches Handeln, um diejenigen, die von ihrer Bedrohung durch Krankheit beziehungsweise Naturgewalten nichts ahnten, nicht zu verprellen. Aber man müsse eben trotzdem dringend handeln. Weil jeder vernünftige Mensch bei Krankheit und Katastrophen handelt. Man kann also nicht genug einhämmern, dass es wirklich so ist, wie es die Metaphern ausdrücken: Eine Seuche! Eine Flut! Wer darf da noch zögern?

Ging es auch etwas weniger biologistisch, katastrophenbezogen? Durchaus. Nahe an der »Überschwemmung« liegt die »Versumpfung«, bei der nicht so sehr die »Natur« als Folie dient, also der wirkliche Sumpf, sondern bereits die metaphorische Verwendung dominiert, so wie sie auch sonst gebräuchlich ist, in der Politik etwa, wo Sumpf mit dem Unkontrollierten einhergeht. Sprachliches Versumpfen bedeutet auf jeden Fall ein Abweichen vom geraden, festen Weg in Richtung einer unkontrollierbaren Weichheit, einem Aufweichen des Richtigen und Wichtigen. 1886 war davon die Rede, dass der Kampf gegen das Fremdwort nicht dem Fremdwort als solchem galt, sondern dem Fremdwort »als Zeichen nationaler Stumpfheit und sprachlicher Versumpfung«.

Ähnlich die Metapher des »Verhunzens«, des Auf-den-Hund-Bringens, die in der deutschen Sprache noch relativ jung war und für die sich bei Lessing erste Belege finden lassen. Nicht ganz so stark wie das »Versauen«, das in anderen Zusammenhängen üblich ist, sollte sich das Verhunzen als eine besonders feste Größe in der Polemik erweisen, um das Beleidigende zu erfassen, die Degradierung des Deutschen zu einer hündischen Sprache. Das war mit allen Ingredienzien des Aufwiegelns verbunden, das für gewöhnlich mit einer derartigen Beleidigung einhergeht. Was lernt der Schüler an der Schule, wenn man ihm Fremdwörter durchgehen lässt und sogar eintrichtert? Eben, »die schöne deutsche Sprache verhunzen«.

Nicht jeder lässt sich womöglich von solchen Metaphern erschrecken. Es gibt aber noch wirkungsvollere. Sie kommen nicht aus der Biologie oder Natur, sondern aus der Moral. Die Losung heißt »Schmach«. Nicht Krankheit, sondern »Kränkung«.

Schon im ersten Jahrgang der *Zeitschrift*, also 1886, ist die Rede davon, anlässlich der Diskussion um die »Dame«. Diese »Dame« ist als »Fremdling« »ins deutsche Haus« eingedrungen und muss wieder hinaus: »Von dieser Schmach müssen wir uns befreien.« 1910 verwies ein sonst nicht hervorgetretener Richard Wiener unter dem Titel *Scherz und Ernst* auf ein »Hotel Hambourg« mitten in einer deutschen Stadt. Die Folgerung lautete: »Das ist kein Scherz mehr, sondern eine Schmach, ein Hohn auf unser Deutschtum.« 1914, zu Kriegsausbruch, stand gerade diese Metapher im Zentrum. »Schmach über jeden Deutschen, der fürderhin seine heilige Muttersprache schändet«, hieß es im Aufruf *An alle Deutschen.* Und in einem weiteren Beitrag in der *Zeitschrift* wurde die Zeit der Kehrtwende angekündigt, die »Bekämpfung der alten deutschen Fremdsucht, der widerwärtigen Engländerei, der schmachvollen Verwelschung«, die insgesamt eine »Kränkung der innersten deutschen Volksseele« sei.

Gibt es überhaupt noch eine Steigerung? Ja, durchaus, zum Beispiel wenn die aktive Seite der Schmach ins Spiel kommt, das Selbstverschuldete, für das in einer spezifischen Form der Moral, nämlich der Theologie, ein Begriff bereitsteht: die Sünde. Und so liest man von der »sündhaften Verschandelung unsrer schönen Muttersprache«, ja von der »Versündigung am Deutschtum« – so in einem *Offenen Brief* Otto Sarrazins an Literaten und Presse »in diesen großen Tagen«, nämlich mitten im Krieg 1917. Als der berühmte Ferdinand Sauerbruch auf einem Berliner Chirurgentag die Unsitte der Fremdwörterei in ärztlichen Schriften kritisierte, erntete er lauten Beifall, für »bußfertige Sünder« aber wurde das Verdeutschungsheft *Die Heilkunde* angeboten.

Die Durchseuchung oder Überflutung, das Versumpfen und Verhunzen kam im Übrigen von Menschen, die man gut kannte, nämlich von den Franzosen. Seit Jahrhunderten waren sie militärisch und kulturell überlegen und schlugen daraus Kapital. Die Fremdwortflut war eine Form der »Unterdrückung«, der »Unterjochung«, in gewissem Sinne schlimmer als die politische, weil die Betroffenen sie gar nicht wahrnahmen, ja sie sogar begrüßten – auch noch, nachdem sich das Blatt gewendet und der ehemals Unterlegene der Sieger wurde. Zur Schmach in Form des Nachgebens, des Sichverkleinerns, kam die noch viel größere Schmach, keinen Widerstand zu leisten, sich alles gefallen zu lassen, den Dummen zu geben. Dies widersprach nicht dem

Recht, das tatsächlich beim Stärkeren gelegen haben mag, der rücksichtslos davon Gebrauch machte, es widersprach dem »Anstand« oder auch dem »Gewissen«. Keine Polemik wirkte dröhnender als dieses Herumreiten auf der Schmach, das förmlich zum Widerstand aufrief, zum quasimilitärischen, der ja tatsächlich später zum realmilitärischen werden sollte.

Selbst in dieser Vorstellungswelt gab es noch eine Steigerung, die man beim flüchtigen Lesen kaum bemerkt: Die Täter werden nicht oder jedenfalls nicht immer beim gewöhnlichen Namen genannt, denn es sind nicht die Franzosen, es sind die »Welschen«. Die deutsche Sprache ist nicht »französiert« oder »verfranzösischt« (was wohl kein einziges Mal so ausgedrückt wurde), sie ist »verwelscht«. »Verwelschung« ist das ständige Kampf- beziehungsweise Schimpfwort, das gelegentlich eng verbunden ist mit der »Verseuchung«, wie es etwa Otto Sarrazin 1907 bezeugte, wenn er gegen »eine verwelschte oder sonstwie verseuchte Sprache« wetterte. Diesem »Verwelschen« wird zudem der Vorzug gegeben, da es sich im Deutschen so schön auf ein anderes Wort reimt: auf »Fälschen«. »Welschen ist fälschen« – wie oft wurde der einstige Schlachtruf von Ernst Moritz Arndt zitiert!

Im Fälschen aber schwingt »Falschheit« mit, und zwar nicht die relativ harmlose Art im Sinne der Unkorrektheit, nein, es geht um die böseste Variante dieser Falschheit, die teuflische mit dem Beigeschmack des Hinterhältigen. Wer Fremdwörter aus dem Französischen verwendet, handelt in höchstem Maß unanständig oder gewissenlos, weil er sich mit demjenigen einlässt, der die Falschheit geradezu für sich abonniert hat: mit dem Teufel. Die harmlos erscheinende Fremdwortfrage mündete hier geradewegs in ein Programm der Aufrüstung (wir werden das sehr bald konkret vor Augen haben). Wer will, kann auch an Richard Wagners *Meistersinger*, den Chor auf der Festwiese, denken, wo im Jahre 1868 nicht nur vorm Vergessen der eigenen (deutschen)

»Meister« gewarnt wird, sondern auch vor »welschem Dunst mit welschem Tand«.
Noch eine letzte polemische Variante sei genannt, die in einen der Moral benachbarten Bereich fällt: in den der Ästhetik. Der Gebrauch von Fremdwörtern sei »geschmacklos«, heißt es schon im ersten Jahrgang der *Zeitschrift* bei Herman Riegel. Fremdwörter »beleidigen« nicht nur die deutsche Sprache, sie »beflecken« die deutsche Ehre und zerstören damit das Gesamtbild einer »schönen« Sprache. Fremdwörter sind demnach schlicht »hässlich«, auch wenn die dafür angesetzten Kriterien fehlen.
Wiederum im ersten Jahrgang, also immer noch 1886, schickte ein Gymnasialdirektor mit Namen Schneckebier, Vorsitzender des Zweigvereins in Demmin (Pommern), ein Gedicht mit dem von Heinrich von Kleist entlehnten Titel *Germania an ihre Kinder.* Darin heißt es:

> Deiner Sprache stolzem Purpur
> Näh'st du wälsche Lappen auf,
> Nimmst für Gold und edle Perlen
> Eitle Flitter in den Kauf?
> So im Übermut befleck'st du
> Deutscher Rede Heiligthum,
> Siehest nicht in ihrer Reinheit,
> Ihrer Würde deinen Ruhm?

Übrigens endet das Gedicht mit der Folgerung, erst mit der Wiederherstellung einer reinen deutschen Sprache werde der »Segen« über sie ergehen, ja »reich (...) erblüh'n aus blutigen Bahnen«. Knapp dreißig Jahre später war es so weit.

»Wieder einmal vom e«

Sprachdummheiten

Die Spracharbeit des Vereins war trotz ständig anderslautender Beteuerung aufs Fremdwort fixiert. Tatsächlich hatte man die Basis verbreitert, schon deshalb, weil der Stoff für 16 oder gar 32 Spalten sonst nie gereicht hätte. Die naheliegende Ausweitung lag in der Einbeziehung von Grammatik und Stilistik. Hermann Dunger führte unter dem Titel *Zur Schärfung des Sprachgefühls* seit 1899 die Korrektur fehlerhafter Sätze vor, eine Art Sprachtraining für Fortgeschrittene – und eine Kaschierung des Hauptinteresses. So wurde zum Beispiel einmal die Formulierung einer Berliner Zeitung herausgepickt, wonach eine Vase »bewundernde Inaugenscheinnahme« fand. Eine ganze Phalanx von Germanistikprofessoren befand dies als eine »Ungeheuerlichkeit« – dass die Reaktion völlig übertrieben war, bemerkte man nicht. Mit solcherlei Aktivitäten aber stand man nicht allein da. Es gab Konkurrenz und damit Gründe für eine gewisse Abgrenzung.

Der wichtigste konkurrierende Akteur auf diesem Gebiet war Gustav Wustmann. Nach anfänglicher Tätigkeit als Gymnasiallehrer in alten Sprachen wurde er Leiter des Ratsarchivs und der Stadtbibliothek in Leipzig. Nebenbei hatte er in der Zeitschrift *Die Grenzboten* sprachliche Kritiken an deutschen Tageszeitungen veröffentlicht, die er 1891 (wie heute noch üblich) in einem Buch zusammenfasste: *Allerhand Sprachdummheiten. Kleine deutsche Grammatik des Zweifelhaften, des Falschen und des Häßlichen.*

Der Erfolg war beträchtlich: Binnen wenigen Monaten waren 40000 Exemplare verkauft, bis 1911 erschienen fünf Auflagen und noch 1966 wurde eine überarbeitete Fassung als 14. Auflage gedruckt. Bis heute behauptet sich das völlig veraltete Buch dank moderner Covergestaltung neben den mittlerweile auftrumpfenden Konkurrenten in der Art von *Der Dativ ist dem Genitiv sein Tod.*

Ein Grund für das Überleben liegt wohl im einprägsamen, nicht nach Wissenschaft riechenden Titel. Dass Karl Kraus, selbst in seiner Zeitschrift *Die Fackel* ständig mit dem Sprachthema beschäftigt, das Buch bei seinem ersten Erscheinen als »Symbol der Sprachverwirrung« verhöhnt hatte, blieb angesichts des elitären Publikums des Wiener Zuchtrutenschwingers eher folgenlos.

Als Otto Behaghel 1894 ausführlich und mit wissenschaftlichem Anspruch in einem Beiheft zur *Zeitschrift* auf die Problematik von *Sprachgebrauch und Sprachrichtigkeit* einging, lautete das Urteil über den Konkurrenten: problematisch, weil viel zu sehr auf die Klassik zurückgehend, auf Beispiele aus den Werken von Goethe und Schiller vor allem. Was Wustmann versuche, sei eine Art Festschreibung der deutschen Syntax und Grammatik, womit übersehen werde, was sich nach der Klassik alles verändert habe.

Karl Erbe, ein weiterer Germanist in den Reihen des Sprachvereins, sekundierte 1892 und 1893 mit weniger wissenschaftlich argumentierenden Artikeln, diesmal in der *Zeitschrift* selbst, also an das deutlich breitere Publikum gewandt. Nicht alles, was Wustmann als »Sprachschaden« identifiziere, sei wirklich verdammenswert, lautete das Ergebnis – auch hier also ein Plädoyer für den Gebrauch gegen die Festschreibung. Was bei der Fremdwörterfrage nie infrage gekommen wäre, war bei der Stilistik erlaubt. Deren nationalistisches Potenzial war jedoch auch viel geringer.

Wie tief der Stachel des Konkurrenzunternehmens saß, belegt

der Vortrag von Dunger auf der Jahresversammlung des sächsischen Gymnasiallehrervereins in Dresden 1893, der im Sommer-Doppelheft der *Zeitschrift* abgedruckt wurde. Schon der Titel war eine Kampfansage: *Was heißt Sprachdummheiten?*
Und nun hagelte es Beispiele, was alles keineswegs unter diese Rubrik falle, weil es sich samt und sonders um Ergebnisse der Sprachentwicklung im Laufe des 19. Jahrhunderts handele. Warum sollten »Goethedenkmal« oder »Shakespearedramen« »dumm« sein, wo die Zusammensetzung doch ein immer signifikanteres Merkmal der deutschen Sprache wurde und geradezu das wichtigste Gegengift gegen die Fremdwörterei? Und was war gegen »Auslösen einer Empfindung« zu sagen, wenn »auslösen« zwar früher tatsächlich eine technische Bedeutung hatte, aber eben jetzt nicht mehr hat? Alte Wörter könnten eine neue Bedeutung annehmen. Wenn Dunger zum Schluss den Kontrahenten dann doch noch zum Kombattanten macht, seiner Schrift »hohes Verdienst« zuerkennt, spielt neben der Verträglichkeit des Autors wohl das gemeinsame Eintreten für die deutsche Sprache eine Rolle.
Andere waren weniger zimperlich. Friedrich Kluge, wieder ein kompetenter Germanist, wies 1895 wesentlich unverblümter auf Defizite in Wustmanns Argumentation hin. Die s-Plurale bei Substantiven, die eigentlich kein s kennen und deshalb von Wustmann attackiert wurden, seien längst vom Gebrauch gedeckt, was Beispiele wie »Kerls«, »Mädels« und sogar »Mädchens« zeigen würden. Wer hier aufbegehre, habe einfach nur geschlafen. Als es einmal um den Begriff »Übersee« geht, den Wustmann wegen der Zusammensetzung eines Substantivs mit einem Pronomen als »Scheusal« bekämpft, verweist ein Beiträger des Vereins trocken auf so übliche Parallelen wie »Vorjahr«, »Alltag« und »Aussatz«.
Auch Behaghel meldete sich wieder zu Wort. Wustmanns Standpunkt, »dass das Ältere das Bessere« sei, betrachtet er als ein

grundlegendes Missverständnis und belegt dies am Beispiel der »Unterelbe«, die Wustmann nur als »Niederelbe« gelten lassen will, obwohl die neuere Sprachentwicklung eine »untere Elbe«, aber keine »niedere« kennt. Als 1916 in der *Zeitschrift* ein Artikel von Karl Scheffler erschien, der Wustmann zusammen mit dem Duden zu den »gefährlichsten Mächten« zählte, »die der deutschen Sprache einen ungeheuren Schaden zufügen« und auch bereits den Sprachverein unterminiert hätten, winkte man gelassen ab: Nein, man sei weder unterminiert noch überhaupt mit Wustmann verbunden, ganz im Gegenteil, man verfüge über eigene Kompetenz und habe Wustmann nicht nötig.

Das stimmte wirklich. Aber es stimmte eben vor allem für die Grammatik. Und niemand schien dazu berufener als das Vereins- beziehungsweise Vorstandsmitglied Professor Otto Behaghel, Schüler von Hermann Paul, dem er zum 70. Geburtstag ein Denkmal setzte, da Paul der älteren »logischen« Sprachbetrachtung durch die empirische Aufdeckung von Sprachgesetzen den Todesstoß versetzt habe. Mit seinem eigenen Buch, *Die deutsche Sprache*, lieferte Behaghel 1886 ein Standardwerk, das in immer neuen Auflagen erschien und noch heute erhältlich ist. Nebenbei aber betrieb er in der *Zeitschrift* genau das Richteramt, das er in den Händen eines Laien oder jedenfalls nicht universitär Ausgewiesenen wie Gustav Wustmann verkommen sah.

Keine Kleinigkeit erschien Behaghel dabei zu gering, um geradegerückt zu werden. Sollen die Bewohner von Gießen als »Gießer« oder »Gießener« bezeichnet werden? Die Antwort lautet: »Gießener« sei besser, »im Hausrock« aber auch »Gießer« möglich. Zu einer Art Running Gag wurde das Dativ-e. Heißt es »auf dem Berge« oder »auf dem Berg«? Behaghels Lösung: Ersteres »spricht sich leichter«. 1919 lautet der Titel eines Artikels *Wieder einmal vom e.* Der Brünner Zweig des Sprachvereins hatte sich für die Errichtung eines Reichssprachenamts ausgesprochen und wollte diesem ausgerechnet die Aufgabe stellen, die Weglassung des Genitiv-e ins Programm aufzunehmen, weil durch Häufung dieses »e« die deutsche Sprache »Kraft und Schönheit« verliere. Es sollte also heißen »des Hauss«, »des Blitzs« oder »Liebsdienst«. Da protestierte Behaghel energisch. Schlimmer als Fragen von Klarheit oder Schönheit sei die »Gewaltsamkeit des Eingriffs in das Leben der Sprache«.

Und noch einmal meldete er sich 1936 zu Wort, unter dem Titel *Das arme e.* Ausgerechnet in der *Zeitschrift* wurde bemängelt, dass von »im Auftrag des Vorstands« die Rede war anstatt »im Auftrage«. Aber dann könne man statt Neuhochdeutsch gleich Mittelhochdeutsch sprechen beziehungsweise Althochdeutsch oder Germanisch und Goethe und Schiller »umschreiben« (mit Betonung auf der ersten Silbe). In der Sprache spiele eben »das Streben nach Zeitersparnis eine gewichtige Rolle«, so wie unser heutiges »Horn« aus *horna* entstanden sei. Das vorgeschlagene »Im Auftrage« verdanke sich einzig der Starrheit der Kanzleisprache, der Schulgrammatik, der Setzersprache, und es sei lebhaft zu begrüßen, wenn »unsere Zeitschrift« es anders mache.

Richtig knifflig wurde es bei den Partizipien, den »Mittelwörtern« der Vergangenheit, zum Beispiel bei »lobpreisen«. Was ist richtig, »gelobpriesen« oder »gelobpreist«? Die überraschende Antwort Behaghels, des überlegenen Kenners der deutschen Sprache, lautete tatsächlich: »Ich weiß es nicht.« Ganz ähnlich das Problem mit dem Präsens zu »verschollen«. Soll man da »verschallen« sagen? Und wäre bei »überessen« »übergessen« korrekt? Die deutsche Sprache kann eine wirklich schwere Sprache sein. Und weil Logik ausscheidet, bleibt nur der Gebrauch, der jedoch nicht weiterhilft, wenn er einen im Stich lässt, weil eben niemand das Fragliche im Alltag je benutzt.

Und so arbeitete sich Behaghel durch immer neue Probleme, prüfte etwa 1916 besonders ausführlich die Zusammensetzungen und 1929 die Frage, ob es »volles weißes Haar« oder »weißes volles Haar« heißen müsse. In diesem Fall stellte er sich wieder einmal gegen Gustav Wustmann, indem er forderte, das Wesentliche eher an den Anfang zu setzen, wie es etwa Schiller belege. 1934 verlangte Behaghel, die Präposition »trotz« nicht mit dem Dativ zu verbinden, wie es »neuerdings« in Wendungen wie »trotz dem Einsatz« üblich sei, sondern bei »trotz des Einsatzes« zu bleiben, da sonst der Gebrauch zu sehr das grammatische Gewissen verletze. Im Todesjahr 1936, als der Verein samt seiner *Zeitschrift* von den Nationalsozialisten gleichgeschaltet wurde, kritisierte Behaghel die Neuschöpfung »bebildern«, da dies am Ende noch zu einem »bebeistanden« führen werde.

Auch Mitglieder des eigenen Vereins blieben von Behaghel nicht verschont, wenn sie unwissenschaftlich argumentierten und höchst Zweifelhaftes verbreiteten. 1900 griff er einen Beiträger an, der in seiner »Ahnungslosigkeit« die Zukunft des Genitivs nach mittelalterlichen Vorbildern zu gestalten suchte.

Als ein besonders Eifriger 1928 unter dem Titel *Mehr Ehrfurcht vor der Muttersprache!* jeden Bedeutungswandel als Niedergang anprangerte, der deutsches Sprachgut »entwerte« beziehungsweise »missbrauche«, griff Behaghel regelrecht durch. Am Beispiel der angeblichen »Entwertung« von »Bauer« im Gegenwartsdeutsch belegte er, dass das Wort schon beim hochmittelalterlichen Epiker Hartmann von Aue als Scheltwort vorkam, um im 16. Jahrhundert zum Ausdruck von Hass, Verspottung und Hohn für den Bauern zu dienen. Wenn überhaupt, könne man eher von einer »Aufwertung« sprechen, wobei im Übrigen daran zu erinnern sei, dass auch »Entwertung« durchaus zum Leben der Sprache gehöre, nur eben gar nicht auf den »Bauern« zutreffe. Ausfällige Bemerkungen wie die, das deutsche Sprachgut werde »zum bloßen Sprechmöbel heruntergedrückt«, womit das einstige »Volk« zum bloßen »Pöbel« mutiere, erhalten also eine Abfuhr. Nationalismus gepaart mit Ahnungslosigkeit war für diesen Experten dann doch ein Gräuel.

Noch 1936 traute sich Behaghel, den Artikel *Rasse, Sprache,*

Fremdwort scharf zu kritisieren. Das »schöne Zeugnis (der) Begeisterung für unsere deutsche Sprache« habe den Autor »in die Lüfte« getragen und »jede Beziehung zur Mutter Erde« verlieren lassen. Die Ausführungen entbehrten »in weitgehendem Maße der zwingenden Beweise«, seien teilweise »geradezu falsch«. Was war behauptet worden? Dass das Germanische einmal eine »schwebende Betonung« gehabt habe, also keinen festen Wortton, des Weiteren, dass der Ablaut der Verben (in »spreche«, »sprach«, »gesprochen«) auf die Substantive (»Sprecher«, »Sprache«, »Spruch«) wegen der Vernachlässigung der Endungen übergriff.

Da konnte Behaghel nur stöhnen und ignorierte auch das treue Bekenntnis des Verfassers zu den nationalsozialistischen Rassevorstellungen. Nein, die schwebende Betonung sei »der ernsthaften Sprachwissenschaft unbekannt« und schon im Indogermanischen habe der Ablaut auf das Hauptwort übergegriffen. Vor allem gelte aber: »Das Deutsche betont nicht die Stammsilbe, sondern die erste Silbe des Wortes. Wo soll in ›Antwort‹, ›Beispiel‹, ›Zukunft‹ die betonte Stammsilbe sein?«

Viel bizarrer lässt sich die Situation nicht denken: Da kämpft jemand erst gegen die Versimpelung von Grammatik und Stilistik und zum Schluss auch noch gegen rassistische Tolpatschigkeiten – allerdings im ersten Fall ohne den Kampf gegen die »Sprachdummheiten« auch auf eine mittlerweile mehr als dumme Fremdworthetze auszuweiten und im zweiten ohne den Rassismus als solchen zu bezeichnen oder gar zu bekämpfen. Welche Einschätzung kommt da der Wahrheit am nächsten: Naivität oder Verblendung, Mut oder Hilflosigkeit, wissenschaftliche Standfestigkeit oder Verschwinden im Elfenbeinturm?

»Knäckebrot«

Was erwartet man in einem Artikel mit der Überschrift Knäckebrot*? Eine Verdeutschung scheidet eigentlich aus, das Wort klingt schließlich deutsch genug. Aber anscheinend nicht für Richard Palleske, ein besonders eifriges Mitglied und vielfachen Beiträger, der sich damit beschäftigt. Nein, das Wort beruhe auf dem schwedischen knäcka, was »knacken« bedeutet. Es müsse also, um wirklich ein deutsches Wort zu sein, »Knackbrot« heißen. Und weshalb heißt es dann nicht so? Die Antwort stammt aus den tiefsten Tiefen der Tiefenpsychologie deutscher Sprecher: »Wir Deutschen bleiben doch ewig die Narren der andern.«*

»Weltbewährungsprobe deutscher Innerlichkeit«

1914

Der wahre Rausch des Nationalismus, der mit Beginn des Ersten Weltkriegs das Bildungsbürgertum (übrigens *nur* das Bildungsbürgertum mit seinen weniger als ein Prozent der Gesamtbevölkerung) in Deutschland erfasste, ist seit Langem bestens bekannt und vielfach ausführlich beschrieben (ich stütze mich im Folgenden besonders auf die Historiker Bedrich Loewenstein und Hans-Ulrich Wehler). An diesem Rausch wirkte auch unser Sprachverein kräftig mit. Das Zusammengehen liefert den vielleicht lehrreichsten Beleg dafür, wie der Nationalismus das Sprachthema völlig okkupierte, oder umgekehrt, wie sich das, was man in günstigster Betrachtung vielleicht immer noch als nationalistisches Begleitmotiv der Sprachreinigung bezeichnen könnte, zum Hauptmotiv entwickelte. 1914 ging der sprachliche Nationalismus nahtlos in den noch viel radikaleren politischen Nationalismus über, den damaligen »Reichsnationalismus«, partizipierte an ihm und verlieh ihm zusätzlichen Schwung. Dazu verhalf allerdings die Zeitstimmung, die sich in damaligen Büchern, Leitartikeln und Wortmeldungen überreichlich dokumentierte.

Vor allem das, was der Sprachverein so sehnlichst anstrebte, die Festigung der inneren Einheit nach Herstellung der äußeren im Kaiserreich, wurde nun vom Krieg erwartet. Sofort meldeten sich Intellektuelle zu Wort, speziell die mit Staat und Gesellschaft befassten Soziologen. Max Weber hielt diesen Krieg je-

denfalls zu Beginn für »groß und wunderbar« (seine Abwendung vom »unverantwortlichen Literatengeschwätz« sollte folgen), seinem Kollegen Werner Sombart gar galt der Krieg als das »Heiligste auf Erden«. Autoren wie Robert Musil redeten von einem »Rausch des Gefühls«, in der Nation aufzugehen. Bei dem Philosophen Alois Riehl heißt es: »Noch niemals war unser Volk so einig.« Nach dem Dramatiker und Theaterkritiker Hermann Bahr »sind wir nichts als deutsch«. Auch für Thomas Mann ist der Krieg mit einer »Reinigung« und »Befreiung« verbunden, vor allem aber mit »dem gewaltigen und schwärmerischen Zusammenschluß der Nation«, der allen »inneren Haß« beendete, den »der Komfort des Friedens hatte giftig werden lassen«.
Neben der Einheit spielte als weiteres Motiv die Besinnung auf die Eigenheit eine Rolle, in erster Linie als Abgrenzungsversuch von den westlichen Demokratien. Der Schriftsteller Rudolf Borchardt erwartete vom Krieg die Verwirklichung des »deutschen Wesens«. Den »Ideen von 1789« werden die »von 1914« entgegengestellt, dem als »schrankenlos« und »vulgär« abgetanen Liberalismus wird die deutsche »Kultur« mit ihrer Innerlichkeit, ihren Werten vorgehalten und einem Obrigkeitsstaat als Garanten. 1914, noch im Oktober, erschien ein Aufruf an die Kulturwelt, den 93 prominente Intellektuelle unterzeichneten. Nur Tage später folgte eine Erklärung der Hochschullehrer des Deutschen Reiches mit mehr als 3000 Unterschriften. Darin war vom »Glauben« an die »Kultur Europas« die Rede, die am Sieg des deutschen »Militarismus« hänge. Der Philosoph und Literaturnobelpreisträger Rudolf Eucken sprach von der »Weltbewährungsprobe deutscher Innerlichkeit«.
Bei kaum einem Intellektuellen summierten sich Motive dieser Art so stark wie bei Ernst Jünger. Für ihn war der Krieg der Beginn einer neuen »Sinnstiftung«, die Befreiung von der »Zivilisationstünche«, die vor allem von den gegnerischen Mächten Frankreich und England geliefert wurde. Jünger begrüßte das

»stahlharte Geschlecht«, das »der Phrasen der Aufklärung bis zum Erbrechen überdrüssig« geworden sei und daher Werte wie »Humanität« und »bürgerliche Zivilisation« als bloß lebensfeindliche Rationalität, als leere Betriebsamkeit und parlamentarisches Geschwätz über Bord zu werfen bereit war. Mit dem Slogan »Der Krieg ist unser Vater« will Jünger nicht nur zur totalen Mobilmachung aufrufen, sondern auch zur Rückkehr in archaische Zustände eines einigen »Volkstums« mit entsprechender Kraft zur Selbstbehauptung in feindlicher Umwelt. Man kann förmlich die Nahtstelle sehen, die sich mit der Sprachthematik ergab: Reinheit auch der Sprache als eine Art Waffenhilfe bei dem, was als Daseinskampf hingestellt wurde.

Der Philosoph Max Scheler brachte dabei ein weiteres Motiv zur Geltung, das der Sprachverein auf seinem Terrain längst eindringlich entwickelt hatte: den angeblichen »Deutschenhass«. *Die Ursachen des Deutschenhasses* lautet der Titel einer Schrift von 1917, nachdem Scheler im Jahr zuvor über den *Genius des Krieges und das Gesamterlebnis unseres Krieges* geschrieben hatte. Die Deutschen, so die Pointe, wollten nicht für irgendwelche abstrakten Rechte in den Krieg ziehen, sondern für ihre eigenen Interessen, »für unser Bestes«. Der Kampf um die »Freiheit« versteht sich danach als Kampf um die »Macht des deutschen ›Weltvolkes‹«. Dieses Volk habe natürlich längst ein Recht auf die Weltsprache errungen. Deutschenhass hätte all dies zu verhindern gesucht, aber die Deutschen setzten sich nun zur Wehr und holten sich ihr Recht.

Wer die frühen politischen Schriften von Thomas Mann gelesen hat, speziell die zwischen 1915 und 1918 entstandenen 600-seitigen *Betrachtungen eines Unpolitischen*, kennt den scharfen Affekt gegen die Aufklärung, gegen alles Französisch-Demokratische, das Mann im Schimpfwort vom »Zivilisationsliteraten« zusammenfasste (womit er vor allem seinen älteren Bruder Heinrich im Auge hatte, der nach einer antiliberalen Phase damals bereits völlig anderer Meinung war). Und wieder war es das Recht des unterdrückten Aufsteigers Deutschland, der die »bürgerliche Sittigung«, überhaupt die politische »Verbürgerlichung« abzuschütteln suchte. Dem »gallischen Radikalismus«, der immer noch das »Stroh von 1789 drischt«, der »widerdeutschen« aufklärerischen Weltbeglückung stehe ein wohlfunktionierender »Obrigkeitsstaat« als gewollte Staatsform gegenüber, der sich mit Recht vom westlichen Modell absetze – nicht nur mit Recht, sondern auch mit militärischen Mitteln, denn »Deutschlands ganze Tugend und Schönheit (...) entfaltet sich erst im Kriege«. Wie sollte da nicht die sprachliche Abrechnung eine wichtige Rolle spielen?

Die Unvermeidlichkeit des Krieges aufgrund der welthistorischen Gegensätze galt so gesehen als eine Tatsache; die Weltgeltung Deutschlands zu verfolgen, die durch die bisherigen Weltmächte Frankreich und England systematisch unterdrückt wurde, erscheint als berechtigtes Ziel. Daran wirkten auch die Kirchen mit ihren höchsten Vertretern mit.

Der Präsident des Evangelischen Oberkonsistoriums in München, Hermann Bezzel, rief zum »heiligen Krieg« auf und sah im Kriegsbeginn die »Erweckung des Geistes«, ja gar ein »Gotteserlebnis«. Sein Kollege, der Berliner Generalsuperintendent Friedrich Lahusen, glaubte an die Mitwirkung von »Gottes Engel« beim Zustandekommen des sicheren Sieges. In zahllosen Predigten war von der Abwehr der Feinde die Rede, die mit Gottes Hilfe zustande kommen werde. Von dem bekannten Theologen Paul Althaus stammen Formulierungen wie: »Wir stehen mit Gott in diesem Krieg als seine Diener, zum Tun seines Willens aufgerufen und gedrungen. Darum ist es ein heiliger Krieg, und deshalb ist für jeden, der ihn mit reinem Herzen tut, dieser Krieg Gottesdienst.« Als sich 1917 das Jubiläum des Thesenanschlags von 1517 jährte, wurde Luther als Fürsprecher des Krieges entdeckt und zugleich als Garant des erfolgreichen Ausgangs. Mit

Luther zu siegen war das Thema zahlloser Predigten bis in die letzten Dörfer.

Im katholischen Lager bezeichnete Michael Faulhaber, der erst Speyrer Bischof, dann Erzbischof von München war, den ewigen Weltfrieden Kants als »Aberglauben«, den Krieg im Allgemeinen als »unabwendbares Angebinde der Weltgeschichte«, im Besonderen als eine Notwendigkeit für Deutschland, um zu sich selbst zu kommen, sich von der Überfremdung durch die westlichen Lebensformen zu befreien. Die »gottesfeindliche Staatsidee aus Frankreich« hätte sonst »ungestraft durch die Welt fortwuchern können«, liest man bei ihm, »so aber kämpfen und sterben unsere Soldaten als Hüter und Rächer der göttlichen Weltordnung«. Es sollten 6,3 Millionen Opfer von 13,2 Millionen Eingezogenen werden.

Auch in diesem Fall sekundierten Kollegen wie der erzkonservative Paul Wilhelm von Keppler, der Bischof von Rottenburg, der mit seiner Verteidigung des »Antimodernisteneides« von Papst Pius X. bekannt wurde. Er rief anlässlich des Kriegsausbruchs zum »Kampf um das Reich Gottes« auf und propagierte einen »Krieg der Autoritätslosigkeit gegen die Autoritätsachtung«, wie es seiner Grundüberzeugung entsprach.

Ob Auseinandersetzung der »sittlichen Weltordnung« mit der »Moral des Teufels« (wie in den Worten Faulhabers) oder Krieg als »Offenbarung des lebendigen Gottes«, der auf deutscher Seite mitstreite (so der Berliner Pfarrer Otto Dibelius): Die Theologen stimmten mit den Literaten, Soziologen und Philosophen überein in der Vorstellung von einem Selbstbehauptungskampf des deutschen Volkes als Hüter staatlicher Ordnung gegenüber den Zersetzungserscheinungen der westlichen demokratisch-kapitalistischen Verfassungen. Die harmonische »Volksgemeinschaft« in Deutschland stellte sich gegen die »vulgären« Demokratien im Westen, das paternalistisch-autoritäre Gesellschaftsmodell gegen das kapitalistisch-liberale. Wie nahe lag hier der Gedanke, dass all dies im Kampf um die deutsche Sprache gewissermaßen im kleineren Maßstab schon lange vorexerziert war? Und wie sehr musste man sich in der allerorten wahrnehmbaren Aufwertung eines radikalen, ja hysterischen Nationalismus bestätigt fühlen?

»Die Saat, die der Allgemeine Deutsche Sprachverein ausgestreut hat, ist herrlich aufgegangen«

Aufruf an alle Deutschen

Im Septemberheft von 1914, vier Wochen nach Ausbruch des Weltkriegs, war es so weit: Auf der ersten Seite der *Zeitschrift* erschien ein *Aufruf*, den der Vorsitzende Otto Sarrazin unterschrieben hatte und der auch als Flugblatt verbreitet wurde. Nach den vorangegangenen Heften, in denen es um die Sprache der Musik und des Sports, um eine in Ägypten entdeckte Speisekarte mit rein deutschen Bezeichnungen, um die Ersetzung von »Telegraphie« durch »drahtloses Funken« (von Sarrazin persönlich), um die deutsche Sprache im preußischen Abgeordnetenhaus, um ein Preisausschreiben zu den Handwerkssprachen, um Polo und Golf sowie eine Verteidigung des Begriffs »Olympia« durch den Germanisten Otto Behaghel gegangen war, las man nun folgende Sätze, die heute nur verstören können, die damals aber die Erwartungen der Leser haargenau abbildeten:

> An alle Deutschen! Die Saat, die der Allgemeine Deutsche Sprachverein in dreißigjähriger unermüdlicher Arbeit für die Pflege der deutschen Muttersprache ausgestreut hat, ist herrlich aufgegangen. In dieser schwerernsten Zeit, da halb Europa, da Rußland, Frankreich, England uns überfallen haben, um Deutschland zu zermalmen, das Deutschtum zu vernichten, ist wie mit einem Schlage auch das Sprachgewissen des ganzen Volkes erwacht. Mit Urgewalt hat sich die Erkenntnis durchgerungen, daß die unverfälschte Muttersprache des

> Deutschtums festestes Band, seine vornehmste und stärkste Stütze, seine unerschütterliche Grundfeste ist! Das Volk stand auf, der Sturm brach los – der Sturm auch wider die Schänder der deutschen Edelsprache, wider das alte Erbübel der deutschen Fremdtümelei, wider alle (…) öffentlich zur Schau getragenen fremdländischen Inschriften, Ladenschilder, Geschäftsanzeigen und -anpreisungen (…) öde, saft- und blutlose Weltbürgerei (…) Schmach über jeden Deutschen, der fürder seine heilige Muttersprache schändet! »Gedenke, daß du ein Deutscher bist!«

Wenn man der Versuchung widersteht, darauf mit schlicht moralischer Entrüstung zu reagieren, sondern den Text nüchtern analysiert, zeichnet sich zunächst einmal die Erkenntnis ab, dass kein einziges Wort davon wirklich neu war. Einmal abgesehen von der Zuweisung der Kriegsschuld an das Ausland, die von der Führung aktuell ausgegeben und von allen Zeitungen verbreitet wurde, benannte Sarrazin hier genau die Punkte, die bislang die gesamten Bestrebungen des Sprachvereins wie ein Korsett gestützt hatten.

Es ging nicht um die deutsche Sprache, es ging um das »Deutschtum«, die deutsche Sprache stand nicht als Verständigungsmittel im Zentrum, sondern als ein Phänomen des »Gewissens«. Das Problem der Sprache war nicht einfach die Entwicklung, sondern ihre »Unverfälschtheit« und der Feind der Entwicklung eine biologische Anlage, ein »Erbübel«, dessen Auswirkung sich beispielsweise auf den Ladenschildern zeigt, die statt einem einigen Volkstum für »Weltbürgerei« stünden. Zudem wurde das westliche und völlig falsche Gesellschafts- und Politikmodell als Ursache einer »Schmach« gesehen und die endliche Befreiung davon in Aussicht gestellt. Der letzte Grund des Ganzen aber war der Glaube an die wahre Bindekraft, die diese nichtwestliche Welt im Innersten zusammenhielt: die »heilige Muttersprache«.

Man muss am Ende der Zeilen den Eindruck haben, dass der Krieg das entbindet, was man im Sprachverein immer erträumt hatte: die sprachlich fundierte Einheit, die alle Übel dieser Welt besiegt. Ganz so, wie es der Große Kurfürst als Losung zum Kampf um Preußen ausgegeben hatte: »Gedenke, dass du ein Deutscher bist!«

Man könnte es noch klarer sagen: Der Krieg lehrte diesem Aufruf zufolge endlich zu »verstehen«, worauf es bei der Sprache ankommt. Mochten sich in faden Friedenszeiten die Spötter zusammenrotten, die Unschlüssigen den Kopf schütteln – der Krieg war der Pädagoge, an dessen Lehre niemand mehr vorbeikam. So legte Sarrazin noch im gleichen Heft mit einer anderen Botschaft nach. Zur Nachricht, dass der Ständige Ausschuss des Vereins 10 000 Mark für das Rote Kreuz spendete, kam die Beschwörung der »mit plötzlicher Urgewalt ausgebrochenen Verdeutschungsbewegung« hinzu. Verdeutscht wurde schon lange, fast dreißig Jahre, aber es hatte mangels »Verstehen« an dieser »Urgewalt« gefehlt. Jetzt war sie da, der Krieg hat sie erzeugt. Und so schwärmt Sarrazin weiter:

> Also auf zur Arbeit, ihr Zweigvereine. Eine so günstige Zeit, die vaterländischen Bestrebungen des Deutschen Sprachvereins zu Schutz und Stärkung des Deutschtums in den weitesten Kreisen unseres Volkes wirksam in die Tat umzusetzen, kehrt nie wieder!

Nein, nicht die Zeit der schlichten Verdeutschungen mit den endlosen Diskussionen, wie man es denn richtig macht, war auf eine neue und günstige Bahn gebracht, sondern die Zeit des Deutschtums. Der Verein zeigte sich im September 1914 als das, was er war und immer sein wollte, mit der Sprache als Vehikel: ein nationalistischer Stoßtrupp.

Noch im Septemberheft der *Zeitschrift*, neben dem *Aufruf*, meldete sich nach dem Vorsitzenden Otto Sarrazin der Schriftleiter Oskar Streicher zu Wort in dem Beitrag *Der deutsche Krieg und die Ausländerei.* Man kann Sarrazin vielleicht bescheinigen, sich auf naivste Weise dem Zeitgeist angeschlossen zu haben. Streicher bot demgegenüber ganz klar nationalistische Ekstase:

> Jetzt ist die Stunde gekommen, wo der Deutsche sich auf seinen eigenen Wert besinnen und fremden Flitterkram mit Entschiedenheit abwerfen muß! Jetzt wird deutsch gesprochen. Der Krieg reinigt die deutsche Sprache! Deutsch wollen wir sein! Deutscher, werde deutsch! Gut deutsch allewege! Sprecht deutsch! Nur deutsch! Unsre Sprache unser Stolz!

Zu den hysterischen Wiederholungen kommt die Plattheit der Vorstellung, von der Sprache alles zu erwarten und dann auch noch ausgerechnet im Krieg einen willkommenen Helfer zu sehen.

> Man nehme sich doch ein Beispiel an den prächtigen Kriegsberichten des Generalquartiermeisters von Stein (…). Und vor allem möge zum Vorbild dienen das packende kernige Deutsch des herrlichen Aufrufs unseres Kaisers »An das Deutsche Volk!« vom 6. August 1914, der nicht ein einziges undeutsches Wort aufweist. So sollte es überall sein!

Mit derart verquasten Thesen hatte sich der Sprachverein weit von bloßer Sprachpflege entfernt, auch wenn sie auf kurioseste Weise weiter gepflegt wurde. Ein Beiträger (ausgerechnet namens R. Krieg) schlug vor, das gängige »Ex libris« in Büchern als Vermerk des Besitzers durch »Buchmarke« zu ersetzen.
Wo jedoch die wahren Interessen lagen, sieht man in einem Artikel aus dem nächsten Heft im Oktober 1914. Anlässlich eines Kriegsaufrufs an die Zweigvereine begrüßt Sarrazin in

bizarrer Eintönigkeit die »Bewegung gegen die abscheuliche Verwelschung und Verengländerung unserer Muttersprache« und schwärmt einmal mehr von der jetzt angebrochenen, nie wiederkehrenden günstigen Zeit, »die vaterländischen Bestrebungen des Deutschen Sprachvereins zu Schutz und Stärkung des Deutschtums in den weitesten Kreisen unsres Volkes wirksam in die Tat umzusetzen«.

Darauf folgen die wichtigsten Vokabeln des nationalistischen Wortschatzes, die wir bereits gut kennen: die »Bekämpfung der alten deutschen Fremdsucht«, die »widerwärtige« Engländerei, die »schmachvolle Verwelschung«, die »Kränkung der innersten deutschen Volksseele«. Wie schon Streicher stellt auch Sarrazin den Generalquartiermeister Hermann von Stein als Vorbild hin, weil in dessen Kriegsberichten die »feindlichen Armeen« als »feindliche Heeresteile« auftauchen und »unsre siegreichen Truppen nicht mehr ›Trophäen‹, sondern ›Siegeszeichen‹ erbeuten«. Allerdings kann sich Sarrazin nicht die kleine Beschwerde verkneifen, dass der deutsche Kaiser seinem österreichischen Kollegen den Orden *Pour le Mérite* verliehen habe, wo sich doch auf der anderen Seite vorbildliche Kaffeekränzchen eigens dafür gebildet hätten, um das notorische *Adieu* »auszurotten«.

Auch die Monate November und Dezember standen noch voll im Zeichen der Kriegseuphorie. Ein Albert Tesch suchte sich mit dem Beitrag *Nicht ruhen!* zu profilieren. Darin las man:

> Der Krieg hat das deutsche Sprachgewissen geweckt. Der vereinigte Überfall der Russen, Franzosen und Engländer hat uns plötzlich die Augen darüber geöffnet, wie groß die Feindschaft gegen alles ist, was deutsch ist, deutsch denkt und deutsch spricht. Tausende sehen mit einem Schlage, wie wenig die Nachahmung der Sitte und Sprache der Ausländer in Deutschland dazu beigetragen hat, unsrem Lande die Zuneigung der fremden Völker zu erwerben (…)

Aber der aufgeregte Tesch kann auch Positives vermelden. Die fremden Inschriften auf den Ladenschildern seien verschwunden, woraus er die Lehre zieht: »Der Krieg ist ein mächtiger Erzieher zum Deutschtum geworden und hat auch dieses große Verlangen nach Sprachreinigung hervorgebracht (...).« Allerdings klingt es dann mehr als widersprüchlich, wenn einzuräumen ist, dass sich viele Kaffeehäuser immer noch als »Café« bezeichneten, die Milch »per Glas« verkauften und »diverse Torten« anböten.

Und auch ein damals noch junger Mann, der im Sprachverein bis zur letzten Stunde große Karriere mit seinem Spezialgebiet der Sprecherziehung machen sollte, meldete sich zu Wort: Ewald Geißler. Im Dezember 1914, als fast alle noch an den nahen Sieg glaubten, präsentierte er sich mit dem Beitrag *Was kann dieser Krieg für unsre Dichtkunst bedeuten?* Die Antwort lautete:

> Siehe da: der Krieg macht's. Wahrlich, solch säubernde Nebenerfolge sind nicht sein Geringstes. Sie sind ein Stück Volkserziehung. Nicht zufällig waren vor hundert Jahren die Wortführer der Freiheit zugleich Vorkämpfer der Reinheit deutscher Sprache, einer edlen Klarheit, die nur mit deutscher Kraft und Zunge reden wollte.

Die »packenden Worte« der damaligen Helden seien so recht geeignet, »die Hohlheit und Kläglichkeit der Leisetreterei und Flaumacherei« der Gegenwart aufzudecken. Man weiß, wie Geißler das meinte. Es gab eben noch nicht genug »Verstehen«, worum es bei der Sprache ging. Er würde dieses »Verstehen« noch aus einer eigenen und neuen Richtung ergänzen. Und er würde vor allem Schluss machen mit dem Unverständnis jener Intellektuellen, die diesen Zielen fernstanden und dem Verein feindlich gesinnt waren, was zu Zeiten des Krieges immer schwerer würde – denn dieser Krieg war ja genau das, was sie

alle einmütig beschworen: der Erzieher zum endlich alles beherrschenden Nationalismus.
Was hier unterstellt wurde, sollte im nächsten Jahr wörtlich werden. Ewald Geißler lieferte einen Artikel mit der Überschrift *Der Krieg als Spracherzieher*: Darin las man:

> Dieser Militarismus ist überhaupt eine der besten Stilschulen. Daß die Mobilmachung, diese großartigste Völkerwanderung der Geschichte, ein Wunderwerk deutscher Ordnung und Gestaltung, genau nach dem vorbestimmten Plan abgelaufen ist, darüber berichtet die Heeresleitung mit dem einfachen Satz: ›Es sind keine Rückfragen gekommen‹. Und am Abend einer großen Schlacht meldet ein Führer seinen Sieg mit den Worten: ›Die befohlene Linie ist erreicht!‹ Denken wir in beiden Fällen an den Tusch, den ein französischer Wortrausch hinausgeschleudert hätte!

Natürlich vergisst Geißler nicht, die »eindringlichste Erziehung vom Hauptquartier« zu erwähnen. Und der Schluss lautet, sehr bald werde »auch unsre Sprache wie alles deutsche Leben wiedergeboren werden, neu und deutscher«.
Vielleicht kann man dieses Kapitel in der Geschichte des Vereins so zusammenfassen: Die Sprachreiniger hatten die Stichworte der Philosophen und Theologen aufgenommen und das Gebräu des Kriegswahns mit ihren eigenen Stichworten angereichert. Mehr Nationalismus ging nicht.

»telephonieren«

Im April- und Maiheft von 1918 – die deutschen Heere starteten gerade ihre letzte Frühjahrsoffensive, die ebenso stecken blieb wie alle vorhergehenden auch – meldete ein Beiträger eine Verdeutschung an, bei der er über eine besonders starke Begründung zu verfügen glaubte. Er schlug nämlich für »telephonieren« »fernen« vor, angelehnt an das Wort »Fernsprecher«, und fügte hinzu, er benutze es seit Jahren, seine Angestellten ebenfalls. Nun ja, den Armen blieb wohl nichts anderes übrig.

»Unter dem befreienden Einfluß des Krieges wagt hier mancher eine Änderung in unserm Sinne«

Kriegsjahre

Der Krieg sollte also den großen Sprachreiniger geben. Er stärkte zunächst einmal das Selbstbewusstsein beim Formulieren alter Forderungen. Einige Artikel waren zur Unterstützung der Front gedacht, wenn etwa ein Beiträger unter der Überschrift *Im Felde* darüber berichtete, der Verein habe dem Roten Kreuz das Verdeutschungswörterbuch *Die Speisekarte* zur Verfügung gestellt. Andere kamen von der Front: Ein Hauptmann der Reserve durfte sich über *Die deutsche Sprache im Schützengraben* auslassen und melden, dass deutsche Soldaten »auf dem Kriegspfad (…) nichts Undeutsches duldeten«, womit die »Herrlichkeit deutscher Art gegenüber der Hohlheit und Oberflächlichkeit des jämmerlichen Flickwerks« zutage trete, das man sich aus Frankreich geholt habe.

Viele Artikel betrafen Grundsätzliches. In *Der Krieg und die Fremdwörterei* erging eine Mahnung an die deutschen Schriftsteller, Herausgeber und Schriftleiter, die deutsche Sprache tatkräftig zu behaupten. Weil gerade sie »das Volk zusammenhält«, müssten endlich alle begreifen, »daß es undeutsch ist, in deutscher Sprache undeutsch zu reden«. Von überallher tönte es hoffungsvoll, Armeekorps in Kassel oder Münster unterstützten den Kampf gegen die Ausländerei. Und so jubelte auch der Zweigverein Zwickau: »Unter dem befreienden Einfluß des Krieges wagt hier mancher eine sprachliche Änderung in unserm Sinne (…)« Noch auf dem Tiefpunkt der militärischen Lage im September 1918 las man, Lazarettvorträge über die Sprachreinheit seien »erhebend« gewesen.

Solche Sätze mochten von Kleingeistern stammen, die sich von den Wogen des allgemeinen Unverstands getragen fühlten. Aber auch die Vereinsführung lieferte die gleiche Suada. In einem Jahresbericht ist davon die Rede, jeder möge dabei helfen, »daß das weltbefreiende Endziel dieses ungeheuren blutigen Völkerkampfes, den Neid, Mißgunst und Haß uns aufgezwungen haben, in vollem Umfange erreicht werde: die Erlösung der Menschheit durch den Segen deutscher Bildung und deutscher Gesittung«.

Ein Mitglied des Gesamtvorstands, der Germanistikprofessor Paul Pietsch, verstieg sich in seinem Beitrag *Deutscher Krieg und deutsche Sprache* zu einer unfassbaren Geschichtsklitterung. Schon immer habe der »hervorragend kriegerische Sinn der alten Deutschen« die Sprache beeinflusst, ja habe »der Krieg, als geistige Macht betrachtet, unsrer Sprache zum Segen gereicht, entsprechend dem Worte Bismarcks: ›Der Krieg ist der natürliche Zustand des Menschen; wen er nicht umbringt, den macht er gesünder.‹« Während jedoch die Kriege der letzten 300 Jahre die deutsche Sprache statt »aufgerichtet und bereichert« nur »verwüstet und beraubt« hätten, verbreite der jetzige Krieg »unsere Sprache (…) wie seit der Völkerwanderung nicht mehr«. Otto Sarrazin, der Vorsitzende des Sprachvereins, betrachtete den »Krieg gegen die Fremdwörter« wie den richtigen als »Stellungskrieg«, bei dem »wir wie unsre Feldgrauen uns durchschlagen wollen, wie sie durchsiegen bis zum glücklichen, glorreichen Ende«.

Es ging noch eine Stufe tiefer, wieder beim Vorsitzenden Sarrazin persönlich. Im Artikel *Von den »deutschen« Frauen* hetzt er 1915 gegen genau die Personen, denen noch vor wenigen Jahren eine Plattform zur Mitarbeit angeboten wurde. Man »wundert sich bei diesen ›deutschen‹ Frauen schließlich über nichts mehr«, beginnt er. 1870/71 hätten sie in den endlosen Zügen von Verwundeten vor allem die gefangenen und verwundeten französischen Offiziere »gelabt«, die deutschen dagegen »liegen gelassen«. Heute seien

> deutsche Frauen und Mädchen noch immer gedankenlos und würdelos genug (…), die Gefangenen der uns feindlichen Länder zu hätscheln. Den Gefangenen geht es bei uns sehr gut. Wären nicht auch hier einige weiblich-zarte Kolbenstößchen unserer Landsturmleute die angemessene Belehrung gewesen?

Als sei dies nicht gehässig genug, geht es weiter:

> Heute sind die Frauen und Mädchen von 1870/71, die mit den feindlichen Offizieren schöntaten, Großmütter geworden, nachdem sie ihre Töchter zu five o'clock tea- und Jourfixe-Damen erzogen haben. Und deren höhere, einfach süße Bobby- und Freddy-Töchter hätscheln heuer wieder als erwachsene Damen die russischen Gefangenen im Grunewald.

Von harmloserer Art waren Beiträge, die die übliche Ersetzung von Fremdwörtern fortschrieben und lediglich die neue Lage berücksichtigten. So gerieten die »Skier« im deutschen Heer ins Visier und wurden zu »Schneeschuhen« beim »Schneeschuhlauf«, festgehalten in dem Ausspruch »Heil und Sieg der deutschen Schneeschuhtruppe und der deutschen Sprache!«. Eine zähe Diskussion entwickelte sich über den »Kriegskrüppel« anstelle des »Invaliden«, der wegen seiner »Härte« neue Vorschläge nötig machte. Man versuchte es zunächst mit dem »Kriegsverstümmelten« oder »Kriegsbeschädigten«, um in einem folgenden Heft nachzubessern: »beschädigen« ließen sich Kanonenrohre, Menschen würden »verletzt« oder – nach einem Lied von Paul

Gerhardt – »versehrt«, was dann den »Kriegsversehrten« zum Favoriten machte.
Im Übrigen galt die Maxime: Wer beim Fremdwortkampf mitmachte, leistete eine Art geistige Unterstützung der Front. Eine Zigarettenfabrik wurde dafür gerügt, dass sie trotz des »großen Krieges« immer noch Marken wie »Juno« oder »Vera«, aber keine einzige mit einem deutschen Namen verkaufe. Worauf Vorschläge für »gutdeutsche« Bezeichnungen eingingen wie »Rauchopfer« und »Wohlan«, »Sieg« und »Drauf«. Die Polizei suchte fremde Aufschriften auf Ladenschildern und fand 226 »undeutsche«, die entsprechend ersetzt wurden. Als der Waffenstillstand mit Russland ausgehandelt wurde, setzte sich Sarrazin für eine rein deutsche Vertragsfassung ein. Bei den Friedensverhandlungen in Litauisch-Brest entsprach der Reichskanzler dem Wunsch des Vereins, sich ausschließlich der deutschen Sprache zu bedienen. Das »ganze deutsche Volk«, so hieß es auch bei dieser Gelegenheit, habe die Kriegsberichte der Obersten Heeresleitung

> mit freudiger Genugtuung, ja mit Begeisterung aufgenommen. Einmal ihres herrlichen Inhalts wegen, dann aber auch aus dem besondern Grunde, weil sie in jener einfachen, gemeinverständlichen, klaren, formschönen, reindeutschen Sprache verfaßt sind, die zugleich Zeichen und Ausdruck echtdeutschen Wesens, vornehmen deutschen Selbstbewußtseins und deutscher Kraft ist.

Aber ganz so, wie man sich die Entwicklung in der Euphorie der Augusttage 1914 vorgestellt hatte, ging es mit der Welle der Verdeutschung nicht weiter. Es stellten sich wieder Gegner ein. Unter dem Titel *Deutsche Gelehrte auf dem Kriegspfade gegen die Sprachreiniger* wurden Einlassungen etwa des Germanistikprofessors Karl Viëtor aufgegriffen, der die These vertrat,

Fremdwörter verschwänden ganz von selbst, und verunglückte Verdeutschungen karikierte wie die »einzusegnenden Schülerstiefel« für »Konfirmandenstiefel«. Wieder war es Sarrazin, der konterte, gegen verlottertes Deutsch polemisierte und »Mustergültiges« in bekannter Unterwürfigkeit allein in den Kriegsberichten der obersten Heeresleitung sowie in Verlautbarungen des Kaisers sah. In diesem Zusammenhang kam es zu einer besonders abwegigen Eloge:

> (…) die klare Erkenntnis und die tiefinnerste Überzeugung, daß die unverfälschte Muttersprache des Deutschtums festestes Band, seine vornehmste und stärkste Stütze, seine unerschütterliche Grundfeste ist, daß das deutsche Volk, daß deutsche Bildung deutsche Gesittung, kurz, daß das ganze Deutschtum steht und fällt mit seiner Sprache. Es ist angesichts des immer wieder laut verkündeten Zieles unsrer Feinde, Deutschland zu zermalmen, das Deutschtum zu vernichten, die klare Erkenntnis der großen Wahrheit des Gedankens, den Fichte vor mehr als hundert Jahren in dem ergreifenden Satz aussprach: »Es ist kein Ausweg: wenn das deutsche Volk versinkt, so versinkt die ganze Menschheit ohne Hoffnung einer einstigen Wiederherstellung.«

Wer für den Begriff des Chauvinismus eine nähere Erläuterung oder gar Definition sucht, kann sich hier bedienen, wo Deutschland nicht nur als einem einzelnen Nachbarn überlegen hingestellt wird, sondern gleich der ganzen Welt.
Ansonsten ist von erneuten ernsthaften Attacken im Jahr 1918 zu berichten. Dazu zählt ein Artikel in den *Preußischen Jahrbüchern*, dem Dauerfeind, bei dem ein Professor Werneke eine beispiellos rüde Beschimpfung des Sprachvereins veröffentlichte, die noch 1923 in der *Zeitschrift* als Beispiel dafür zitiert wurde, wie verständnislos die Wissenschaft stets reagiert habe. So liest man hier:

> Die Männer des Sprachvereins nennt er [Werneke] eine traurige Sippe von Jingos und Boxern, in deren Inneren schamlose Anmaßung und alle üblen vulgären, egoistischen und atavistischen Instinkte brodelten, die mit ungewaschenen Händen und gottloser Stirn in den Tempel der Sprache drangen und seine heiligen Mysterien entweihten, Fremdwortschnüffler, denen das miserabelste Deutsch, durch Geistlosigkeit oder akrobatische Verrenkungen purgiert, höher stehe als ein gedankenvolles Meisterwerk, eine sprachgestütliche Narrenbrüderschaft, Missionare der Unkultur, robuste Logiker der Dummheit, blindwütige Idiosynkraten, papierne Komödianten, die durch Entlausung unserer Sprache von allen höheren Begriffen und die Epidemie der Paragraphen einen Negerjargon erzeugen würden, ginge es nach dem Willen dieser Reinigungsberserker, die ihre burlesken Späße und bäurischen Rezepte in ungelesenen Verdeutschungsbüchern aufstapelten.

Das war eine klare, aber keine besonders präzise Äußerung. Anders die Attacke, die von einer Professorengruppe ausging, aber diesmal nicht in Form eines Aufrufs Einzelner, die sich zusammengetan hatten, sondern von der Berliner Akademie der Wissenschaften als Ganzer, also von einer außerordentlich bedeutsamen und anerkannten Institution. Auch in diesem Fall spielt die quasiinstitutionelle Sprachpflege durch deutsche Regierungen und Landtage eine Rolle, aber es ging darüber hinaus um eine wissenschaftliche Auseinandersetzung mit dem Begriff des Fremdworts selbst. Die zentrale These lautete:

> Fremdwörterreichtum ist geradezu das Kennzeichen einer entwickelten Kultursprache, er bedeutet eine unentbehrliche Bereicherung und selbst Verfeinerung ihrer Ausdrucksmittel, und die weitverbreitete Vorstellung, als neige die deutsche

Sprache in besonders hohem Maße zur Fremdwörterei, beruht auf einem Irrtum. Das Französische, das Russische sind in Wahrheit viel reicher an Fremdworten als das Deutsche; vor allem aber gilt das für das Englische, ohne daß sich das sonst so empfindliche Nationalgefühl der Engländer je daran gestoßen hätte.

Und die Argumentation geht weiter, nun auf inhaltlicher Ebene. Wenn für »Kandidat« und »Studierender« als Ersatz »Beflissener« vorgeschlagen werde, laufe dies auf eine gleiche Bezeichnung für zwei im Fremdwort gut getrennte Begriffe hinaus. »Kommission« und seine Verdeutschung als »Amt« entsprächen sich nur in verschwindend wenigen Fällen, der Sinn von »Materialien« sei in »Rohstoffen« »nur sehr selten erschöpft«. Alte Lehnwörter wie »Person« seien schon deshalb schlecht zu ersetzen, »weil umfängliche und bedeutungsvolle sprachliche Bildungen und Verbindungen mit diesen wichtigen Fremdwörtern unlöslich zusammenhängen«. »Schriftsold« für »Autorhonorar« klinge »geziert«, das Fremdwort demgegenüber »wohltuend schlicht«.
Insgesamt kann man hier von einer Auseinandersetzung mit wissenschaftlichem Anspruch sprechen, sofern das Fremdwort mit seinem Beitrag zur Sprache sowie seine Rolle in der Sprache beleuchtet wird. Diese Aktion 1918 ist deshalb bedeutsam, weil sie in die letzte Phase des Weltkriegs und damit in die Zeit eines Autoritätsverfalls von Kaiser, Regierung und militärischer Führung fällt. Hinter ihr steckte, wie man im Verein bald herausfand, der Germanist und Unterzeichner der einstigen *Erklärung der 41*, Gustav Roethe, ein Fachmann in Sprachfragen also, aber zugleich ein Mann mit politischen Überzeugungen, die dem Sprachverein durchaus nahestanden: Roethe war Nationalist, Preußenverehrer, Antiparlamentarier und Antisemit.
Als er sich in den *Preußischen Jahrbüchern* zur Frage äußerte, ob Fremdwörter nicht besser seien als umständliche deutsche Zu-

sammensetzungen, sah er Vorteile auf beiden Seiten, plädierte »in gehobensten Momenten« ausdrücklich für »Reinheit«, also deutsche Versionen, um schließlich mit der Feststellung zu enden:

> Das ändert aber nichts daran, daß die landesübliche Fremdwörterhetze (...) in meinen Augen eine blinde und widerwärtige Barbarei ist, um so lächerlicher, als unsere Sprache in Wahrheit an Fremdwörtern hinter dem Französischen oder gar Englischen eher zurücksteht.

Roethe mochte politisch mit seinen Gegnern übereinstimmen, aber den Philologen in ihm, der sich in seinen Büchern und Reden glühend für die humanistische Bildung europäischer Prägung einsetzte, störte das ebenso Laienhafte wie Provinzielle einer »Sprachreinigung«, die voller Ahnungslosigkeit ein reiches und bewahrenswertes Erbe verschleuderte. So ist es verständlich, dass Roethe das Gewicht der Universität in die Waagschale warf, als es darum ging, mitten im Untergang ein Stück Kultur zu bewahren.

Sarrazin antwortete persönlich auf den Vorstoß in zwei Artikeln. Im ersten vom Juni 1918 heißt es, in Zeitungen wie der *Kölnischen Zeitung* habe es ablehnende Reaktionen auf die Erklärung gegeben. Und nicht ohne Scheinheiligkeit fügt er hinzu:

> Die Sprache hat unter anderm den Zweck, verstanden zu werden, ganz besonders ihrer Natur nach die amtliche Sprache, und gerade in einer Zeit, wo in Deutschland alle Volksschichten immer stärker an den öffentlichen Angelegenheiten beteiligt werden. Den vielen Millionen Staatsbürgern, deren Bildungsstand nicht über das Maß der Volksschule hinausragt, ist klares Verständnis nur durch möglichst durchsichtige Begriffsbezeichnungen zu ermöglichen.

Das war die alte Linie: das Konvoiprinzip, bei dem sich das Zumutbare nach dem letzten Mann und der letzten Frau richtet. Jacob Grimm als Eideshelfer für die gegenteilige Meinung anzurufen sei laut Sarrazin falsch, denn der würde »vor dieser ›wissenschaftlichen‹ Urkunde seines heutigen Berliner Nachfahren trauernd sein Haupt verhüllen« (Roethe war der neue Herausgeber des *Deutschen Wörterbuchs*). Im zweiten Artikel einen Monat später ist vom »inzwischen berüchtigt gewordenen Gutachten« die Rede, das bedauerlicherweise ohne nähere Kenntnis der Vereinsziele zustande gekommen sei. Die »gegnerische Wühlarbeit« falle entsprechend auf den Urheber zurück.

Inhaltlich war das alles keine Antwort auf die Erklärung. Es kam auch nichts Ernstzunehmendes hinzu, weil Sarrazin selbst dazu nicht in der Lage gewesen wäre und eigenartigerweise der einzige dazu Berufene, Otto Behaghel, schwieg. In den folgenden Monaten wurden stattdessen zahlreiche Verteidiger des Vereins gegen den neuerlichen Angriff nicht ohne Triumphgeheul aufgeführt, von einem Generalleutnant über den Leiter der Robert Bosch A.-G. bis zum Vorsteher der anatomischen Anstalt der Universität Berlin. Niemand fragte sich, worin bei diesen Vertretern außer dem beruflichen Renommee eigentlich die Kompetenz lag.

»Die Fremdwortverketzerung kommt den dunkelsten Instinkten des unwissenden Rohlings entgegen«

Leo Spitzer

Der Angriff der Berliner Akademie war nicht der einzige im Kriegsjahr 1918 gewesen. Ein damals noch kaum bekannter Universitätsgelehrter, der im selben Jahr auch Studien über die Syntax in romanischen Sprachen vorlegte, veröffentlichte zwei ausgewachsene Pamphlete, die weit über die bisherigen Attacken hinaus die Haltlosigkeit der Ideen und Thesen des Sprachvereins belegten.

Autor war der seit 1912 mit einer Schrift über die französischen Dialektausdrücke für »Nüsse abschlagen« habilitierte Wiener Privatdozent für Romanistik Leo Spitzer. Er war damals ungeduldig im Schlepptau seines Lehrers nach Bonn gegangen, wartete dort auf eine Professur (sie sollte erst 1925 in Marbach Wirklichkeit werden) und wollte mit aktuellen Beiträgen zu einem brisanten Thema auf sich aufmerksam machen. Niemand konnte ahnen, dass hier ein späterer Meister seines Fachs auftrat, der diesseits und aufgrund der bald notwendig gewordenen Emigration als Jude jenseits des Atlantiks Furore machen sollte und bis heute als einer der ganz Großen in der Romanistik gilt. Er ist 1960 als Emeritus der Johns Hopkins University gestorben.

Schon der Titel des ersten Pamphlets, einer 65 Seiten langen Broschüre, traf das Anliegen des Sprachvereins ins Mark: *Fremdwörterhatz und Fremdvölkerhaß*. Spitzer sieht im Gegensatz zur Berliner Akademie, die sich in ihrer Attacke auf die sprachwissenschaftliche Seite der Fremdwortfrage konzentrierte, den verheerenden Zusammenhang mit dem Nationalismus. Vor allem fällt ihm auf, dass dieser Zusammenhang durch die vom Verein aufgebaute Attitüde der Wissenschaftlichkeit geradezu systematisch verborgen wurde. Es geht nicht um die falschen oder dilettantischen wissenschaftlichen Begründungen allein, es geht nach Spitzer um die Falschheit, mit der scheinbare Wissenschaftlichkeit den Nationalismus bloß kaschiert. Die erste Aufgabe liege darin, die verfehlten Grundlagen aufzudecken, die zweite darin, den hinter allem steckenden Nationalismus mit der Konsequenz des Fremdenhasses herauszuarbeiten.

Bei der ersten Aufgabe trifft sich Spitzers Argumentation mit der der Berliner Akademie, sie ist nur weit ausführlicher und systematischer. Fremdwörter, darauf komme es letztlich an, seien harmlos, weil schlichtweg normal. Sie gehörten zu jeder Sprache, die wie das Deutsche in vielfältigem Kontakt mit Nachbarn und damit Nachbarsprachen stehe. Fremdwörter fluteten mit neuem Wissen oder neuen Gegenständen in die deutsche Sprache hinein, würden in der Regel verarbeitet und einverleibt wie all die Wörter, denen man die fremde Herkunft nicht mehr ansehe, darunter die »Uhr« von lateinisch *hora* oder das »Fenster« von *fenestra.* Wenn der Sprachverein die alten Entlehnungen anerkenne und die neuen verteufele, mache er es »wie die Behörden, die dem Hamstern dadurch steuern, daß sie es von einem gegebenen Zeitpunkt an verbieten, die geschehenen Frevel aber ungeschoren lassen!«

Fremdworte sind laut Spitzer aber nicht nur die große Normalität in der Sprache, sie bieten Wahlmöglichkeiten, willkommene Alternativen und können gegenüber dem ererbten Wort sogar »Bodenwärme« erreichen wie etwa im Wienerischen die »Idee« in der Wendung »Ham' S' a Idee«. Weiter schlage die Kürze im »Friseur« den »Haarkünstler« und sei »Hotel« etwas ganz anderes als ein »Gasthof«. Fremdwörter sind so gesehen unentbehrlich, bedeuten alles andere als Luxus. Wenn Eigenes auf die Dauer »matt« werde, könne das Neue belebend, gewollt »exotisch« wirken. Die brillante Fortsetzung dieser Überlegungen bot später übrigens Theodor W. Adorno in seinem Essay *Wörter aus der Fremde* von 1961.

Spitzer kam auch auf all die anderen Gründe für ein Heimatrecht der Fremdwörter zu sprechen: die Internationalisierung, die Möglichkeit der schamhaften Umschreibung von Peinlichem, der Nuancenreichtum. Wenn die Sprachreiniger von »Auslandsanbeterei« sprächen und eine Sucht nach dem Besonderen anprangerten, zeige sich in Wirklichkeit, dass das fremde Wort oft den verschlechterten Begriff enthalte: »Esprit« sei weniger als »Geist«, »Courage« weniger als »Mut«.

Spitzer kannte sich eben aus in Sprache und vor allem in Stilistik. Er bestand auf dem Reichtum, der durch die Fremdwortjagd beschnitten wurde, kritisierte eine Sprachreinigung, die oft genug nur auf bloße Lautreinigung hinauslief, auch auf bloße Sprachvereinheitlichung. Im Übrigen fand Spitzer gerade bei Otto Sarrazin ein inkonsequentes Schwanken in der Beurteilung. Wenn der »Infantrist« wie so vieles andere im Militärbereich bestehen bleiben dürfe, weil dies der »straffen Manneszucht« diene und für die »Mühsal des Soldaten- und Kriegslebens« entschädige, wenn er sich »sanft« ausdrücke gegenüber militärischen Vokabeln wie »Regime«, »Bataillon«, »Kompagnie« als »jedem Soldaten ans Herz gewachsene Bezeichnungen«, so gelte für all dies andernorts das genaue Gegenteil.

Aber wirklich entscheidend war für Spitzer etwas anderes. Denn die »Fremdwörterhatz« war weniger mit den Wörtern als mit dem Fremden verbunden, mit dem »Fremdvölkerhaß«. Sie wurzele nicht in »ästhetischer Empörung«, sondern ihr vorwiegendes Merkmal sei, dass sie »eine Hasseslauge ausgießt über alles Fremde«. Die »Besinnung auf das eigene Deutschtum« bestehe nicht »in ruhiger Ausscheidung des Wesensfremden, sondern in Verketzerung des Fremdnationalen«. Insofern komme die

> Fremdwörterverketzerung (…) den dunkelsten Instinkten des unwissenden Rohlings entgegen, der schlagen, dreinschlagen, totschlagen will – Menschen, Worte, was immer! Die Fremdwörterverketzerung gehört zur nationalen Verhetzung, zum Lügenkrieg – zum Krieg!

Dies zeigten laut Spitzer provozierende Titel einzelner Beiträge wie *Fremdwörter, hinaus!* oder *Fünftausend Fremdwörter ausgemerzt!* Wenn die Abhängung eines Schildes mit der Aufschrift *Café français* »unter Volksbeteiligung und Weihestimmung« erfolge, komme es zu einer »Freiwerdung aller gemeinen und zerstörenden Instinkte«.

Spitzer zog weiter die Parallele zu einem anderen, dem radikalsten nationalistischen Verein der Zeit mit wüstesten Forderungen nach einer Vormachtstellung Deutschlands in Europa: den Alldeutschen. Sie, die »Alldeutschen«, peitschten »die wilden Instinkte des Volkes« auf, die »Allesverdeutscher« machten das Gleiche mit den Fremdwörtern. Im Übrigen kämpfe man weniger gegen »Fremdwörter« an als gegen »Feindwörter«: gegen Französisches und Englisches, die Sprachen der Kriegsgegner, während man sich gegen Latein und Griechisch toleranter zeige.

Der Schluss des Textes birgt eine Überraschung. Spitzer bezieht sich hier auf seinen Lehrer und späteren Freund Karl Vossler, der die These vertrat, der »dogmatische und bis zum Fanatismus intolerante Nationalismus« sei kein eigentlich deutsches Produkt, sondern vielmehr übernommen von Italienern und Franzosen – eine Art »Lehngefühl«. Danach sei die Bekämpfung der sprachlichen Entlehnungen also selbst etwas Entlehntes, ja der Gipfel der Franzosennachahmung.

Das ist genau die Art von Paradox, die zu entdecken Intellektuellen immer besonderen Spaß macht. Aber es geht dem jüdischen Spitzer, der genau wusste, was Fremdenhass bedeuten kann, nicht um ein schönes Paradox allein, sondern letztlich um die Herausarbeitung des zerstörerischen Potenzials, das in der Sprachbetrachtung steckte. Das zeigt der Bezug auf ein Bonmot von Karl Kraus, nach dem die Sprachreiniger nicht wüssten, »dass es nicht die Sprache ist, was sie reinigen« (Spitzer hatte es als eines von drei Mottos vorangestellt). Denn die letzte These lautet: »Der Sprachverbesserer muss erst sein *Fühlen* reinigen von Fremdem, bevor er auf harmlose Worte Jagd macht.« Die ganze Fremdwörterjagd entstamme eben nicht sprachlichen Motiven, sondern fremdenfeindlichen. Sofern diese Fremdenfeindlichkeit den Deutschen eigentlich fremd und nur vom Ausland importiert sei, vollführen die beiden letzten Sätze eine Art logischen Salto mortale: »Fremdworthetzer, beseitigt in euch den fremden Fremdvölkerhaß! Michel, sei stolz – aber nicht auf eine undeutsche Deutschtümelei!«

Natürlich kann man bezweifeln, dass Spitzer mit dieser »undeutschen Deutschtümelei« wirklich recht hat. Er hatte es wohl leider nicht. Dagegen spricht auch, dass Spitzer in einem zweiten, noch etwas umfangreicheren Pamphlet viel von dieser durchaus deutschen Deutschtümelei aufdeckte, und zwar in seinem *Anti-Chamberlain*, ebenfalls von 1918. Dieser Beitrag richtete sich gegen einen Autor, der vom Verein von Anfang an gehätschelt wurde und nach seinem Tod in den 1930er-Jahren unter dem Nationalsozialismus zum großen Vorbild aufstieg. Es geht um Houston Stewart Chamberlain, der in Deutschland Furore machte, weil er als Engländer in Deutschland den Retter Europas sah, und zwar aufgrund der allen anderen, gerade auch der englischen, überlegenen deutschen Sprache.

1915, übrigens im Jahr seines Eintritts in den Sprachverein, konnte man von Chamberlain in der Bücherschau der *Zeitschrift* lesen, die *Kriegshefte* des »Engländers mit dem deutschen Herzen« wirkten als »Lichtbringer«. Zitiert werden Sätze wie die vom deutschen Volk als dem »Salz der Erde und dem Licht der Welt«, von der »Notwendigkeit« künftiger »deutscher Weltherrschaft« der Sprache, »insofern sie befähigt und gewillt ist, die gesamte Menschheit geistig und moralisch auf eine höhere Stufe zu heben«. Das Fremde werde »rücksichtslos ausscheiden und wirklich rein deutsch werden«, und das alles, weil das Deutsche die »einzige lebendige« Kultursprache Europas sei, während alle anderen fremde Wurzeln hätten. Nur diese deutsche Sprache mit ihrem »göttlichen Inhalt« könne die Kultur retten, ausdrücklich nicht die französische als Kompromiss zwischen »zwei widerstreitenden Sprachen«.

Dazu gesellten sich dann Aufrufe wie dieser: »Im Auslande begehe kein Deutscher das Verbrechen, seine Sprache preiszugeben; er lerne begreifen, daß er hiermit einer niederträchtigen Schande sich schuldig macht.« Vielmehr solle jeder Deutsche »eingedenk sein, [die deutsche Sprache] anderen aufzunötigen, bis sie allerorten ebenso triumphiert wie mit seinen Waffen das deutsche Volksheer.« Und zum Schluss: »Die Menschen müssen einsehen lernen, daß, wer nicht Deutsch kann, ein Paria ist (...). Ich glaube, wie an Gott, an die heilige deutsche Sprache.« Bizarre Thesen eines bizarren Mannes, der auch noch mit Richard Wagners Tochter Eva verheiratet und nicht von ungefähr allen rassistischen und antisemitischen Strömungen des damaligen Wagner-Kults eng verbunden war.

Was Spitzer interessierte, war dabei wieder einmal die wissenschaftliche Enthüllung von Pseudowissenschaft, von »geistreichen Hypothesen«, die es beim Publikum leichter hätten als »nüchterne Wahrheiten«. Und so beschäftigte sich Spitzer mit dem auf Laien immer besonders eindrucksvoll wirkenden Etymologisieren, dem Ableiten von Eigenschaften aus Wörtern, das Chamberlain so sehr kultiviert hatte. Ein Beispiel ist der deutsche »Friede«, der etwas mit »hegen«, »einfrieden« zu tun habe, während dem lateinisch-französischen *pax-paix* die Streitschlichtung zugrunde liege. Dies bildete die Grundlage des »Beweises« einer »friedsamen Anlage« der Deutschen gegenüber der »kriegerischen« von Römern und Franzosen.

Nur stimmen die von Chamberlain angeführten Etymologien kaum je einmal, wie etwa beim englischen Wort *foreign* für »fremd«, das keineswegs von lateinisch *forum* (»Markt«) stammt, sondern von *foris* (»außerhalb«). Und die Ableitung von »Parlament« über französisch *parler* als »Auslese der Engsinnigen und Hohlredenden« oder einfach nur »Schwatzbude« ist abwegig, wenn man zeigen kann, dass *parlement* schon im Altfranzösischen die »Versammlung der Großen«, im frühen England den »Gerichtshof« bezeichnete. Die Etymologie hält ohnehin nicht das Wesen eines Wortes oder Begriffs fest, sondern steht vielmehr für eine Art Anfangsbedeutung, die sich im Laufe der Geschichte immerfort ändert, manchmal in ihr Gegenteil verkehrt.

Noch abwegiger war nach Spitzer die Vorstellung Chamberlains, dass die romanischen Sprachen aufgrund ihrer Entstehung aus dem Lateinischen tot, ja, von Anfang an tot gewesen seien, weil sie ja von einem sterbenden Ast stammten, das Deutsche dagegen rein und ununterbrochen seit der Urzeit fortlebe. Wenn Chamberlain das Englische aus »zwiefachem Eigensinn« entstanden sein lasse, aus »vornehmem« Französisch und »gemeinem« Englisch, habe dies nur zu einer »Mangelhaftigkeit« der Struktur führen können. In der zugespitzten Formulierung Chamberlains hört sich das so an: »Siegt die englische Sprache, so steht die Kultur der Menschheit vor einem Abgeschlossenen, und das heißt vor dem Tode. Der moralische Verfall Englands hat sich seit dem Beginn des gegenwärtigen Krieges in erschreckendem Maße offenbart!«

Spitzer führt die Überzeugungskraft solcher Thesen auf die Begeisterung zurück, die das Publikum für das Lob des Deutschen empfinde. Daneben geht es ihm um das Problem der Sprach-

bewertung: um die Frage, ob es nach wissenschaftlichen Kriterien überhaupt bessere und schlechtere Sprachen und am Ende das Deutsche als beste geben könne. Die Antwort lautet: Alles nur Propaganda, ein »Rüstungsscherflein« bei der »allgemeinen Mobilisierung des Geistes« in Kriegszeiten. Wenn Chamberlain ausführe, das Französische besitze für »können« und »dürfen« nur ein einziges Wort, nämlich *pouvoir*, weshalb das Französische nicht zwischen Recht und Macht unterscheide, läuft dies laut Spitzer auf das einfachste aller Missverständnisse hinaus: die Identifizierung von Wörtern und »Dingen«. Genauso wenig seien die Franzosen weniger keusch, weil sie für »Keuschheit« nur ein gelehrtes Wort (*chasteté*) besitzen, das auch noch auf die Aufrechterhaltung des Scheins hinauslaufe und die »Frauenmoral« auf eine »Scheinmoral« hinabdrücke.

Spitzer geht Beispiel für Beispiel dieses etymologischen Jonglierens durch, immer mit dem Ergebnis, dass von Chamberlain als »besser« oder »schöner« angesehen wird, was der eigenen Kultur entspricht. Aber die europäischen Kultursprachen stehen in Spitzers Augen eben »so ziemlich auf einer Stufe«, und wer behauptet, Berlin sei »schöner« als »Wien«, sei bloß ein Lokalpatriot.

Ich kürze die auch heute noch lehrreichen Bemerkungen Spitzers ab. Natürlich hat man im Sprachverein auf die Doppelattacke reagiert, aber nicht auf die differenzierte Argumentation mit ihren Aberdutzenden von penibel ausgeführten Beispielen. Im Septemberheft 1919 sprach Oskar Streicher in denkbar platter Weise von Leo Spitzer als einem »wahrscheinlich noch jungen Herrn«, der in *Fremdwörterhatz und Fremdvölkerhaß* nicht bemerkt habe, dass man im Verein selbst die »Fremdwörterhatz« bekämpfe. Ansonsten verwies er bei der Schrift *Anti-Chamberlain* darauf, bei dem Engländer wie beim Verein gehe es entgegen Spitzers Anschuldigung nicht um Hass auf das Fremde, sondern um Liebe zum Eigenen. Schluss und Ende der ebenso kurzen wie verständnislosen Debatte.

Die Wirkung von Spitzers Beitrag hielt sich allerdings in Grenzen. Ob nun seine österreichische oder seine jüdische Herkunft als Grund der Ignoranz diente oder einfach das Niveau der Einlassung zu hoch war: Spitzers Analyse verpuffte. Die intelligenteren unter den Anhängern des Sprachvereins erkannten wohl nicht die gelungene Demontage, die Gegner nicht ihren bei Weitem wichtigsten Helfer. So machte der Verein weiter. Und sank immer tiefer.

»Moral«

Was lässt sich gegen das Wort »Moral« einwenden? Nein, nicht dass es ein Fremdwort ist, das zu ersetzen wäre. Es gehe lediglich um eine »präzisere Abgrenzung«, liest man mitten in den schweren Zeiten zu Beginn des Krisenjahres 1919 in einem Artikel unter der Überschrift Studenten und Sprachpflege. *»Moral« ist danach durchaus bewahrenswert, allerdings nur als »Moral einer Truppe«, in der jeder »seine Pflicht tut, Manneszucht hält, keine Ausschweifungen kennt und Plünderungen verschmäht«. »Moral« ist also von tieferer »Sittlichkeit« meilenweit entfernt, während die Franzosen immerhin la morale (sittliche Lehre) und le morale (Mut wie in »Mut hochhalten«) unterscheiden.*
Aber wer nun glaubt, man könne von den Franzosen etwas lernen, wird enttäuscht. Nein, diese Franzosen sorgen lediglich für eine verwirrende »Doppeldeutigkeit«, die bei Studenten größten Schaden anrichten könne, sofern sie bei diesem Wort nicht zwischen wirklicher Sittlichkeit und bloßem Mut unterscheiden, weil es im Deutschen nun einmal nicht »die Moral« neben »der Moral« gibt. Fazit: Diese Franzosen, die Deutschland gerade einen schmählichen Waffenstillstand abgepresst haben, sind eben schon sprachlich »Deutschverderber«.

»Im deutschen Verfassungsgesetz überhaupt kein Platz für irgendwelche Undeutschheiten«

Weimar

Im März 1919, mitten in den Beratungen über den Entwurf der Weimarer Reichsverfassung, die am 31. Juli verabschiedet wurde, wandte sich der Vorsitzende des Sprachvereins in einem offenen Brief an die Verantwortlichen in Weimar. Der Titel lautete *Das Recht des deutschen Volks auf seine Sprache.* Zu dieser Zeit lag die Ausrufung der Republik am 9. November 1918 schon Monate zurück, der Entwurf des Versailler Vertrags mit seinen Schrecken sollte jedoch erst am 7. Mai kommen. Es hatte Streiks und schwere Unruhen gegeben. Das ganze Ausmaß der Kriegsschäden mit vielen zerstörten Regionen und zahllosen geschundenen Seelen lag vor aller Augen. Aber auch aus dieser Situation glaubte Otto Sarrazin, so wie einst beim Kriegsausbruch, Gewinn für seine Ideen ziehen zu können. Als hätte der übersteigerte Nationalismus nicht all das Unheil mit ausgelöst, reckte er schon wieder sein Haupt – »kein Platz für irgendwelche Undeutschheiten«, liest man am Ende der Ausführungen.
Um dies zuerst zu sagen: Die Wirkung des Briefes war gleich null. Ein Zentrumsabgeordneter hatte zwar tatsächlich die Frage ins Spiel gebracht, ob man nicht den Sprachverein engagieren solle. Dies wurde aber abgelehnt, weil es gerade die einseitige Fremdwortjägerei war, die den Juristen gegen den Strich ging. Als die Forderung auf der Tagesordnung stand, hatte Friedrich Naumann, der federführende Abgeordnete der Deutschen Demokratischen Partei und ehemaliger Pfarrer, bereits selbst

auf »Volksverständlichkeit« gedrungen. Diese sollte hauptsächlich aus der Verwendung bekannter Formulierungen aus der bürgerlich-humanistischen Tradition bestehen (»Sparsamkeit ist die Vorbedingung jeden Fortschritts«) und manchmal auch aus der Bibel (»Wer nicht arbeitet, soll auch nicht essen«), um die gemeinsamen Werte einprägsam und konsensfähig herauszuarbeiten. Das »halbliturgische« Werk, das so zustande kam, wurde jedoch mit dem Einwand abgelehnt, dass auf juristisch klare Formulierungen an dieser Stelle nicht zu verzichten sei. Die Fremdwortfrage, schon für Naumann ganz außerhalb seiner Forderungen, spielte dabei nicht die geringste Rolle. Und nun sollte sie von Sarrazin wieder einmal zum Dreh- und Angelpunkt der Bemühungen um einen der wichtigsten Texte überhaupt werden.

Dabei ist es nicht die Forderung nach Fremdwortfreiheit als solche, es ist der Ton des ungerührten Weitermachens, der schockiert: Das Problem des Neuanfangs soll also in der fremdwortfreien Sprache liegen, die »Vertreter der Regierung« mögen sein, wer sie wollen, sie sollen zum Volk in der deutschen Sprache sprechen, »und zwar in der einfachen, klaren, gemeinverständlichen, reinen Sprache, die jedermann im Volke versteht, nicht bloß der Gelehrte oder fremdsprachlich Gebildete«. Zumal nun sogar neue Zeiten angebrochen sein könnten, wenn »die Verfassungsbestimmungen mehr als bisher den Gegenstand staatsbürgerlicher Unterweisung an allen Lehranstalten, auch an den Volksschulen bilden«.

Das klingt wie eine Begrüßung der Republik. Aber es folgt eher eine dunkle Drohung. Die »bisherigen Kundgebungen« ließen »viel zu wünschen übrig«, »kleben noch allzu sehr an dem scheingelehrten Undeutsch, das dem schlichten Manne unverständlich ist«. Der Sprachverein habe aber 40 000 Mitglieder und komme inklusive seiner Sympathisanten auf 100 000 Personen. Die Vertreter der künftigen Regierung könnten sich also auf

Druck gefasst machen. Eine Oberste Heeresleitung mit »mustergültigem« Deutsch oder ein Kaiser mit deutscher Speisekarte seien allerdings nicht mehr in Sicht.

Dann folgen Hinweise auf die ersten Fehlleistungen des neuen Regimes, wie man eben immer auf Fehlleistungen herumgeritten hatte, als ließe sich mit der Sprachreinigung die Welt retten. Unter »Konstituante« könnten sich die wenigsten etwas vorstellen. Ein Aufruf an die Landbevölkerung habe die Mahnung enthalten, »jede Passivität auszuschalten«. Frage: »Was soll sich der einfache Bauer darunter denken?« Statt »sozialistischer Disziplin« wäre »genossenschaftliche Zucht und Ordnung« besser gewesen. Und was erst sollen Ausdrücke wie »Proporz« oder »Sozialisierung von Betrieben«, wie »Präliminarfriede«, »Enquete«, »Legislative« oder »hegemonialer Partikularismus«? Ein Reichsgrundgesetz müsse zuerst einmal »gemeinverständlich« sein. Selbst der *Vorwärts*, das Organ der Sozialdemokraten, verlange die Beteiligung von Sprachsachverständigen. Bei der Reichsgründung von 1871 hätten die Oberbehörden durchweg deutsche Namen erhalten wie »Reichsamt« oder »Reichskanzler«. Jetzt erhebe sich ein »Sturm des Unwillens (…) gegen das siebensilbige, halbwelsche Wortgebilde ›Deutsche Nationalversammlung‹, die einfach und würdig ›Deutscher Volkstag‹ heißen (könne)«.

Die verräterischen Vokabeln, die den Nationalismus dieser Zeilen charakterisieren, springen sofort ins Auge: »welsch« und »würdig«. Es kommen weitere hinzu, wenn Sarrazin das »Bastardwort ›Reichspräsident‹« attackiert, das er durch »Reichsverweser«, »Reichsverwalter«, »Reichswalter« oder kurz »Reichswalt« ersetzt haben will, woran sich die Mahnung anschließt, nicht schon wieder »recht deutscher Auslandsvergötterung« zu huldigen. Nein, ein »Präsident« hat im künftigen Deutschen Reich nichts zu suchen, so etwas könne sich vielleicht der Deutsche Weinbauverein, die Berliner AEG oder die Kölner Große

Karnevalsgesellschaft leisten. Es folgt der bereits zitierte Halbsatz, im deutschen Verfassungsgesetz »darf überhaupt kein Platz sein für irgendwelche Undeutschheiten«.

Natürlich erhob sich dagegen kein Sturm der Entrüstung, weil für Entrüstung auf diesem abgelegenen Gebiet schlicht die Kenntnisse fehlten. Der Sprachverein selbst bemerkte jedoch das Problematische, was dem nahtlosen Weitermachen anhaftete. Noch ehe in den frühen 1920er-Jahren wiederholt Hilferufe an die Mitglieder ergingen, angesichts der Inflation und der daher drohenden Einstellung der *Zeitschrift* aus rein wirtschaftlichen Gründen, noch ehe das Papier immer dünner wurde und der Umfang 1923 auf 136 Spalten sank – noch vor alldem stand dieses sture Weitermachen infrage, vor allem aufgrund all der politischen und sozialen Probleme, speziell der Arbeitslosigkeit. Im Augustheft 1919 war es der spätere Vorsitzende Richard Jahnke, der das aussprach.

Aber die Antwort des Vereins lag ganz auf der Linie Sarrazins: »Selbst in der höchsten Not ist die Sprache das Banner, um das (das Volk) sich schart, das ihm Zusammenhang gibt.« Und dann folgt eine Formulierung, die zeigt, wohin die Reise diesmal geht: »Die Reinheit seiner Sprache aufgeben, heißt auch auf die völkische Eigenart verzichten, heißt aus einem starken, selbständigen Volke eine Herde zusammengelaufener Sklaven werden, die ohne Ehrgefühl sich von jedem beherrschen lassen, der stärker ist als sie.« Auch die Schuldigen an der Niederlage sind schnell gefunden:

> Wir konnten nur besiegt werden, weil wir im Grunde doch nicht einig, doch nicht ein Volk waren, weil eine tiefe Kluft die Gebildeten von den einfachen Leuten schied und weil diese sich mißachtet und ausgestoßen glaubten von einer Volksschicht, deren Denkweise anders war, deren Sprache sie nicht verstanden.

Wer je gedacht hätte, Sprachpflege sei Pflege der Sprache ohne politischen Hintergedanken, sieht in dieser Argumentation das Gegenteil: Nicht der Militarismus und die Unfähigkeit einer Regierung, sondern die Sprachvernachlässigung hat Deutschland den Untergang bereitet. Es gab nicht nur einen politischen Dolchstoß, es gab auch einen sprachlichen. Womit der Sprachverein einmal mehr seine Aufgabe bestätigt sehen konnte – nur mit seiner Hilfe sei die »Kluft« zu überwinden.
Doch damit war noch nicht der Tiefpunkt der Bestandsaufnahme nach der verheerenden Niederlage des Deutschen Reiches erreicht. Ebenfalls im Augustheft erschien der Artikel eines Beiträgers namens Walter Conradt, der sich Gedanken über die *Deutsche Zukunft* machte. Der Text trägt den Untertitel *Ein Wort an die Herren mit dem überlegenen Lächeln.* Dort liest man Folgendes:

> Noch weiß man nicht, daß unser Ziel die Befreiung des deutschen Volkes von geistiger Knechtschaft ist. Noch weiß man nicht, daß wir nicht »mit eigensinnigem Krittel« an der deutschen Sprache herumkratzen, sondern den schlammverstopften Quellen des deutschen Geistes den Weg ins Freie ebnen wollen. Noch herrschen bei uns die Herren, die mit jenem bekannten überlegenen Lächeln auf unsre Ziele herabsehen, die, weil sie am Nebensächlichen kleben, die Hauptsache übersehen.

Aber es gibt schon Hoffnung auf Revision: »Die Saat des Hasses, die die ›Welterneuerer‹ von Versailles säen, wird in den Herzen unsrer Kinder aufgehen (…).«
Und dann kündigt sich bei Conradt eine politische Einstellung an, an deren Verbreitung die künftige Weimarer Republik sehr leiden wird:

> Wir wollen keinen Präsidenten, denn wir brauchen ihn nicht. Wir wollen keine Minister, denn wir brauchen sie nicht. Wir wollen auch keinen Reichspräsidenten, denn wir schließen keinen Vergleich mit den Herren vom überlegenen Lächeln (...). Wir sind ein besonderes Volk, und wir haben wie jedes andre Volk unsre eigene Sendung, und wir wollen sie vollenden.

Mitten in der Niederlage sei der Sieg bereits gewiss: »(...) noch ist es Zeit, das einzige zu retten, was uns zu retten übrig bleibt, die Unabhängigkeit des deutschen Geistes, und dahin führt uns nur der Sieg der deutschen Sprache.«
Der Sieg der deutschen Sprache, die Behauptung Deutschlands dank der deutschen Sprache ist das eine. Daneben wird aber ein anderer Kampf thematisiert, ein Abwehrkampf. Denn wieder einmal gilt als ausgemacht, dass die Feinde nicht nur die militärische Vernichtung Deutschlands wollten, sondern auch die des »Deutschtums« überhaupt. Oskar Streicher, Schriftleiter der *Zeitschrift* und damit wichtiges Vorstandsmitglied, machte dies 1921 in *Der Kampf gegen die deutsche Sprache* zum Thema.
Darin geht es um eines der verlorenen Reichsgebiete, das Elsass (wir werden uns damit noch ausführlich beim Thema »Sprachpolitik« beschäftigen). Streicher attackiert nun ein Frankreich, das »mit Macht darauf aus(geht), unseren ehemaligen Reichslanden die deutsche Sprache und Eigenart zu nehmen«. Als »Hauptschauplatz« macht er die Schule aus. »Aber die Vergewaltigung bleibt nicht auf die Schule beschränkt. Auch im Postwesen, vor Gericht, auf der Bahn ist die deutsche Sprache geächtet.« Kein Gedanke daran, dass es vor nicht langer Zeit, nach dem Krieg von 1870/71, genau andersherum war.
Auch im Zweigverein Würzburg von 1924 ist dies ein wichtiges Thema: Nicht »Schönheit« oder »Reinigkeit« des Deutschen stehe auf dem Spiel, sondern die Sprache selbst. Wieder wer-

den die mittlerweile verlorenen Gebiete wie Elsass-Lothringen als Beispiel angeführt. Zu verteidigen ist mit der Sprache »das letzte Bollwerk, das unserem Volke geblieben ist im Kampfe gegen Knechtschaft und in der Abwehr des geistigen Untergangs«. In Orts- und Straßennamen, auf Schildern an Rathäusern und Amtsstuben »rekelt sich welsches Schreibervolk und läßt deutschgeschriebene Gesuche achtlos in den Papierkorb wandern«, so liest man. »Aber, was das Schlimmste ist: deutsche Kinder wachsen auch ohne die Segnungen der deutschen Schule auf. Sie gewöhnen ihr Ohr in Straße und Haus an fremde Laute und müssen – Gewalt und Not zwingen dazu – die fremden Sprachen lernen.«

Es geht trotzdem noch schlimmer: »Damals lernte er (der Bürger) es, um in diesen Sprachen zu befehlen, heute lernt er es, um die fremden Befehle zu verstehen und zu befolgen.« Mit jedem deutschen Wort schwinde Selbstbewusstsein, niste sich »Sklavensinn« in den jungen Seelen ein. »Wie will man es hindern, daß mit der Zweisprachigkeit auch die Doppelzüngigkeit sich einstellt?« Denn mit dieser fremden Zweitsprache sei ein »Menschenschlag« verbunden, der »zur Lüge geboren« sei, der immer schon gelogen habe mit seiner Höflichkeit. »Wir sind vorerst noch so höflich, unser Beileid zu bekunden, wenn den Franzosen ein Luftschiff verloren geht, das deutscher Geist ersonnen, deutscher Fleiß gebaut hat (…).« Und dann folgt die offene Drohung: »Im Teutoburger Wald herrschte keine Höflichkeit!« Nach dem verlorenen Ersten Weltkrieg wird hier an die sogenannte Hermannsschlacht im Teutoburger Wald im Jahre 9 n. Chr. erinnert, bei der der Römer Varus dem Germanen Arminius (wie Hermann auf Latein heißt) unterlegen war. Schon im 19. Jahrhundert wird die Schlacht viel zitiert, um die nationale Einheit durch die Beschwörung einer gemeinsamen germanischen Geschichte zu stärken, vor allem angesichts der Niederlage gegen Napoleon Bonaparte.

All diese Einlassungen hatten nur den einen Zweck: im ungeliebten Neuanfang mit der Weimarer Republik statt republikanischer Gefühle nationale Emotionen zu wecken. Dies zeigen weitere Beiträge. In einem davon wird die weggefallene Wehrpflicht als Grund für den Sprachschwund sowie den Verlust an Sprachqualität ausgemacht. Zugleich folgt ein kultureller Rundumschlag:

> Der Verlust des militärischen Sprachunterrichtes wiegt um so schwerer, als Technik und Demokratie zum Vielschreiben und Vielreden, zum Schlechtschreiben und Schlechtreden drängen. Schreibmaschine und Kurzschrift sind wertvolle Hilfsmittel für den, der etwas mitzuteilen hat. Aber das Diktieren verschlechtert den Stil, weil es das Schreiben zu leicht macht.

Es gibt also noch mehr Feinde der deutschen Sprache, die nicht in Schach gehalten werden können: die Technik und, nun auch ganz offen, die Demokratie. Beide stoßen bei den Konservativen auf Ablehnung. Andernorts sind einmal mehr die Zeitungen schuld an der allgemeinen Misere, die über einen bloßen Qualitätsverlust in stilistischer Hinsicht hinausgeht. Während 1914 »ein reinigender Wind durch die deutschen Blätter« geweht war, sei der jetzt erlahmt, sorge die allgemeine »Verzweiflung« für einen Verlust an »Sorgfalt«, ja sinke das Niveau »tiefer als vor dem Weltkriege«. Und überhaupt fehle es der deutschen Sprache an Unterstützung. In den Völkerbund habe man Deutschland zwar aufgenommen, seine Sprache aber nicht. Von Bewerbern um entsprechende Mitwirkung werde Englisch, Französisch oder Italienisch verlangt, nicht aber Deutsch.

Wer nach diesen Ausführungen jedoch glaubt, der Sprachverein hätte die Fremdwortfrage als sein Hauptarbeitsfeld aufgegeben, der irrt. Ungebrochen irrlichtern die Ersetzungsvorschläge durch die Hefte. Der bizarrste Fall zeigt, dass der Bekämpfung des Fremdworts immer noch das Potenzial zur nationalen Befreiung zugetraut wurde. 1931 erschien ein kleiner Beitrag zum Begriff »Reparationen«, mit einem Fragezeichen versehen. Er ist als ein Lehrbeispiel des Missverstehens aufgrund von Fremdwörtern angelegt. Im Deutschen habe dieser Begriff nämlich den »Sinn von Wiederherstellung einer Sache, die beschädigt oder zerstört worden ist«. Für Franzosen und Engländer schwinge im gleichen Wort jedoch »Buße« mit, »Wiedergutmachung einer Schuld«. Und so lautet der Schluss: »Da nun aber jeder Deutsche, zu welcher Partei er sich auch bekenne, die Kriegsschuldlüge wird bekämpfen wollen, so sollte ihr niemand durch den unbedachten Gebrauch von Wörtern wie ›Reparationszahlungen‹ Vorschub leisten.« Es folgt ein Ersetzungsvorschlag, der diesmal weniger die deutsche Sprache reinigen als das deutsche Gewissen entlasten soll: »Friedenszahlungen«.

»Recht juristisches Deutsch«

Recht

Von Beginn seines Bestehens an hat der Sprachverein einen seiner wichtigsten Adressaten im Recht gesehen. Vor allem war es ihm an der fremdwortfreien Formulierung von Gesetzen gelegen. In dieser Hinsicht fand er eine fast ideale Situation vor, sofern die Gründungsphase des Vereins mit dem großen Werk einer einheitlichen Gesetzgebung im neuen Deutschen Reich zusammenfiel. Nur das Reichsstrafgesetzbuch war 1871 vorgeprescht, litt aber noch an Abgrenzungsproblemen mit den Rechtsordnungen der Länder.

Genau diese Probleme wurden 1877 beseitigt. Denn damals verabschiedete der Reichstag drei große Gesetzeswerke, die letztlich in immer neuer Bearbeitung bis heute bestehen blieben: die Zivilprozessordnung, die Strafprozessordnung und die Gerichtsverfassung, alle in Kraft getreten am 1. Oktober 1879. Jetzt fehlte nur noch das vielleicht wichtigste Werk überhaupt, das den »braven« Durchschnittsbürger am meisten betraf: das Bürgerliche Gesetzbuch, besser bekannt als BGB. Es erschien nach langen Vorarbeiten 1896. Das für den Staat selbst noch wichtigere Werk war die Verfassung von 1919, doch war diese erst nach der Umwandlung des Kaiserreichs in die Weimarer Republik möglich.

Sämtliche Gesetzeswerke wurden tatsächlich vom Sprachverein begleitet: kommentiert, kritisiert und, wenn möglich, verbessert. Man kann rückblickend sagen, dass es wenige Aktivitäten des Vereins gab, die attraktiver waren, ging es hier doch nicht nur um Fremdwörter, sondern um eine Sprache, die auf keinem Feld vertrackter war: das berüchtigte Kanzleideutsch. Wenn irgendwo, dann genoss hier die Forderung nach Verständlichkeit hohe Priorität. Aber man muss auch sagen: Nirgendwo war der Absturz in die Banalität peinlicher. Was auf den ersten Blick so verheißungsvoll erscheint, die gedeihliche Zusammenarbeit von Fachleuten und Sprachhelfern, zerfiel rasch in verständnisloses Aneinandervorbeireden, Basteleien ohne Einsicht in Zusammenhänge, aberwitziges (Ver-)Urteilen, wo Grundlegendes für den Staat beziehungsweise den staatlichen Zusammenhalt zu leisten war.

Einen ersten Vorgeschmack bot bereits das Juniheft von 1886, dem ersten Jahrgang überhaupt. Dort sind die wichtigen Justizgesetze von 1877 Thema. Ihnen wird hinsichtlich der Reinigung von Fremdwörtern und der Bemühung um Verständlichkeit in der Satzgestaltung (»Bandwurmsätze«) gönnerhaft ein »teilweise schon gutes« Niveau bescheinigt. Dankbar dafür, dass Aussicht auf eine Mitwirkung bei der weiteren Arbeit bestand, wollte man nichts überstürzen. Gängige Ausdrücke wie »Acten«, »Protokoll«, »Prozess« und »Ferien« seien »vorläufig nicht an(zu)tasten«, liest man. Aber es gibt auch deutliche Kritik. Nach dem Motto, dass der Appetit beim Essen kommt, heißt es, für »Concurs« wäre »Gant« ein guter Ersatz gewesen, statt »Termin« hätte »Tagfahrt« durchaus »ausgereicht« und statt »Universität« »Hochschule«. Als der Beitrag im Juli fortgesetzt wurde, fanden sich darin bereits jede Menge Vorschläge zu dem, was »leicht zu ersetzen gewesen (wäre)«, darunter »Invalide«, »Fabrik«, »Industrie«, »Statistik«, »Tarif«, »Maschine« und »Apotheke«.

Als ein Beiträger viele Jahrzehnte später, nämlich 1923, unter dem Titel *Reines Deutsch* gewissermaßen die sprachliche Geschichte des deutschen Rechtswesens nachzuzeichnen suchte, ging er zuerst auf das Strafgesetzbuch von 1872 ein. In der Handausgabe habe der damalige Justizrat Hermann Goebel das Vorwort

geschrieben und darin betont, dass er sich um »gutes Deutsch« bemüht und »Kanzleideutsch« zu vermeiden gesucht habe. Diese Bestrebungen seien durchaus unabhängig gewesen, da sie vor Auftreten des Sprachvereins geäußert wurden. Besser sähe es natürlich aus, nachdem das Bewusstsein für die Sprache immer stärker geworden sei. Und noch besser erscheint dem Beiträger, dass auch der Grund für das verbesserte Deutsch immer klarer wurde. Dies zeige sich besonders im Kommentar (der Beiträger spricht von »Erläuterungsbuch«) zum Zuwachssteuergesetz von 1911, das einen interessanten Verfasser aufwies: den Regierungsrat Wilhelm Cuno, der im Jahr des Berichts deutscher Reichskanzler war. Und nun wird die Situation förmlich ausgekostet. Der prominente Verfasser erhält in der üblichen Unterwürfigkeit viel Lob, zugleich wird gezeigt, wie Sprachpflege auch im Rechtswesen mit dem allumfassenden Nationalismus zusammenwuchs, ja letztlich nur unter dem Gesichtspunkt des Nationalismus Sinn machte: »Schon damals ging er (Wilhelm Cuno) seinen eigenen, einen deutschen Weg. Deutsch spricht er noch heute, und Deutschland hört es mit froher Hoffnung. Deutscher Sinn, deutsches Wort und deutsche Tat gehören zusammen!«
Kaum ein Jahrgang der *Zeitschrift* griff bis zum Ersten Weltkrieg dieses Thema nicht auf. Allerdings stand es – entgegen gelegentlich euphorischer Äußerungen über Fortschritte – doch nicht immer zum Besten. *Deutsch im Rechtsleben* hieß ein Beitrag 1889, *Gutes Deutsch im Rechtsleben* 1892, im selben Jahr erschien *Juristendeutsch* – immer mit zahlreichen Fallbeispielen, die vor allem schlechtes Deutsch belegen sollten. 1895 bot ein Artikel mit zwei Fortsetzungen reiches Anschauungsmaterial für Verunglücktes, auch wenn darin ausdrücklich »logische Richtigkeit« und »sachliche Schärfe« verteidigt wurden, die nicht unbedingt einen stilistischen Schönheitspreis verlangten.
Besonders umkämpft war dabei das Bürgerliche Gesetzbuch (BGB), das vor seinem Inkrafttreten am 1. Januar 1900 immer

wieder überarbeitet wurde. 1893 ging es um den verbesserten Wortlaut der zweiten Lesung. Der Kommentar dazu lautet, dass es immer noch »recht juristisches Deutsch« sei. Insgesamt aber erscheint das Bürgerliche Gesetzbuch als »großartiges Gesetzgebungswerk«, das hoffentlich bald als »echtes deutsches Volkswerk ausgestaltet« sei. 1910 wurde ein Preisausschreiben zur Gesetzessprache ausgelobt, das wiederum 1913 eine breite Analyse erhielt. Während des Krieges gab es dann andere Prioritäten.

Verständlich, dass die Zeit der Weimarer Republik mit ihrer Gesetzesarbeit geradezu ein Eldorado der Sprachpflege wurde. Es begann mit einer Besprechung der neuen Reichsverfassung vom 11. August 1919, dem Reichsgrundgesetz. Die »besondere Bedeutung« in sachlicher Hinsicht stand dabei außer Frage, aber man betonte, dass sich der Gesetzgeber seiner Verantwortung bewusst und deshalb auch um die Sprache »erkennbar bemüht« war. Zu den Prinzipien gehörte eine »richtige, reine und fremdwortfreie Sprache«, allerdings sei das Ziel »leider (…) nicht vollkommen erreicht worden«. Das Bürgerliche Gesetzbuch sollte nach Meinung des Vereins wenn schon nicht in erster Linie, so doch wenigstens in hohem Maße als »Sprachmuster« dienen, weshalb offensichtliche »Mängel« in dieser Hinsicht auch so bedauerlich seien.

Die Kritik begann bei den Fremdwörtern. Sie seien »nicht übermäßig zahlreich«, aber immer noch »zu häufig«. In Artikel 1 werde das Deutsche Reich beispielsweise als »Republik« bezeichnet, Artikel 7 aber spreche nicht von einer »republikanischen«, sondern von einer »freistaatlichen« Verfassung. Wenn es nach dem Verein gegangen wäre, würden wir heute nicht von der »Weimarer Republik«, sondern vom »Weimarer Freistaat« sprechen. Damit wäre die in Deutschland so spät, so ungeliebt aufgenommene und so rasch gescheiterte »republikanische Tradition« auch noch dem Namen nach aus der Erinnerung gestrichen.

Dann folgte die Reihe der bislang übersehenen Fremdwörter:

»Artikel«, »Organe« (des Reichs), »Kolonialwesen«, »Ausfuhrprämien«, »kulturelle« Höchstleistung, »Reichsinteresse«, »Wahlperiode« und so weiter. Trotz Anregung des Sprachvereins heiße es »Reichspräsident«, »Präsidium« und »Minister«. Angenommen habe man dagegen die Vorschläge »Körperschaften« (statt »Korporationen«), »Verhältniswahl« (statt »Proportionalwahl«), »Mehrheit« (statt »Majorität«), »Haushaltsplan« (statt »Etat«), »Rücklage« (statt »Reservefond«) und »zwischenstaatlich« (statt »international«). Das Grundgesetz war also aus diesem Blickwinkel schon rein sprachlich mit Mängeln behaftet.

So ging es weiter zum Kampf um verständliche Sätze. Erstaunlicherweise wird dabei immer noch Gustav Wustmann lobend hervorgehoben, der zusammen mit dem Sprachverein seine Wirkung getan habe. Trotzdem gibt es natürlich etwas zu kritisieren. Ein Satz wie »Reichsrecht bricht Landrecht« sei zu loben, nicht jedoch »Eigentum verpflichtet«. Dabei handle es sich um eine »allgemeine Redeweise, bei der man sich alles und nichts denken kann«. Man sieht an diesem Beispiel vielleicht besonders deutlich, auf welche Abwege eine Sprachkritik geraten kann, die den Boden der Realität verlassen hat beziehungsweise hinsichtlich der juristischen Fragen schlicht ahnungslos ist. Ansonsten liest man viel Beckmesserisches. Für »wenn nicht der Ausschuß« müsse es heißen »wenn der Ausschuß nicht«, denn das »wenn nicht« sei einfach nur wörtlich übersetztes Latein (nach *nisi*). Auch »von Staatswegen« gehe nicht, besser sei »vom Staate«. Und es wird noch einmal wiederholt: Nur mit gutem Deutsch könne die Verfassung allen Bürgern, speziell den Schülern, zum Muster dienen, also »Volksbildung« betreiben, wie sie es nach Artikel 148 mit der Einrichtung von Volkshochschulen selbst erstrebe.

1921 war wieder ein Jahr mit großen Beiträgen zum Thema Recht. Der frisch gewählte neue Vorsitzende Ernst Dronke berichtete über *Amtliche Sprachpflege im Deutschen Reich* und veröffentlichte dazu den Erlass des Reichsarbeitsministers über die Amtssprache in seinem Bereich. Man dürfte wohl befriedigt zur Kenntnis genommen haben, dass die »Durchsicht der Entwürfe durch den Allgemeinen Deutschen Sprachverein« lobend hervorgehoben wurde. Viel Verdeutschung sei aufgenommen, statt »direkt« heiße es jetzt »unmittelbar«, statt »Immobilien« »Liegenschaften« und statt »Adresse« »Anschrift«. Dronke fasst hinterher nur noch den »Sinn« des Ganzen in der üblichen Weise zusammen: Es gehe um einen »Zusammenschluß zum einheitsbewußten Deutschtum«. Als ein anderer Beiträger sich im gleichen Heft über *Recht und Sprache* auslässt, nimmt er den »Zahlungsbefehl« als Beispiel und damit einen der wichtigsten Paragraphen überhaupt, nachdem 1913 insgesamt 2,2 Millionen solcher Befehle ergangen waren. Der Artikel endet mit dem hier besonders überflüssigen Slogan, die deutsche Sprache sei das einzige Gut, das im allgemeinen Niedergang erhalten geblieben sei.

Weitere Hefte des Jahrgangs zur Sprache der Strafgesetzentwürfe kommentierte der Ministerialdirektor im Reichsjustizministerium, Erwin Bumke – so eng war mittlerweile die Beziehung zwischen Staat und Sprachverein. Man liest hier die üblichen Beschwörungen von Einfachheit und Volkstümlichkeit, die Voraussetzung seien, damit die Betroffenen alles verstehen und sie sich wie die Richter in diesem Gesetzeswerk ihre »Sprache« bilden mögen. Zwar gebe es Grenzen der Gemeinverständlichkeit, gezogen durch die Notwendigkeit der Systematik, der fest umgrenzten Begriffe wie etwa beim »Vorsatz«. Aber man könne mit »Liebe« an Verbesserungen arbeiten und habe es getan. In §9 sind zudem häufig verwendete Begriffe erläutert wie »Kind« oder »Frau«, »Gewalt« oder »Gemeingefahr«. Innerhalb der Paragraphen wird dies ebenfalls nach Möglichkeit vorgenommen, zum Beispiel im Falle der »Kuppelei« in § 330. Fremdwörter sind möglichst ersetzt worden, geblieben sind lediglich Fälle wie »Adoptiveltern«, »Hypnose«, »Interesse« und »Explosion«.

Die fünfte Auflage des Bürgerlichen Gesetzbuches von 1924 mit den Erläuterungen von Reichsgerichtsräten und Senatspräsidenten am Reichsgericht wurde in der *Zeitschrift* sofort umfassend kommentiert. Triumphierend sind die Ersetzungen von Fremdwörtern hervorgehoben. Statt »obligatorische Rechte« sind es nun »schuldrechtliche«, statt »dispositive« Vorschrift heißt es »abänderungsfähige«, für »Dissens« steht »Einigungsmangel«, für »Garantiegeschäft« »Gewährgeschäft«, statt »Subjekte« des Gesamtgutes findet man nun »Träger«, statt »Surrogat« »rechtlichen Ersatz« und so weiter. Und wieder sind auch nicht auf das Rechtsleben beschränkte Ausdrücke erfasst. So werden die »Garderobe« durch die »Kleiderablage« und der »Bankier« durch den »Bankherrn« ersetzt.

Im selben Jahr 1924 hagelte es aber auch Kritik. Die Deutsche Richterzeitung hatte Entscheidungen aus der Rechtsprechung des Reichsgerichts und der Oberlandesgerichte veröffentlicht. Diese seien »zum an den Kopf Fassen«. Als Beispiel diente der Satz: »Pflicht, Tier dem Eigentümer zurückzugeben.« Kürze sei ja schön, aber nicht so, lautete der Kommentar. Die positiven Nachrichten überwogen jedoch. 1931 wurden Erlasse im Bereich des Schulwesens durchgegangen, insgesamt neun Fälle, etwa der Erlass des preußischen Ministers für Wissenschaft, Kunst und Volksbildung. In der Sprachfrage sei man vorwärtsgekommen, lautete das Urteil. Auch die Justizministerien der Länder »anerkennen und unterstützen unsere Arbeit«, wie die entsprechenden Bekanntmachungen und Verfügungen zeigten. 1932 wurde sogar die Durchführungsverordnung zum Reichsmilchgesetz kommentiert.

In dieser Hinsicht machte auch die Zeit nach dem Sieg des Nationalsozialismus keine Ausnahme, im Gegenteil. 1935 ist unter dem Titel *Volkssprache und Juristendeutsch* von einem »Umbruch in der Gesetzesgestaltung« die Rede. »Volksnah« sollen die Gesetze sein, »von heißer Liebe zur deutschen Sprachpflege und von

Verantwortung für klares Denken beseelt«, soll eine gereinigte Sprache zum »Mittel zur Erstarkung der Volksgemeinschaft, zur Volkwerdung« genutzt werden. Anlässlich einer Klärung der Standesbezeichnungen »verheiratet« und »ledig«, »verwitwet« und »kinderlos« liest man als Fazit nach einem großen Angriff auf die »volksschädliche Geburtenbeschränkung«: »Auf zum Sturm, zum Durchbruch und Aufbruch für eine verjüngte, aus Urkräften des Deutschtums wiedergeborene unverfälschte kernige Sprache! Erwache, deutscher Sprachgenosse!«

Daneben das Übliche. 1937 durchforstete man die neuen Beamtengesetze (mit ihren Arierparagraphen) und ersetzte einzelne Fremdwörter, etwa »verwaltungsmäßig« für »ressortmäßig«, »Ruhegehalt« für »Pension« oder »Rechtsweg« für »Instanzenweg«. Zu dieser Zeit wurde auch diskutiert, ob bestimmte Waren ihre fremdländischen Bezeichnungen behalten sollten, weil das (weibliche) Publikum sie etwa im Bereich der immer noch von Paris dominierten Mode verlangte. Auch Ausfuhrrücksichten und Patentgesetze spielten eine Rolle. Die Meinung des Sprachvereins war dabei eindeutig: *keine* Rücksichten nehmen, in Deutschland sollte die deutsche Fachsprache gelten! In der Gesetzessprache habe sich dies bereits durchgesetzt. Das Gesetz über die Aktiengesellschaften sei bereits fremdwortfrei, zum Beispiel der frühere »Liquidator« durch »Abwickler« ersetzt.

Aber ganz so rosig sah die Lage nicht aus. Gerade die Nationalsozialisten sollten hinsichtlich des Fremdworts eine völlig eigene, und zwar andere Meinung haben.

»Autofriedhof«

Es gibt immer Ausnahmen, an die niemand denkt. Nein, hier ist nicht versehentlich das deutsche Wort in die Überschrift geraten, das aus einem Kampf gegen ein Fremdwort hervorging. Bekämpft wurde diesmal tatsächlich ein (fast) deutsches Wort, eben »Autofriedhof«. Eine Berliner Firma war 1930 wohl in einer Art vorauseilenden Gehorsams auf den Namen gekommen – und muss ziemlich irritiert gewesen sein, als sich alle dagegen auflehnten: die Kirchen, der ADAC, tatsächlich sogar auch der Allgemeine Deutsche Sprachverein.

Weshalb in aller Welt? Wegen »Geschmacklosigkeit«, notiert der Beiträger. Und noch dies: Man sei »machtlos« gewesen, die Firma fand den Namen ebenso schön wie passend und blieb dabei. Justiziabel war die Sache nicht.

»Diese hochgelehrten Herren können gar nicht mehr einfach sachlich denken und sich deutsch ausdrücken«

Wissenschaft

Auf keinem Gebiet spielen Fremdwörter eine größere Rolle als in der Wissenschaft. Es verwundert also nicht, dass man sich früh auf dieses Gebiet stürzte und auch hier wieder die Motivation in der Verständlichkeit für alle sah, getreu nach dem Konvoiprinzip, bei dem sich alle nach dem Langsamsten richten. Wo der Schlachtruf »Gelehrtendeutsch« erklang, ging es um den Vorwurf einer ebenso unnötigen wie asozialen Abschottung, geboren aus Dünkelhaftigkeit, Profilierungssucht oder einfach Nachlässigkeit. Warum hüllen sich Philosophen in die Wolken einer Fachsprache, die man beinahe wie eine Fremdsprache erlernen muss? Warum können Sprachwissenschaftler nicht auf den »Genitiv« verzichten? Warum müssen Mediziner sich so ausdrücken, dass garantiert niemand versteht, wovon sie reden?
Es ist lehrreich, in diesem Punkt auf einen wichtigen Unterschied zum Rechtswesen hinzuweisen. Die Wissenschaft, die sich in der Neuzeit herausgebildet hat, sucht die Welt zu erklären, indem sie nicht ohne Grund die Alltagsanschauungen hinter sich lässt, weil diese eine Bildlichkeit ins Spiel bringen, die ein tieferes Eindringen verhindert. Man blickt nicht nur mit technischen Geräten wie Fernrohr und Mikroskop auf die Dinge, sondern man bedient sich auch einer technischen »Sprache«, mit deren Hilfe unerwünschte Assoziationen zu vermeiden versucht werden.
Schon Francis Bacon hat dies in seinem *Neuen Organ der Wissenschaften* von 1620, einer Gründungsurkunde neuzeitlicher Wis-

senschaft, in den Mittelpunkt gerückt. Er wendet sich gegen die »Idole«, die – aus Tradition und Erziehung, aus Gewohnheit und Schulen stammend – den Fortschritt der Erkenntnis behindern: »falsche Begriffe, welche vom menschlichen Verstand schon Besitz ergriffen haben und tief in ihm wurzeln«. Das Gegenmittel sind strikt definierte Begriffe, mit denen beschrieben wird, was die wissenschaftlichen Experimente zeigen. So entsteht Wissen auf empirische und konstruierende Weise, formuliert in einer kontrollierten, assoziationsfreien, eigenen Sprache.

Klar, dass die geeignetsten Kandidaten einer solchen Sprache Fremdwörter sind und schon immer waren. Wobei man in allen Fachrichtungen auf die antiken Sprachen zurückgegriffen hat, weil sie als »tote« Sprachen keinem Wandel mehr unterliegen. Die Wissenschaften wurden entsprechend überall griechisch und lateinisch geprägt, was sie bis heute geblieben sind. Man denke nur an das Linné'sche Pflanzensystem, an die Medizin, an Chemie und Physik bis hin zur Quantenmechanik.

Es bedeutete demnach von vornherein etwas ganz anderes, als der Sprachverein auch auf diesem Felde zum Verdeutschen blies. Es ging nicht wie im Rechtswesen allein um verständliche Formulierungen, sondern um den Versuch, Verständlichkeit in einem Bereich zu erzwingen, der mit gutem Grund in Verständlichkeit ein Problem sah. Fremdwörter können zwar durchaus Verstehen behindern, aber Fremdwörter können auch helfen, Verstehen zu ermöglichen. Wenn 1886 in dem ersten Beitrag, *Gelehrten-Deutsch*, mit Blick auf einen Aufsatz über die römische Geschichte in den *Preußischen Jahrbüchern* die Rede davon ist, dass »diese hochgelehrten Herren (…) gar nicht mehr einfach sachlich denken und sich deutsch ausdrücken« können, steht das Sachliche schlicht für das Einfache, für das das Deutsche diese so unproblematische Bezeichnung biete. Dieses Argument wurde gegen so vermeintlich eigenartige Wörter wie »Differenz«, »Autor«, »Principat« oder »Präcisirung« angeführt.

Das Gleiche zeigte sich in einem ebenfalls frühen Beitrag, der sich für die Verteidigung der Sprachreinigung Hilfe in der Wissenschaft holt, und zwar an überaus achtbarer Stelle, nämlich bei den Brüdern Grimm. Denn 1887 beruft sich ein Beiträger auf den Vortrag von Wilhelm Grimm auf der Germanistenversammlung in Frankfurt am Main von 1846, in dem er das zusammen mit dem Bruder Jacob in Angriff genommene *Deutsche Wörterbuch* erläuterte. Nur wundert man sich, dass der Beiträger nicht merkt, wie wenig einschlägig diese Ausführungen für seinen eigenen Standpunkt sind. Zwar polemisiert Wilhelm Grimm tatsächlich gegen die »heerdenweise« Verwendung von Fremdwörtern in gewissen Publikationen:

> Da liest man von »Amplificationen, Collectionen, Constructionen, Publicationen und Manipulationen«, da ist die Rede von »Divergenz, Reticenz, Omnipotenz, Cohärenz, Tendenz und Tendenzprocessen«, von »Localisirung«, von »nobler Natur« und »prolifiquer Behandlung«, von »socialen Conglomeraten« oder von »futilem Raisonnement«.

Übersehen wird von dem Beiträger aber die Tatsache, dass zuvor ein »steifleinener Purismus« scharf abgelehnt wird, der zum Beispiel den »Imperativ« mit »Befehl« wiedergeben will, den »Singular« mit »Einzahl«. Denn in diesen Fällen gelte etwas anderes als der Vorrang der deutschen Sprache: Wörter, »deren fremde Abkunft offen liegt«, müssen eben in besonderen Fällen »geduldet werden: die Wissenschaften, Künste und Gewerbe bedürfen technischer Ausdrücke, die einen scharfbegrenzten, voraus verabredeten Begriff unverändert festhalten sollen.«
Da ist es, das entscheidende Argument, das die Fremdwortjagd in der Wissenschaft so problematisch macht, wenn man von den Übertreibungen absieht, die es natürlich immer gibt und die Wilhelm Grimm mit Recht anprangert (übrigens hinsicht-

lich der antiken Sprachen, nicht des vom Verein in erster Linie bekämpften Französisch). Dem Beiträger ist eben nicht klar geworden, was Wilhelm Grimm mit dem Begriff des »technischen Ausdrucks« meinte. Es geht letztlich um die Tatsache, dass mit diesen Begriffen ganze Denksysteme beziehungsweise Methoden verbunden sind, in denen sie ihren festen Ort haben.

Diese Denksysteme aber können nicht jederzeit beliebig erzeugt werden. Genau dies bejahte jedoch ein anderer Beiträger der *Zeitschrift* in entwaffnender Ahnungslosigkeit. In *Die deutsche Sprache in der Wissenschaft* rügte er 1919 die Tatsache, dass sich die Deutschen mit der durchweg griechisch und lateinisch bestimmten Nomenklatur dem damit verbundenen Denken mitsamt der Sprache »unterworfen« hätten. Noch schärfer: »(…) wir sind nicht fähig gewesen (…), jener Geisteswelt ein vollkommen eigenartiges eigenes Denken entgegenzusetzen.« Seine erstaunliche Forderung: Die gesamte Wissenschaft solle sozusagen noch einmal neu erfunden werden, diesmal mit deutschen Begriffen, die dann die entsprechenden Erkenntnisse »deutsch« und damit erst richtig erfolgreich machten.

Genau dies sagt der Beiträger schließlich auch wörtlich: Die »klassischen Begriffe«, so heißt es, werden keinen Bestand haben. »Und das Volk, das fähig sein wird, aus sich heraus eine neue Geisteswelt aufzubauen, bedeutender als die klassische, weil zeitgemäßer, wird seiner Sprache an Stelle der klassischen Weltgeltung verschaffen (…).« Das sei den Deutschen vorbehalten, die *ihre* Sprache nun »international« machen sollen. »Scheinen wir doch die Berufenen zu sein. Denn in Europa haben außer den Slawen nur wir gegenüber der klassischen Welt eine selbständige Sprache (…).« Und so liest man denn, man solle sich als Wissenschaftler vorstellen, die klassischen Wörter seien nicht vorhanden und man »gestalte seine Arbeit aus dem Denken heraus, das in der deutschen Sprache und in der Sache liegt, die er gerade behandelt. Das ist möglich.« Auch die Folgerung liegt auf der Hand: »Je mehr wir Eigenes aus unserem Denken und infolgedessen auch aus unserer Sprache aufbauen, um so eher können wir erwarten, Weltgeltung zu erlangen.« Am Ende heißt es: »Die Deutschen sind zur Schaffung einer neuen Geisteswelt berufen. Sie haben die entsprechenden schöpferischen Fähigkeiten, und sie haben das wunderbare, unschätzbare Gut einer selbständigen Sprache.«

Sprich: Mit einer rein deutschen Sprache soll nicht nur eine neue, sondern auch eine erfolgreichere Wissenschaft entstehen, weil diese deutsche Sprache von sich aus kreativer sei als alle anderen. Kein Gedanke an die Problematik einer konstruierenden Sprache im Rahmen komplexer Methodik, dafür platteste Parallelisierung von Sprache und Wahrheit. Als sei die Wissenschaft in das Deutsche schlicht eingebaut.

Wer glaubt, hier handle es sich um die Entgleisung eines besonders naiven Beiträgers, irrt. Nachdem die Berliner Akademie in ihrem uns schon bekannten Aufruf von 1918 den Fremdwörterreichtum als »Kennzeichen einer entwickelten Kultursprache« bezeichnete, konterte man mit dem Argument, es handle sich vielmehr um den »Mangel an Entwicklung des eigenen Bestandes«. Dies sei kein »Reichtum«, da es sich hierbei um »Fremdkörper« handle – und verwirrende obendrein. Der Begriff der »Entropie« beispielsweise stehe in der Wärmelehre für die »messbare Veränderlichkeit der Wärmeabgabe eines Körpers«, bei Wilhelm Ostwald bedeute sie hingegen »das Umsetzen roher Kraft in Nutzkraft«, bei Heinrich Scholz den »Übergang einer Kultur in Zivilisation«. Was der Beiträger nicht sagt: Begriffe können in der Tat in verschiedenen Wissenschaften verschiedene Bedeutungen haben. Sie bewegen sich ja ohnehin immer nur in »Systemen«.

Daneben findet sich auch weniger Naives. Ein Professor namens Otto Gerke nahm sich 1924 der Fachsprache in den Naturwissenschaften an und nahm dabei interessante Differenzierungen vor. Generell hält Gerke Fremdwörter auf diesem Gebiet für »schwer ersetzbar«, weil sie wie etwa im Falle von »Oxydation«, »Atom« und »Molekül« auf »Vereinbarungen mit dem Ausland« beruhen – immerhin auf Vereinbarungen, was ein auskömmliches Miteinander voraussetzt. In der Pflanzenkunde aber sei zum Beispiel mehr Deutsch möglich als in der Chemie. »Androgyn« lasse sich durch »mannweibisch« wiedergeben, »Vasalteil« durch »Gefäßteil« und so weiter. Auch in der Geologie beziehungsweise »Erdgeschichte« könne man mit Ausdrücken wie »Hängendem«, »Liegendem« oder »Teufe« zurechtkommen. Und wo liegt in diesem Fall der Vorteil? In der Vermeidung von Druckfehlern, wenn der Setzer zum Beispiel aus »Phytologie« »Psychologie« oder aus »Injektion« »Infektion« mache. Das war nun wenigstens kein gefährlicher Unsinn wie beim zuerst genannten Beiträger. Es änderte aber nichts daran, dass es einfach nur lächerlich klang.

Dabei hat man in der *Zeitschrift* auch einen Artikel von Theodor Steche angenommen, der die reine Namenvergabe (im Gegensatz zur Rolle der Begriffe innerhalb von Methoden) ins Auge fasst. Es geht darin um den Bericht über den Internationalen Nomenklaturkongress in Genf aus dem Jahr 1892. Damals habe man eine planvolle Fachsprache für die Chemie entwickelt, was unter anderem interessant war wegen des riesigen Umfangs des Wortschatzes und der beispiellosen Schnelligkeit der Weiterentwicklung, vor allem in organischer Chemie. Am 1. 1. 1900, so erfährt man, betrug die Zahl der organischen Verbindungen etwas über 71 000, am 1. 1. 1910 etwas über 144 000 und zuletzt habe sie 200 000 überschritten. Jede organische Verbindung werde mit einem nur ihr zukommenden Wort bezeichnet – mit griechisch-lateinischen Fremdwörtern wie etwa »Diamethyl-Pyrazolon-Glukose«. Daneben gebe es Trivialnamen, die durch das deutsche Patentgesetz von 1897 verbreitet würden wie etwa »Persil«. Der Gesamtwortschatz der Chemie liege bei 250 000 bis

300 000 Wörtern: das zweitgrößte Sprachgebilde der Erde. Noch nie in der Geschichte der Menschheit sei in so kurzer Zeit ein so großer Wortschatz entstanden. Von einer Verdeutschungskampagne ist hier klugerweise nicht die Rede.

Andere Wörter beziehungsweise Begriffe aus der Wissenschaft aber blieben ein dankbares Feld des Verfolgens und Anprangerns. Allein im Jahr 1927 erschienen in der *Zeitschrift* mindestens sechs umfangreiche Beiträge zur Gelehrtensprache. So werden beispielsweise aus der *Deutschen Vierteljahrsschrift für Literaturwissenschaft und Geistesgeschichte* – noch heute ein wichtiges Organ der Germanistik – »deutsche Hochschullehrer« mit Fremdwortsünden aufgespürt, sofern sie von »Brillanz des Schlapphuts«, »Leidenschaft der Nuance«, »tragischer Verve«, »Narkotika der Weltliteratur« und Ähnlichem schrieben. Ein anderer Beiträger sinniert darüber, dass Beiträge ohne Fremdwörter als »unwissenschaftlich« gelten, wo doch »große, fruchtbare Gedanken zu voller Wirkung auch des edlen Ausdrucks bedürfen«. Schließlich gibt es einen Artikel, in dem der Fremdwortgebrauch in der Wissenschaft auf psychoanalytische Weise als »Zwangsneurose« gedeutet wird, von der übrigens auch Sigmund Freud selbst betroffen sei.

Bemerkenswert ist die Tatsache, dass unter den Naturwissenschaften relativ häufig die Medizin aufs Korn genommen wird – über das Verdeutschungsbuch *Die Heilkunde* von 1897 wurde schon berichtet. Dabei spielen allerdings auch andere und sehr alte Traditionen eine Rolle. Immer schon war der Verdacht ausgesprochen worden, die Vertreter der Heilkünste *versteckten* sich hinter Fremdwörtern.

Und so gab es also einen eigenen Feldzug gegen das »Medizinerdeutsch« in fast jedem Jahrgang der *Zeitschrift*. 1892 ist von Fortschritten die Rede, würde man nun statt »Osteologie« »Knochenlehre« und statt »Neurologie« »Nervenlehre« gebrauchen, zumindest in einer militärärztlichen Bildungsanstalt, die sich damit in Absprache mit dem Verein profilieren wollte. 1901 wiederum berichtet ein Beiträger zustimmend über ein Buch, das sich eigens des sprachlichen Übels in der Medizin annahm. Den Grund für das Übel sah der Verfasser in der erhofften Steigerung des ärztlichen Ansehens durch eine möglichst unverständliche Sprache. »Die Autopsie konstatierte die Existenz eines sanguinolant tingierten Serums im Pericardium« für »Bei der Leichenöffnung zeigte sich's, daß der Herzbeutel blutig gefärbte Flüssigkeit enthielt« – solche Sätze sollen den Skandal belegen. In jedem Fall handle es sich hier um einen »Schlendrian«, der keine Schonung verdiene.

Da klingt es irgendwie ungefährlicher, wenn sich ein Mathematiker mit dem Angebot meldet, sein Fach, die »Größenlehre«, auf ausschließlich deutsche Sprache umzustellen – womit nicht zuletzt den Schülern der Hass auf die »edle Rechenkunst« genommen werden könne.

»Philosophie ist der systematische Mißbrauch einer eigens hierzu erfundenen Terminologie«

Philosophie

Unter den Wissenschaften gibt es eine, die in der Fremdwortfrage eine besondere Rolle spielt, weil sie sich selbst damit mehr als nur gelegentlich befasst hat: die Philosophie. Die Rede war bereits von Gottfried Wilhelm Leibniz und seinen zwei Beiträgen zur Pflege der deutschen Sprache, die vom Sprachverein mit verständlicher Begeisterung aufgenommen, immer wieder zitiert und in den Beiheften komplett veröffentlicht wurden. Dabei war es um die Rolle der Sprache fürs Denken gegangen, was später Wilhelm von Humboldt mit der These vom sprachlichen Weltbild noch einmal auf eine neue Grundlage stellen sollte. Das wurde ebenfalls vom Sprachverein immer wieder als Vorbild zitiert. Damit waren sprachphilosophische Grundlagen berührt sowie der hohe Wert der Muttersprache als Nährboden des Denkens angesprochen, bei dem Fremdwörter eine eher untergeordnete Rolle spielten.

Nur kam es dem Sprachverein genau darauf an: Warum hielten Philosophen ihre Sprache nicht sauber? Der Artikel *Philosophie ohne Fremdwörter?* beantwortet die Frage genauso positiv wie der Artikel *Deutschredende Philosophie.* Wenn schon in der Wissenschaft, die sich letztlich an Spezialisten wendet, Fremdwörter vermieden werden können, dann doch wohl erst recht in einer Philosophie, deren Thema das »Ganze« ist, deren Adressaten »alle« sind.

Tatsächlich bietet die Philosophiegeschichte bemerkenswerte

Ansätze für ein Ringen um Verständlichkeit und auch für eine Vermeidung von Fremdwörtern. Zu Beginn des 18. Jahrhunderts, also etwa hundert Jahre vor der Gründung des Sprachvereins, hatte der Aufklärungsphilosoph Christian Wolff Werk um Werk vorgelegt, in dem er das gesamte Gebiet der Philosophie systematisch abhandelte: in lateinischer und anschließend in deutscher Fassung. Die deutschen Fassungen aber zeichneten sich durch eine bemerkenswerte Freiheit von griechisch-lateinischen Begriffen aus. Wolff, der auf die Frage, »warum der Autor deutsch geschrieben« habe, eine ausführliche Auskunft erteilte, vertrat die These, philosophische Erkenntnisse ließen sich nicht nur besser in der Muttersprache verstehen, sondern besonders auch dann, wenn diese frei sei von »Redens-Arten, die man aus fremden Sprachen entlehnt«. Er entwickelte dementsprechend eine durchgehend muttersprachliche Terminologie mit Begriffen wie »Urteil« und »Beweisgrund«, »Brennpunkt« und »Gleichung«, »Wirkung« und »Begriff«, »Ehestand« und »Landesobrigkeit«. Als man im Sprachverein 1924 einen Philosophieprofessor namens Max Wundt, den Sohn des berühmten Begründers der modernen Psychologie, Wilhelm Wundt, beauftragte, etwas über Deutsch in der Philosophie zu schreiben, erinnerte er mit Recht an Christian Wolff.

Einmal abgesehen davon, dass dieser Max Wundt ein Verächter der Weimarer Republik (»undeutsch«) sowie später begeisterter Nationalsozialist und fanatischer Antisemit war (siehe vor allem seine Veröffentlichung *Das Judentum in der Philosophie*), also zu den radikalsten Strömungen im Sprachverein passte, machte es sich dieser damals in Jena tätige Philosoph mehr als einfach. Er suchte philosophische Werke nach ihrer Fremdwortfrequenz ab – daher der Hinweis auf Wolff –, es gehörten aber auch Kandidaten wie Meister Eckhart und Böhme dazu, später Fichte und Hegel. Kein Wort fällt bei ihm über die Rolle von Sprache und System, vor allem keines über den Epochenbruch, der nach

Wolff kam, als die Philosophie immer abstraktere Fragestellungen bearbeitete, die sich in der Alltagssprache zunehmend schlechter abbilden ließen.

Es waren also nicht unbedingt Fremdwörter, die das Verstehen behinderten, sondern vor allem die ungewohnte Fragestellung, wie Erkenntnis eigentlich funktioniert und auf welche Weise das dem Menschen dafür zur Verfügung stehende intellektuelle Instrumentarium die Grenzen bestimmt. Dieser Ansatz war seit Kant nicht mehr rückgängig zu machen. So spricht etwa Hegel in der Vorrede seiner *Phänomenologie des Geistes* davon, dass der Geist »mit der bisherigen Welt seines Daseins und Vorstellens gebrochen« habe, was die Frage hervorruft, wie man diesem Denken eine verständliche sprachliche Form geben könne.

Was ich sagen will: Gerade in der Philosophie führt die Vorstellung, man könne ihre Aussagen verständlich(er) machen, wenn man Fremdwörter vermeidet, völlig in die Irre. Als Kant in seinen großen *Kritiken* erläuterte, dass wir die Welt nie so erfassen, wie sie ist, sondern immer nur in den Konstruktionen, die uns der Verstand vorschreibt, schuf er sich eine bewusst künstliche Sprache, in der sich all dies ausdrücken ließ. Für die Bildung dieser künstlichen Begriffe benutzte er bevorzugt Fremdwörter wie etwa »transzendental«, womit auch seine Philosophie insgesamt bezeichnet wurde, eben als »Transzendentalphilosophie«. Der Sinn war, auf eine Dimension des Denkens aufmerksam zu machen, die jenseits von Erfahrung operiert, Erfahrungen zuallererst möglich macht.

Das kann sehr verwirren und hat auch ausgesprochen kluge Zeitgenossen sehr verwirrt, die entsprechend wütend protestierten. So sprach beispielsweise Christoph Martin Wieland von einem »philosophischen Rotwelsch, das weder teutsch ist noch sich in irgendeine Sprache, ohne sie zu destruieren, übersetzen lässt«. Aber Wieland hatte keinerlei Schwierigkeiten mit den Fremdwörtern, er »verstand« vielmehr das ganze Denken, eben die Methode, nicht. Kant hat in den Vorreden zu den Neuauflagen seiner Werke erstaunlich defensiv auf die Angriffe reagiert, sogar von einem »gerechten Vorwurf« gesprochen und eingeräumt, dass sich unter dem »Dunst von scheinbarem Scharfsinn« möglicherweise »Unsinn« verberge. Er hat allerdings auch gemahnt: »Die erste Betäubung, die eine Menge ganz ungewohnter Begriffe einer noch ungewöhnlicheren, obzwar dazu nothwendig gehörigen neuen Sprache, hervorbringen mußte, wird sich verlieren.«

Von alldem ist in den Beiträgen des Sprachvereins niemals die Rede. Unter dem Titel *Die Sprache in Kants Philosophie* konzentriert sich ein Verfasser 1936 wie üblich auf die reine Fremdwortfrequenz und rechnet es Kant hoch an, dass er das wichtige »transzendental« einmal als »die Erfahrung Überfliegendes« wiedergab oder auch für »Astronomie« »Sternenwissenschaft« einsetzte, für »Zentrifugalkraft« »Zentnerfliehkraft«. Wo die Schwierigkeiten, Kant zu verstehen, wirklich herkommen, ist jedoch nirgends erfasst, stattdessen wird der Eindruck erweckt, man könne dieser Schwierigkeiten mit ein paar Ersetzungen Herr werden.

Entsprechend gibt es gelegentlich Übersetzungshilfen, wie für »Apriorität« »Vonvornhereinhaftigkeit« – auch wieder ein Kunstwort, das nur innerhalb der Methode insgesamt Sinn macht. Wenn »Vitalismus« mit »Lebenslehre« wiedergegeben werde, müsse man sehen, dass sein Gegenteil, der »Mechanismus«, ebenfalls eine »Lebenslehre« darstelle, die Übersetzung somit also wenig Sinn mache. Warum dann die These, in »reiner Sprache« nehme die Wissenschaftlichkeit »eher zu«? Die Antwort lautet: »Bemüht man sich dagegen, in reiner deutscher Sprache eine Frage zu lösen, dann muß jeder Gedanke unverfälscht so niedergelegt werden, wie er gedacht wird.« Als wenn es unverfälschte Gedanken gebe. Als seien ausgerechnet aus dem Alltagsdenken heraus philosophische Fragen auf dem Niveau des deutschen Idealismus zu lösen.

Die Mehrzahl der Artikel zum Problem der Fremdwörter in der Philosophie zeigt jedoch eine Tendenz auf, die ganz jenseits von Problemen der Verständlichkeit liegt. Es geht in ihnen eher um Tadel, ja Beschimpfung der Philosophie. 1925 durfte ein Autor namens Dr. Fick, der sich ansonsten als Augenarzt hervorgetan hatte, das Fazit seines Vaters hinsichtlich des Problems zum Besten geben: »Philosophie ist der systematische Mißbrauch einer eigens hierzu erfundenen Terminologie.« Als Beispiel dient der Satz: »Das Objekt ist die Projektion des Subjekts in die Ebene des Daseins.« Ein Kollege hatte dies hübsch parodiert mit: »Das Subjekt ist die Injektion des Objekts in den Hohlraum des Bewußtseins.« Wem dies Spaß macht, soll sich darin nicht stören lassen. Das Beschimpfen ging im Übrigen munter weiter. Als Richard Palleske 1932 einen jubilierenden Artikel über Houston Stewart Chamberlain brachte, zitierte er wohlwollend dessen Rüge eines »ekelhaften Professorendeutschs« in der Kant-Literatur, wovon er so große Portionen habe verschlucken müssen, »daß es auf ihn wie ein Brechreiz wirke«.
1934 wurde das Problem einer philosophischen Sprache dann doch einmal etwas komplexer thematisiert. Unter dem Titel *Das Deutsch deutscher Philosophen* hält ein Beiträger fest: Ein Philosoph, der Neues sagen wolle, finde alte Wörter zu belastet und greife deshalb zu neuen, womit sich dann das Problem der Verständlichkeit stelle. Der Philosoph Karl Jaspers habe dies zumindest so in seinem Beitrag *Die geistige Situation der Zeit* behauptet. Aber der Beiträger hält dies für zu kurz gegriffen und ruft einen anderen Eideshelfer auf, nämlich Martin Heidegger, der damals mit seinem Bekenntnis zum Nationalsozialismus Rektor der Freiburger Universität geworden war. Heidegger wird eine vorbildliche Kürze des Satzbaus attestiert, weiter werden seine Sprachschöpfungen gelobt. Entsprechend gilt die berüchtigte Rektoratsrede als »sprachliches Kunstwerk«. Seine Ausführungen seien reich an neuen, aber eben deutschen Wörtern wie

»Wasgehalt«, »Nichthaftes«, »durchschüttern«, »Machbarkeit« und vielen anderen mehr. Heidegger entdecke damit die deutsche Sprache neu, wofür Sätze stünden wie: »Weil das Seiende im Ganzen entgleitet und so das Nichts andrängt (...)«. Was der begeisterte Autor nicht merkt: Da wäre mancher mit Fremdwörtern angereicherte Satz einfacher zu verstehen gewesen.

Aber Heidegger profitierte wohl weniger von seiner fremdwortfreien Philosophie als von seiner nationalsozialistischen Überzeugung. Unter dem Titel *Gelehrten-Undeutsch* folgte 1934 ein Artikel, der konkurrierende Philosophen Revue passieren lässt und sie alle vernichtend kritisiert, vermeintlich weil sie Fremdwörter gebrauchen. So nutze Egon Friedell das Wort »Ubiquität«, Karl Jaspers das dazu passende Adjektiv »ubiquitär« und Max Scheler »Überintellektualisierung«. Vom jüdischen Philosophen Edmund Husserl, nebenbei dem Lehrer Heideggers, wird eine besonders fremdwortreiche Formulierung zitiert: »mit Identifizierung und Evidenz als objektivierender Akt«. Das war es dann mit dem Thema Philosophen und ihre Daseinsberechtigung im neuen Staat. Einige der berühmtesten haben sich allein mit ihrem Fremdwortgebrauch gerichtet.

»ratifiziert«

Im Jahr 1924 belegt ein Oberstudienrat namens Dr. Karl Bergmann die Unverständlichkeit des Fremdworts in einer zahlenmäßig beeindruckenden Untersuchung. Das Material entnahm er Deutschkursen der Volkshochschule in Darmstadt und auf dem Lande. Dabei gab er den Probanden Sätze zu lesen wie: »Das Abkommen zwischen den beiden Staaten ist ratifiziert worden«, und fragte, was sie unter dem enthaltenen Fremdwort verstünden. Weitere Beispiele waren »Transportmonopol«, »Koalition«, »divergierende Interessen«, »Kompilation«, »unqualifizierbar«, »Interpret«, »utopisch«, »vage«, »Struktur«, »Sarkasmus«, »Autodidakt«, »Praktiken«, »analog« und »Anachronismus«. 73 Prozent der Landbevölkerung waren angesichts der Aufgabe hilflos, bei Städtern betrug der Anteil um 50, bei Schülern 37 Prozent.

Interessant sind aber auch die Antworten im Einzelnen. Unter »Autodidakt« fand sich beispielsweise »selbständig sprachschöpferisch tätig«, unter »Autorität« »Vorbild« und unter »beschlagen« »geht eigenmächtig vor«. »Sarkasmus« wurde wahlweise verstanden als »kritisch«, »Heilmittel«, »Energie«, »gleichgültig« oder »roh«. Für »analog« ergab sich »geschichtlich«, »unlogisch«, »sinnwidrig« und »klare Bestimmtheit«. Das »Transportmonopol« nahm jemand als »Beförderungssteuer«. Als Fazit ist dementsprechend ein »grauenvoller Wirrwarr« festgehalten.

»Die Fremdwörterei steht immer noch in Blüthe«

Literatur

Wer den Stand und die Entwicklung der Sprache betrachtet, kommt selbstverständlich nicht vorbei an denen, die auf diesem Feld eine Führungsrolle spielen: den Literaten, den Produzenten der »schönen« Literatur. Zwei von ihnen saßen 1920, als Hermann Dunger das 25-jährige Bestehen feierte, im Gesamtvorstand: der berühmte Felix Dahn und der Heimatdichter Peter Rosegger. Unter den Mitgliedern befanden sich damals weitere sehr bekannte Autoren wie Joseph Victor von Scheffel und Ernst von Wildenbruch. Scheffel steht für den Wilhelminismus mit seiner hohen Bewertung von Bildung und seiner nationalen Begeisterung, die er in historischen Romanen und Erzählungen zur Geltung brachte, am bekanntesten in seinem Versepos *Der Trompeter von Säckingen* von 1853.

Auch auf der Gegenseite, unter anderem bei der *Erklärung der 41*, waren Literaten nicht nur zufällig vertreten. Heinrich von Treitschke als Initiator hatte größten Wert auf ihre Mitwirkung gelegt und sich mit Gustav Freytag der Zustimmung eines besonders Berühmten versichert. »Berühmt« bedeutete dabei zunächst einmal erfolgreich, ablesbar an Auflagenhöhe und Absatzzahlen, daneben auch als Akteur innerhalb der politischen und gesellschaftlichen Meinungsbildung. »Berühmt« bedeutete aber auch *damals* berühmt, was sich nicht mit der nachträglichen, heutigen Bewertung decken muss. 1888 fällt noch in die Zeit des »Realismus«, kurz vor Beginn der »Moderne«, die in Deutschland durch den Naturalismus gekennzeichnet ist, besonders verbunden mit Gerhart Hauptmanns Dramen *Vor Sonnenaufgang* von 1889 und *Die Weber* von 1892. Das lag damals noch im Bereich des Skandalösen, dem man im Bildungsbürgertum wenig Aufmerksamkeit schenkte. Stattdessen konzentrierte man sich auf die Tonangebenden und darunter besonders auf diejenigen, die bei der *Erklärung* »mitgemacht«, also unterschrieben hatten, aber mit ihrer »Bekehrung« die Vereinsziele besonders wirkungsvoll beglaubigten.

Wie passten diese Literaten aber nun in das große Anliegen der »reinen« Sprache? Bei Gustav Freytag wissen wir bereits, dass der Sprachverein in der nachweisbaren Bearbeitung früherer Texte ein Zeichen des Einschwenkens auf die eigene Linie sah. Dies galt auch für den Mitunterzeichner Ernst von Wildenbruch, der tatsächlich später Vereinsmitglied wurde und sich damit von seinem früheren Engagement besonders deutlich distanzierte. Wildenbruch war mit seinen Historiendramen, die vorzugsweise die erfolgreiche Geschichte der Hohenzollern thematisierten, eine Art Hausautor des Berliner Hoftheaters gewesen, mit direktem Kontakt zu Kaiser Wilhelm II., der ihm zudem einmal den Schiller-Preis zuschanzte. Der Enkel aus einer nicht standesgemäßen Liaison von Louis Ferdinand von Preußen war als Jurist im Auswärtigen Amt tätig und schrieb Drama für Drama, mit denen er gegen den Naturalismus für eine Bejahung der bestehenden Verhältnisse eintrat. Man kann sich denken, wie froh man im Verein über diesen »Rückkehrer« war.

Aber das war eben die Ausnahme. Wer bei der Ablehnung blieb, bekam die Missgunst zu spüren, allen voran einer der wichtigsten Autoren der Zeit, Theodor Fontane. Schon 1889 gab es den ersten Artikel über ihn, den »offenbaren Widersacher einer vernünftigen Sprachreinigung«. Seine gerade herausgekommenen Reisebilder *Wanderungen durch die Mark Brandenburg*, darunter *Fünf Schlösser*, wurden der Probe unterzogen und mit ihren sprachlichen Sünden vorgeführt. Wie könne man schreiben: »Er ridikülisierte sie, worauf sie jene hautaine Miene annahm«? Was solle eine »nonchalante Dreistigkeit«? Was sei anzufangen mit Wörtern wie »compromittirend«, »Cassette«, »Affront«, »Rival« oder »exzentrisch«? Und dann dieses ewige »ridikül«, das Wort »›lächerlich‹ scheint Fontane ridiküler Weise vergessen zu haben«.

1892 folgte ein weiterer Artikel, diesmal zu dem Roman *Unwiederbringlich*. Er sei gegenüber den *Fünf Schlössern* etwas besser, heißt es, es fänden sich sogar gutdeutsche Wörter wie »heldisch« und »Schlängellinie« darin, aber das abschließende Urteil lautet trotz allem: »Die Fremdwörterei steht immer noch in Blüthe.« Dies betreffe vor allem das Französische, aber die Leser müssten auch Englisch und Dänisch können. »Chinesisch ist jedoch noch nicht nöthig.« Dann folgt als eine Art Todesstoß die Feststellung, auch das Deutsch selbst sei nicht »tadelfrei«, der Beleg: »Die Sonne war unter.« Ein deutscher Schriftsteller, der nicht einmal die deutsche Grammatik beherrscht, kann nicht ernst genommen werden – so musste der Leser wohl schlussfolgern.

Als ein Beiträger das Thema 1922 noch einmal aufnahm und die Frage stellte, ob Fontane ein »Freund des Fremdworts« war, scheint es inzwischen eine Besserung gegeben zu haben. Als Beweis dafür führt er einen Ausschnitt aus *Der Stechlin* an: »Das sind Findlinge (…). Aber wenn Ihnen das Wort anstößig ist, so können Sie sie auch Monolithe nennen.« Doch insgesamt fänden sich noch zu viele Fremdwörter, »in letzten Werken auf fast jeder Seite«.

So kann man also auch Literaturgeschichte betreiben. Wie Fontane trifft es bereits 1889 den Mitunterzeichner Friedrich Spielhagen, einen Autor mit antifeudaler Grundüberzeugung, stattdessen demokratisch gesonnen und ein Feind des Preußentums. Da passte es bestens, dass er auch noch Fremdwörter, sogar »wälsche Titel« wie *Noblesse oblige* benutzte. Ein Artikel

in der *Zeitschrift* zählt das Schlimmste aus dem Roman *Was will das werden?* aus dem Jahr 1885 auf. Hundertmal sei »Moment« und »Situation« benutzt worden, weiter fänden sich so schreckliche Wörter wie »geniren«, »imponiren«, »definitiv«, »Project«, »ignoriren«, »intim« oder »reserviren«. Als »Beispiele großer Geschmacklosigkeiten« werden »untere Extremitäten« und »diverse Feinde« aufgeführt. Das Ergebnis lautet: »Man würde Spielhagen statt eines ›führenden‹ einen ›verführenden‹ Schriftsteller nennen können.« Übrigens hatte sich selbst Heinrich von Treitschke nicht wirklich positiv über diesen Mitkämpfer von der *Erklärung der 41* geäußert, »schreckliche Stilisten« wie er müssten »mitlaufen«, schrieb er an Gustav Freytag. Trotzdem zählte eben die »Berühmtheit«.
Über diejenigen, die damals ebenfalls berühmt waren, aber nicht unterzeichnet hatten, wechselt das Urteil je nach Fremdwortfrequenz, aber auch je nach politisch korrekter Überzeugung. Wilhelm Raabe, der große Romancier, kommt 1908 an die Reihe und wird gnädig behandelt. Ein Artikel bescheinigt ihm Zurückhaltung bei den Fremdwörtern, rechnet ihm positiv an, dass er »Serviette« und »Tellertuch« miteinander abwechseln lasse, schon 1859 von »Dampfrossen« statt »Dampflokomotiven« und der »Zauberlaterne« statt der »Laterna magica« geschrieben habe, statt »Reklame« »Lärmmacher« benutze und »enorm« als »widerwärtiges Reklamewort« bezeichne.
Hermann Sudermann, der zu den frühen Naturalisten zählte, trifft es demgegenüber um einiges schärfer. Seine Novelle *Das Sterbelied* sei zwar wirkungsvoll geschrieben, heißt es 1892, ein Jahr nach Veröffentlichung, aber die »Form der Geschichte ist ebenso französelnd wie ihr Inhalt, der stark nach Zola duftet, und verletzt das deutsche Sprachgefühl nicht selten in demselben Maße, wie der Inhalt das sittliche Gefühl«. Mit der »Reinheit der Sprache« nehme es der Autor ohnehin nicht »sehr genau«, er verwende ungeniert »Disput« oder »Chaussure«, ja flechte

ganze französische Gesprächspassagen ein, so das abwertende Urteil.

Erst reichlich spät, nämlich 1932, geriet ein ganz Großer ins Visier und fand harsche Kritik: Thomas Mann, 1929 Empfänger des Literaturnobelpreises für die *Buddenbrooks* von 1901, also 28 Jahre nach Erscheinen. Richard von Schaukal, österreichischer Autor aus dem Umkreis der Wiener Moderne, aber mit konservativen Neigungen, schrieb 1932 einen Artikel über die »Sprache« des weltberühmten Schriftstellers und fand dort wenig Vorteilhaftes. Mann huldige einem »aufdringlichen Fremdwort« wie in »intellektuelle Propheten«, »expressionistischer Seelenschrei«, »Morbidität«, »barbarisch raffinierte Gnostik« und Weiterem mehr. Damit habe Mann die Sprache »aus verwöhnter Nachlässigkeit vergewaltigt«, liest man als eine Art Fazit.

Im selben Jahr widmete sich ein Beiträger den Rundfunkansprachen von Mann sowie seiner Rede in der Akademie der Künste zu Berlin über Goethe. Das Ergebnis lautete, darin »prunke« Mann »mit 100 ungewöhnlichen Fremdwörtern«. Ein Jahr später, 1933, emigrierte Thomas Mann aus politischen Gründen zunächst in die Schweiz, dann in die Vereinigten Staaten. Dass er im Ausland als der »größte lebende deutsche Dichter« galt (wie ein Gutachten von Heinrich Himmlers Geheimer Staatspolizei zähneknirschend formulierte), führte 1936 zur offiziellen Ausbürgerung.

Man glaubte allerdings, »Ersatz« zu haben. 1931 widmet sich ein Beiträger einem Autor, der »an der Spitze der wahrhaft echten ›Dichter‹ unserer Tage« stehe: Erwin Guido Kolbenheyer. »Was er ins Auge faßt, ist die ewig lebendige, ewig schaffende Natur als Ordnung wirkender Kräfte«, liest man, keine »tote Vergangenheit«. Man muss dazu wissen, dass Kolbenheyer seit 1928 dem Kampfbund für deutsche Kultur angehörte, dass er glühender Nationalsozialist war und die Bewegung mit zahlreichen Schriften unterstützte, ehe er 1940 schließlich auch in die NSDAP eintrat. Seine größte Auszeichnung erfuhr er durch Hitler persönlich mit der Aufnahme in die Gruppe der sechs wichtigsten Schriftsteller der Sonderliste »Unersetzliche Künstler«, unter ihnen auch Gerhart Hauptmann und Ina Seidel, ausgewählt aus der »Gottbegnadeten-Liste«, die bedeutende Vertreter aller Künste für das nationalsozialistische Regime versammeln sollte – unter den Musikern war zum Beispiel Richard Strauss. Kolbenheyers Hauptwerk ist im Übrigen die Romantrilogie *Paracelsus*, in der er seinen Titelhelden als Gipfel deutsch-«völkischer« Kraft darstellt.

Als Kuriosum sei vermerkt, dass im selben Jahr 1931 auch ein ganz anderer Autor (beziehungsweise in diesem Fall sein Verleger) positiv vermerkt wird: Es handelt sich um Karl May, dessen Werk auf »sprachliche Unebenheiten« durchforstet worden sei, liest man, wobei etwa »Accablement« durch »Niedergeschlagenheit« ersetzt wurde. Bei 5,5 Millionen Exemplaren sei dies nicht unwichtig.

Es passt zu den bildungsbürgerlichen Grundlagen des Sprachvereins, dass die Dichtung nicht nur mit ihren Gegenwartsproduktionen in den Blick rückte. Immer wieder widmen sich Artikel historischen Autoren, um frühe Formen einer Bemühung um fremdwortarme deutsche Sprache ins rechte Licht zu rücken. Wiederholt ist Martin Opitz an der Reihe, der Autor der ersten deutschen Poetik, die gerade auch die Sprachreinheit ins Auge gefasst hatte – zu barocken Zeiten gegen die »Überflutung« durchs Französische. Auch Friedrich Gottlieb Klopstock wurde noch im Juni 1939, unmittelbar vor Kriegsausbruch, thematisiert.

Der alles überstrahlende Kronzeuge aber war Johann Wolfgang von Goethe. Wieder und wieder rückt dieser »Klassiker« ins Zentrum, der nach einer gewissen Dominanz von Friedrich Schiller in der zweiten Hälfte des 19. Jahrhunderts der kaum bestrittene »größte« deutsche Dichter geworden war. Schon im ersten Jahrgang der *Zeitschrift*, also 1886, gibt es einen Artikel über Goethes Aufsatz *Deutsche Sprache*, und noch 1929 erscheint ein Beitrag über *Goethe und das Fremdwort*. Dabei erinnert die Situation ein wenig an Otto von Bismarck, denn Goethe benutzte nicht nur gerne Fremdwörter, sondern lieferte immer wieder scharfe Formulierungen gegen die zu seiner eigenen Zeit grassierende Sprachreinigung, speziell mit Joachim Heinrich Campes Wörterbüchern. Unter den zusammen mit Schiller veröffentlichten Aphorismen finden sich zwei ätzende in dieser Richtung, vor allem derjenige unter der Überschrift *Der Purist*:

> Sinnreich bist du, die Sprache von fremden Wörtern
> zu säubern,
> nun so sage doch, Freund, wie man Pedant uns verdeutscht.

Es ging also einmal mehr um eine Rechtfertigung. Getreu nach dem Motto, nicht leugnen, aber einschränken. So hieß es, Goethe sei wie Jacob Grimm nur gegen »übertriebene Sprachreinigung« gewesen, was übrigens auch zutrifft.
Aber das genügte auf Dauer nicht. 1887 erschien von einem Gymnasialrektor ein 16-spaltiger Artikel über die *Jugendsprache Goethes* mit dem Fazit, »deutsch zu schreiben« sei der eigentliche Impuls des Genies gewesen. 1893 traute sich der Vorsitzende Herman Riegel ans Thema und ließ auch Goethes kritische Äußerungen zum Purismus Revue passieren, und zwar nicht nur die eben zitierte, sondern sogar folgende Bemerkung aus *Dichtung und Wahrheit*: »Ich habe im Leben und Umgang mehr als einmal die Erfahrung gemacht, daß es eigentlich geistlose Menschen sind, welche auf Sprachreinigung mit zu großem Eifer dringen.« Nur stünden daneben auch gegenteilige Bemerkungen, darunter immer wieder Bekenntnisse zum großen Wert der »Muttersprache«. Als eine Art Höhepunkt zählt die Bemerkung im *Faust*, gleich in der Anfangsszene, die jeder Gebildete damals auswen-

dig konnte, als Faust den Beginn des Johannesevangeliums übersetzt und ausgerechnet beim Begriff »Wort« stutzt – »Im Anfang war das Wort«. Man wusste, wie im Text davon die Rede war, »(...) das heilige Original / in mein geliebtes Deutsch zu übertragen«. Da lag dann für Riegel die Lösung: Mochte es mit den Fremdwörtern auch irgendwie schwierig sein, beim Bekenntnis zum Deutschen habe sich Goethe mehr als klar ausgedrückt.

Trotzdem blieb das Thema weiter relevant. 1899 erschien zum 150. Geburtstag ein Artikel zu *Goethes Sprache.* 1902 beschäftigte sich ein Beiträger mit den Umformungen, die Goethe anlässlich der ersten Gesamtausgabe seiner Sturm-und-Drang-Dramen vorgenommen hatte. Dazu gehörte auch die Ersetzung von Fremdwörtern, ein Pferd »parat« halten durch »bereit« halten, »kujonieren« durch »plagen« zum Beispiel, wobei es sich allerdings weniger um tatsächliche Fremdwörter als um Dialektsprachliches handelte.

Im selben Jahr brachte Friedrich Kluge, Germanistikprofessor und Vorstandsmitglied des Sprachvereins, das Thema in die wissenschaftlichen Beiträge ein. 1905 und 1906 wurden Preisausschreiben zu den *Anschauungen Goethes von der deutschen Sprache* ausgelobt. 1927 erfolgte dann die letzte und gröbste Form der Lobhudelei durch den Sprechwissenschaftler Ewald Geißler, der in Goethes »Sprechmeistertum« den Gipfel seiner Bedeutung sieht und dies in einer Terminologie zum Ausdruck bringt, der wir noch näher nachgehen werden: »So hat er seine Freude gehabt auch am Bluthaften des Sprechens.« Die Franzosen sähen in Goethe nur den »europäischen Bildungsgeist«. »*Unser* aber ist der *deutsche* Goethe, der sich gerade im sprechenden offenbart: unübersetzbar, weil unlösbar aus Blut und Boden erwachsen.«

Es ist keine Frage: Wäre Goethe nicht für die Vereinsziele zu retten gewesen, hätte es um den Verein schlecht gestanden. So weit war Kultur, speziell in der Form der Literatur, dann doch zu wichtig für dieses Bürgertum.

»Was kann widersinniger sein als Allegro, welches ein für alle Mal lustig heißt?«

Musik

Zu den vielen markigen Aufforderungen, die mit »hinweg mit …« begannen, zählt auch »hinweg mit der welschen Musiksprache«, ausgesprochen 1916. Denn die Musiksprache in Deutschland war wie überall in der Welt italienisch. Sie war es seit der Renaissance, als auf diesem Gebiet kein Land weiter fortgeschritten war als Italien mit den Zentren in Rom, Mailand und Venedig. Musiker aus ganz Europa begaben sich auf Wallfahrten in das Reich des Fortschritts und brachten anschließend ihr Wissen mit zurück, einschließlich der »Sprache«. Seit Jahrhunderten hatte man mittlerweile damit gelebt und sich vortrefflich verstanden. Nun aber lautete die Losung »hinweg«.

Ein früher Artikel von 1895 bringt ein in der Folge häufig aufgenommenes Argument ins Spiel: Deutsche Musiker der Romantik, unter ihnen Robert Schumann und Richard Wagner, hatten sich offenbar besonnen und deutsche Begriffe benutzt. Es gab nun Angaben zur Ausführung des Notierten wie »freudig stolz« oder »selig entzückt«, auch gab es Angaben, die den »Charakter« eines Stückes beschrieben, also nicht die eher technischen Anforderungen an Tempo und Lautstärke betrafen, bei denen »Allegro« oder »Adagio«, »Forte« oder »Piano« weiter ebenso gebräuchlich wie unmissverständlich waren.

Das Eis schien gebrochen und die Frage offen, wie weit auch die Musiksprache insgesamt den nationalen Interessen anpassbar sein könnte. Warum sollte man sich am Klavier oder im Orchester mit italienischen Begriffen quälen, warum sich »unterwerfen«, wenn die Lösung auf der Hand zu liegen schien? Als ein Beiträger der *Zeitschrift* 1906 den damals schon berühmten Richard Strauss für seine in New York uraufgeführte »Sinfonia domestica« rügte, fehlte nicht der Hinweis auf den Reichtum der deutschen Sprache. Der Artikel endete finster drohend: »Ein sonderbares Volk, das der Denker und – Ducker.«

Aber so einfach war die Umstellung nicht. Ein anderer Beiträger schrieb 1914 über *Eine immer noch unbeantwortete Frage* und berichtete darin über seine Erfahrungen mit Musikverlagen. Beim Haus B. Schott's Söhne in Mainz (heute Schott Music), dem größten Musikverlag der Welt, das sich immerhin nicht mehr »Schott frères« nannte, war er auf strikte Ablehnung gestoßen. »Italienische Vortragsbezeichnungen sind über die ganze Welt verbreitet und werden überall verstanden, was von einer deutschen Bezeichnung nicht gesagt werden kann«, lautete die Auskunft. Auch vom Konkurrenten C. F. Peters (heute noch bekannt als Edition Peters) hörte er nichts anderes. Auf die Frage, warum ausgerechnet in der Musik die deutsche Sprache unangebracht sei, wo sie sich sonst überall auf dem Vormarsch befinde, gab man zur Antwort: »Bei den Musikalien liegt die Frage aber anders. Die Musik selbst ist eine internationale Sprache (...).«

Es ging nicht zuletzt um den Absatz, und selbst der Beiträger erkannte das Motto »Geschäft ist Geschäft« an, er kritisierte lediglich, dass Franz Schubert nicht unbedingt als *François* erscheinen müsse und seine *Moments musicaux* in der Verballhornung zu *Momens musicals* schlicht blamabel seien. Das ging der Schriftleitung allerdings nicht weit genug und veranlasste sie zur ergänzenden Notiz, nicht jeder Verzicht auf deutsche Bezeichnungen sei zur Verbreitung der Werke wirklich nötig; Claude Debussy zum Beispiel werde auch in deutschen Ausgaben durchaus mit französischen Ausdrücken gedruckt. Also herrsche bei der Musikfrage einmal mehr eine »bedauerliche Gleichgültigkeit, ein

empfindlicher Mangel an deutschem Volksbewußtsein«. Das Ergebnis lautet: »Der deutsche Musikhandel wird seine Weltkundschaft nicht verlieren, wenn er besonnen und maßvoll auch der deutschen Sprache ihr Recht gibt.«
Doch da war der größte Trumpf noch gar nicht ausgespielt. Denn schon im Jahr zuvor hatte es einen Artikel gegeben mit der Überschrift *Beethoven als Sprachreiniger.* Und was las man darin? Der größte deutsche Klassiker überhaupt sei vorangegangen, er hatte tatsächlich seinen Verlag Breitkopf & Härtel ausdrücklich dazu angehalten, mit den »aus der Barbarei der Musik herrührenden Bezeichnungen des Zeitmaßes« aufzuräumen, »denn (…) was kann widersinniger sein als Allegro, welches ein für alle Mal lustig heißt«. Im Übrigen gebe Nepomuk Mälzels gerade erfundenes Metronom »die beste Gelegenheit«, mit den italienischen Begriffen Schluss zu machen. Auch gegen die Idee des Verlegers, die 26. Klaviersonate schlicht unter dem französischen Titel *Les Adieux* herauszugeben, protestierte Ludwig van Beethoven energisch: »Warum denn? ›Lebe wohl‹ ist etwas ganz anderes als ›les adieux‹. Das erstere sagt man nur einem herzlich allein, das andere einer ganzen Versammlung, ganzen Städten.« Bis heute stehen immerhin beide Angaben in der Partitur, die deutsche in größerer Ausführung und auch noch ein zweites Mal über die drei ersten schlichten Zweiklänge wie ein Liedtext gelegt: »Le-be-wohl«.
Tatsächlich hat Beethoven in zwei weiteren seiner 32 Klaviersonaten durchweg deutsche Vortragsbezeichnungen verwendet. Man liest dort also zum Beispiel »Mit Lebhaftigkeit und durchaus mit Empfindung und Ausdruck« oder in zweisprachiger Ausführung »Gesangvoll, mit innigster Empfindung. Andante molto cantabile ed espressivo«. Allerdings steht dies in enger Verbindung mit einer neuen Vorstellung vom musikalischen Ausdruck, der sich nun mehr an »Charakteristischem« als an den traditionellen Tempobezeichnungen orientierte.

Es spricht demnach also nichts für nationale oder gar nationalistische Anwandlungen des Komponisten. Wenn der Beiträger weiter ausführt, in den 1820er-Jahren habe Beethoven zusammen mit seinem Freund Karl Holz eine ganze Anzahl von Verdeutschungen vorgenommen wie etwa für Musik »Tonwerkerei«, für Orchester »Tonwerkerschar« oder für den Trompeter »Schmettermessingwerker«, so übersieht er schlicht den Kontext. Holz hatte ein komisches Talent, was er hier durch Wortneuschöpfungen auslebt, und Beethoven ergötzte sich an den Erzeugnissen dieses Humors, wie der Beethoven-Biograf Jan Caeyers mit einem Brief belegt. Übrigens könnten die deutschen Vortragsbezeichnungen auch auf die Verwendung des neuen Streicher-Flügels mit seinen expressiven Möglichkeiten zurückgehen, wie Caeyers mutmaßt.

Trotzdem wurde Beethovens Vorstoß immer wieder aufgegriffen und zum Fanal eines Aufstandes gegen die italienische Musiksprache gemacht, obwohl Beethoven selbst in den letzten Klaviersonaten zu rein italienischen Bezeichnungen zurückkehrte und auch im viel umfangreicheren orchestralen und kammermusikalischen Werk überwiegend die sehr praktischen italienischen Fachbegriffe benutzte, die jeder Musiker genau kannte. Ausnahmen wären etwa die Pastorale-Sinfonie oder das späte Streichquartett a-Moll, opus 132.

Wenig hilfreich für die Debatte ist es, wenn ein weiterer Beiträger deutschsprachige Wendungen anderer Komponisten wie »mit todernstem überzeitlichem Ausdruck«, »recht verliebt« und so fort für Beispiele hält, wie »treffend« die deutsche Sprache »selbst allerzarteste Abtönungen eindeutig wiederzugeben« imstande sei. Das Urteil der Eindeutigkeit mag sich auf die Formulierungen selbst beziehen, ihre Umsetzung in der musikalischen Ausführung hingegen ist es nicht.

Und umgekehrt mag ein wieder anderer Beiträger der *Zeitschrift* seine Witze machen über die seiner Meinung nach fehlende

Eindeutigkeit einer Angabe wie *con bravura* angesichts der Ausführung von Arpeggien, also von in Einzeltöne aufgelösten Akkorden: »Na Schwerenot! Was könnte es denn sein, wuchtiger und stürmender oder gemäßigter?« Ausdrücklich werden jedenfalls die »Tondichter« zur Wende aufgefordert; noch 1926 verlangt ein Professor der Musikwissenschaft dafür den Einsatz von »Sachverständigen« sowie die Ablegung der »Lauheit«.

Welche Abgründe sich angesichts der harmlos klingenden Frage der Sprache in der Musik auftun konnten, zeigt zuletzt ein ganz anderer Fall, bei dem es nicht um italienische Vortragsbezeichnungen oder französische Titel geht, sondern um die englische Benennung eines berühmten deutschen Ensembles: der *Comedian Harmonists*. Das Berliner Männersextett, das aus fünf Sängern und einem Pianisten bestand, war 1926 gegründet worden und errang mit seiner virtuosen Neuinterpretation von bekannten Liedern und Schlagern rasch internationale Anerkennung, die sich auf dem damals gerade entstehenden Schallplattenmarkt ebenso niederschlug wie in regelmäßigen Rundfunkübertragungen. Die jährlich rund 150 Konzerte fanden vor ausverkauften Sälen statt, im Ausland sang man auf entsprechenden Tourneen auch in den jeweiligen Fremdsprachen. Die reine Freude über diesen Erfolg sollte 1933 jedoch in abgründigen Hass umschlagen, als herauskam, dass unter den sechs Mitgliedern »Nichtarier« waren. Es kam zu Aufführungsverboten und auch, ja gerade der Sprachverein beteiligte sich höchst aktiv an Diffamierungen.

Im April 1933 erschien ein Artikel, in dem darauf hingewiesen wird, dass sämtliche Mitglieder Deutsche seien, die deutsche Volkslieder sängen wie »In einem kühlen Grunde« oder »Sah ein Knab' ein Röslein stehn«. Deshalb stößt sich der Beiträger am englischen Namen des Ensembles und rügt: »Es ist, gelinde gesagt, großer Unfug.« Was wäre, so fragt er, wenn französische Musiker französische Lieder als die »Lustigen Zupfgeigenhansel« sängen? Wieder einmal lautet das Fazit: »Nur bei uns möglich«. Im Januar 1934 muss es schon Zweifel an der Herkunft einiger Mitglieder gegeben haben, jedenfalls beeilte man sich, »alle sechs« als »gute Deutsche« hinzustellen, was man ihnen ausdrücklich auch »ansehe«. Nur der »Deckname bzw. Dreckname« störe.

Im Sommerdoppelheft von Juli und August wurde jedoch die Kehrtwende eingeleitet, nachdem sich der anfängliche Verdacht bestätigt hatte. Der Bitte des Sprachvereins an die Reichsmusikkammer, deutschen Künstlern das Auftreten unter fremdländischen Namen zu verbieten, sei stattgegeben und damit ein Stück »Kulturschande« beseitigt worden. Die Mitglieder der Comedian Harmonists hätten zwar behauptet, gute Deutsche zu sein, in Wirklichkeit seien unter ihnen jedoch ein Bulgare und ein aus Polen stammender Jude gewesen. Man habe deshalb dem gesamten Ensemble die »Eingliederung und die Erlaubnis zum weiteren Auftreten versagt, weil ihnen die Eignung abgesprochen werden müsse, in dieser Zusammensetzung deutsche Volkskunst darzubieten«. Selbst das reicht dem Berichtenden nicht. So heißt es weiter: »Und diesen Leuten hat man stürmisch zugejubelt und sein gutes Geld hingetragen. O Michel, Michel!«

»Jazz«

Woher kommt das Wort Jazz? *So lautet 1925 eine Artikelüberschrift. Also einmal nicht Ersetzung, sondern bloß eine Klärung der Herkunft. Aber natürlich nicht ohne den niemals stillgestellten Nationalismus bei der Hand zu haben. Der Begriff sei aus dem Kosenamen eines »musikalischen Negers« namens »Chas« entstanden, liest man. So weit ließe sich noch nichts einwenden, von Political Correctness wusste man zu der Zeit noch nichts. Aber es geht eben weiter. Der Ausdruck sei »ein bedeutsames, aber nicht erfreuliches Zeichen neuzeitlicher Kultureinflüsse«, wird ergänzt.*

Einige Jahre später, 1929, taucht das Thema noch einmal in ganz anderem Zusammenhang auf. Eine Neuauflage des Duden war erschienen, was zu einigen Klagen führte. Was habe dieses Lexikon nicht alles an Fremdwörtern aufgenommen? Sogar neue Tänze gehörten dazu wie »Jazz«, »Blues« oder »Tango«, neben Artikeln von der »Göttin Mode« wie beispielsweise »Jumper« oder »Pullover«. Immerhin gehörten »Trenchcoat« oder »Lumberjack« noch nicht dazu, »möge dies alles noch eher zur Hölle fahren, als es in die nächste Auflage des Duden eingegangen ist!«. Daneben findet sich auch Lob. Die »Bereicherung« durch Wörter wie »Feinkost« oder »Einwohnerbuch« wird hervorgehoben, sogar »das fast verhätschelte Wort ›knorke‹ ist nun dudenreif geworden!«. Mundartliches wie »nölen« wird ebenfalls begrüßt. Aber, so wird eingewendet, die »Strippe« sei durchaus kein

Weißbrötchen, sondern beruhe auf einer Verwechslung mit »Schrippe«.
Übrigens wird die Frage der Herkunft im Falle des Begriffs »Jazz« heute anders gesehen. An den »musikalischen Neger« glaubt niemand mehr, die Auskunft lautet jetzt: »entlehnt aus neuenglisch jazz«, Herkunft »ungeklärt«. Es wird weiterhin darauf hingewiesen, dass es sich nicht um einen Tanz, sondern eine »Musikrichtung« handelt.

»Neben dem fetten Praha kaum halb so groß und in Klammern das dünne Prag«

Namen

Einer der verbissensten Kämpfe um die deutsche Sprache wurde auf einem scheinbaren Nebenschauplatz geführt, nämlich auf dem Gebiet der Vor- und Familiennamen, der Orts- und Straßennamen. Zwischendurch sind wir schon Beispielen begegnet. Aber das Thema betraf auch das Grundsätzliche. Mit Alfred Götze verfügte der Sprachverein über einen wissenschaftlichen Experten, der gerne über das verborgene Wissen schrieb, das sich in Namen sedimentieren kann. Hier wurde Namenkunde im Dienst einer »Erforschung des Deutschtums« betrieben. Nur wurde dies überdeckt von einem ganz anderen Feldzug: der Abwehr fremdländischer Ausdrücke. Also setzte man sich für das Deutsche auf einem Gebiet ein, das als besonders empfindlich eingeschätzt wurde, weil keine Wörter letztlich für den Menschen wichtiger sein könnten als Namen. Entsprechend schaukelte sich der Nationalismus auch in diesem Bereich immer höher, führte zu radikalen Forderungen und wütenden Schmähungen, wenn es über Defizite zu berichten gab.

Schon 1887 ergriff der Vorsitzende Riegel das Wort und schrieb einen ersten Brandartikel über die *Entdeutschung der Namen.* Im westpreußischen Marienburg hatte ein Landrat Strafandrohung gegen die Polonisierung von Familiennamen erlassen, also eine Umbenennung von »Schaffer« in »Safr« oder »Fischer« in »Fisr«. Der Grund liege in solchen Fällen in der Tatsache, dass die Namen in der fremdländischen Sprachumgebung falsch ausgesprochen würden, wie auch er selbst für Franzosen eigentlich als »Riguel« zu schreiben wäre. Doch fragt er sich: »Wäre es aber nicht eine Schande für mich?«

Eben – da ist das Stichwort, und es folgt auch das zweite: die typisch deutsche »Nachgiebigkeit«, die das ganze Unheil der Sprachflucht bewirke. Der bekannte Schauspieler Ludwig Devrient beispielsweise heiße so, weil er aus den Niederlanden stamme, er müsse sich in Deutschland aber eigentlich »Der Freund« nennen. Eine solche Germanisierung zählte natürlich als Gewinn, während umgekehrt der Klavierbauer Steinway, ein gebürtiger »Steinweg«, oder der Komponist Giacomo Meyerbeer, vorher »Jakob Meier Beer«, nur der »deutschen Auslandssucht« nachgegeben hätten. Die Begründung für die befürwortete Germanisierung wie auch für die gerügte Entgermanisierung ist die gleiche: »Der Vatername ist doch für jeden anständigen Menschen, der anständiger Eltern Kind ist, auch ein Stück seiner angeborenen und angeerbten Ehre.« Im nächsten Jahr tutete ein anderer Beiträger ins gleiche Horn und schärfte den Lesern ein, es sei »unfromm«, des Wohlklangs oder Vorteils wegen seinen Namen »abzustreifen«, den die Urväter seit Jahrhunderten »rein und heilig« gehalten hätten.

Daneben wurden die Vornamen ins Visier genommen. 1888 weist die *Zeitschrift* auf den »ehrenden Inhalt« hin, wenn es sich erstens um germanische Namen und zweitens um solche handele, bei denen Kampf und Krieg »im Vordergrund« stünden, so etwa bei Bernhard als dem »Bärenkühnen« oder Friedrich als dem »Schutzreichen«. 1889 gab es einen Vortrag auf der Hauptversammlung des Sprachvereins in Kassel, der sich des Themas annahm. Dort heißt es, das germanische Namensystem sei so reich, dass noch heute jeder der fünfzig Millionen Deutschen mit einem eigenen Namen bekleidet werden könnte, während sich »die gesammte romanische Welt (…) in die Fetzen des altgermanischen Namenprachtgewandes kleidet«. Aber die Lage sei auch hier eben wie überall: Die Deutschen wüssten schlicht nichts von ihrem Reichtum, von den Benennungen nach klugen Tieren wie dem Wolf oder dem Raben, und steckten stattdessen »tief in der Verwälschung« fest. Ein Vornamenbüchlein solle für Abhilfe sorgen.

Karl Erbe, wie Alfred Götze Germanistikprofessor, setzte sich 1892 energisch für eine Wende ein: *Deutschen Kindern deutsche Namen.* Seine Vorschläge: »Gottwalt«, »Gottschalk« mit der Betonung eines Glaubens an Gott, »Ebert« oder »Emund« mit der Bekundung von Treue gegen Vertrag und Gesetz, »Willihard« oder »Hartmut« mit dem Inhalt von Kampf und Sieg. Friedrich Kluge, ein dritter Germanistikprofessor, forderte mitten im Ersten Weltkrieg mehr deutsche Vornamen und setzte dabei auf den Frieden als Inhalt, wie etwa »Bringfriede« für Mädchen. 1927, unter dem Eindruck des Versailler Vertrags, lautete die Argumentation wieder anders. Ein Beiträger äußerte keinerlei Verständnis für einen Namen, »der aus dem Sprachgebrauch eines Volkes stammt, das jahrelang gegen uns im Kriege lag oder sich gar nach einem Treubruch unseren Feinden angeschlossen hatte«. Deshalb gelte es, auf deutsche Vornamen zu bestehen, »aus Vaterlandsliebe und aus Reinlichkeitsgründen«.

Aber dies wurde noch überboten. 1937 steht ein Artikel unter dem Titel *Deutsche Trutznamen.* In diesem Fall werden Kurznamen gefeiert, die »kernig« seien wie Dietz, Bernd, Frank, Fritz, Heinz oder Karl – Namen, die die »Kraft des Bauerntums« in sich trügen. Das gelte auch dann, wenn sie nicht auf deutschen Namen beruhten, so wie Hans, abgeleitet von Johannes.

Auf der anderen Seite kam es zum Verbot von jüdischen Vornamen für deutsche Kinder. Ein Standesbeamter hatte Josua abgelehnt, der darauffolgende Einspruch wurde abgewiesen. Der höchste preußische Gerichtshof fällte am 1. Juli 1938 dann die endgültige Entscheidung: Nur neutestamentliche Namen wie Joseph und Maria oder eingedeutschte wie Eva und Ruth blieben erlaubt, als »hebräisch Empfundenes« wie Abraham, Samuel, Judith oder Esther seien verboten. Das Vereinsmitglied Max Wachler – wir werden noch von ihm hören – berichtete darüber 1938 zustimmend in der *Muttersprache.* Als Wachler im nächsten Jahr ein bereinigtes Namenverzeichnis an das nationalsozialistische Zeitungsorgan »Das Schwarze Korps« schickte, in dem jüdische Namen lediglich durch den lateinischen (und damit »fremden«) Schrifttyp von den vorbildlichen deutschen Namen abgehoben wurden, erntete er wütenden Protest. Die »wissenschaftliche Gründlichkeit« sei »eine wenig glückliche Lösung«, hieß es. Und weil man gerade dabei war, Ordnung zu schaffen, beschwerte man sich auch über den ebenfalls aufgeführten katholischen Namen Sulpitius mit Gedenktag am 20. April. Natürlich wusste jeder damals den Grund: An »Führers Geburtstag« hatte so etwas nichts zu suchen, »auch nicht in Lateinschrift«.

Wenn die Vor- und Familiennamen fürs »Deutschtum« von Bedeutung waren, so galt dies noch mehr für die Ortsnamen. *An deutschen Orten deutsche Namen* lautet 1898 ein Artikel, wobei alles als »deutsch« galt, was einmal zum deutschen Reich gehörte und in dieser Zeit seinen Namen erhielt. Schon 1888 hatte man sensible Regionen entdeckt, das »Reichsland« Elsass zum Beispiel, dessen Orte im Laufe der Geschichte so häufig den »Besitzer« gewechselt hatten. Seit 1871 war das Elsass deutsch, aber es fanden sich auch Postkarten mit französischen Bezeichnungen, »gelinde gesagt – freche Verhöhnungen der deutschen Regierung und Obrigkeit«. Der Vorschlag lautete, Derartiges als unzustellbar zurückzuweisen. 1902 schrieb ein Beiträger in der *Zeitschrift* über die Zurücksetzung der deutschen Sprache in der Schweiz, nachdem die französische Verwaltung der Jura-Simplon-Bahn auf französische Bezeichnungen umgestellt hatte, und stellte eine dadurch verursachte »Vergewaltigung deutschschweizerischer Ortsnamen« fest.

Meldungen dieser Art fanden kein Ende. In den alten Kolonialgebieten des Ostens meldete sich die Ursprungsbevölkerung zu Wort, zum Beispiel die Ungarn, die deutsche Orte nun ungarisch benannten. 1910 folgte sogleich ein »hinweg mit den madiarisierten Namen in deutschen Schriften und Zeitungen«, womit auf die Eigenbezeichnung der Ungarn als »Magyaren« oder auch »Madjaren« angespielt wurde.

Nach dem Ersten Weltkrieg und den Gebietsverlusten im Versailler Vertrag, die nicht nur das Deutsche Reich, sondern genauso Österreich betrafen, war die Lage noch dramatischer geworden. Ein Beiträger entdeckte 1927 im Kölner Hauptbahnhof einen Fahrplan mit Fernverbindungen in zweisprachiger Fassung, wobei gerade die Knotenpunkte alle fremdsprachlich bezeichnet waren: Anvers, Bruxelles, Strasbourg. Weiter gab es polnische, russische und tschechische Namen wie Plzen, Bratislava, Bucaresti und Brasov (für Kronstadt), schließlich »neben dem fetten Praha kaum halb so groß und in Klammern das dünne Prag«.

Immer wieder wird entsprechend zum »Schutz« der deutschen Namen aufgerufen, auch für mittlerweile ausländische Orte, die ausdrücklich als »ein Stück Deutschtum« erklärt werden. Empört reagierte ein anderer Beiträger zum Beispiel auf die Anzeige eines deutschen Gästehauses mit dem Namen »Gudrun«, das als Adresse ein *Colle Isarco* angibt. Schämen solle sie sich, diese Gudrun, die nicht weiß oder nicht wissen wolle, dass man in diesem *Colle Isarco* den tausendjährigen Namen Gossensaß »verbogen und verlogen« habe. Und wenn Carl Zuckmayer von einem »Goriza« schreibe, handle es sich eigentlich um »Görz«. Deutsches Namengut gehöre eben zu den »Denkmälern und Urkunden deutscher Geschichte«, die nicht preisgegeben oder gar vernichtet werden dürfe.

Die letzte Forderung konnte man in der *Kölnischen Zeitung* unter dem Titel *Auf dem Trümmerfeld deutscher Geschichte* finden. Der Autor, Franz Thierfelder, ist ein interessanter Mann, von dem noch näher die Rede sein wird. Er fungierte damals als Schriftleiter der Deutschen Akademie und beteiligte sich früh an Beiträgen der Vereinszeitschrift, die ab 1923 *Muttersprache* hieß. 1928 hatte er sich programmatisch zum Thema Ortsnamen ausgesprochen und einen Kollegen kritisiert, der zweisprachige Aufschriften in den Schlafwagen der Fernzüge in Ordnung fand, sofern damit altes Sprachgut erhalten bliebe. Nein, hier gelte es nicht, liberal »sprachwissenschaftlich« zu argumentieren, sondern rigoros »nationalpolitisch«, so Thierfelders Ansicht. Sein Gegner übersehe »die völkisch-werbende Kraft der Ortsnamen«, heißt es weiter. Ortsnamen dürften nicht einfach deshalb internationalisiert werden, weil die Schlafwagengesellschaft international agiere. Bei »schwächlichen Zugeständnissen« würden bald alle deutschen Namen verschwinden. Namen wie Florenz, Genua und Turin seien keineswegs »geradezu ungeschichtlich und irreführend«, weil diese Orte erst im Mittelalter und in der Neuzeit bedeutungsvoll waren, als sie schon Firenze, Genova und Torino hießen – man müsse vielmehr sehen, »wie reich die eigene Namenwelt ist, die sich unser Volk in der Fremde aufgebaut hat«.

Das war ein Rundumschlag, der sich erst erklären lässt, wenn man weiß, was Thierfelder in sprachlicher Hinsicht vorschwebte: nichts Geringeres als der Aufbau der deutschen Sprache als Weltsprache – aber davon später. Vorläufig ging es eher um Praktisches, um die Post zum Beispiel und das Problem der Zustellung von Briefen und Telegrammen. Auf der Weltnachrichtentagung in Kairo 1938 einigte man sich in letzter Minute darauf, Adressen wie Prag, Karlsbad und Eger anzuerkennen, nachdem die Tschechoslowakei dies zu blockieren versucht hatte. Mit der Unterstützung von Großbritannien fand sich jedoch eine ausreichende Mehrheit für die alten Namen. Aus einem Beitrag bereits aus dem Jahr 1929 geht hervor, dass Briefe mit deutschen Ortsnamen durchaus nicht zurückgewiesen wurden, weil die Postverwaltungen im Weltpostvertrag nämlich zur Beförderung verpflichtet worden waren. Alles andere sei ein »Märchen«. Nur für Telegramme gebe es ein festes zwischenstaatliches Verzeichnis, wobei im deutschen Reichskursbuch die deutschen Namen an erster Stelle stünden.

Mit den Orts- kamen auch die Straßennamen in den Blick – ein weniger dramatisches Thema, bei dem es vorwiegend um Fragen der Rechtschreibung ging. Der Minister der öffentlichen Arbeiten erließ 1910 im Einklang mit dem Sprachverein Richtlinien für Zusammensetzungen wie »Kaiserdamm« oder »Gendarmenmarkt« ohne Bindestrich, für Friedrich-Wilhelm-Straße mit einem solchen sowie für abgerückte Adjektive wie in »Breite Straße«. Aber auch bei den Straßenbenennungen selbst gab es Anlass zum Verdeutschen, etwa bei »Promenade«, »Allee« oder »Chaussee«. Zufrieden zeigt sich demgegenüber ein Beiträger mit der Auflistung »schöner Bezeichnungen«. Gemeint war damit etwa die Straße mit dem Namen »Kehrwieder« im Hamburger Hafenviertel oder »Wo der Fuchs den Enten predigt« in Straßburg.

Ich übergehe die wiederholten Beiträge in der *Zeitschrift* zu deutschen Pflanzennamen, die eher ins Ressort Wissenschaftssprache fallen. Auch Hunde- und Pferdenamen wurden schon im Vorbeigehen erwähnt. Ein letztes umkämpftes Thema aber waren die deutschen Monatsnamen, ein alter Streitpunkt, bei dem durchaus mit Recht darauf hingewiesen wurde, dass sich schon Karl der Große mit deren Reform geplagt hatte. 1900 lehnte der Vorstand eine Verdeutschung für die *Zeitschrift* selbst noch ausdrücklich ab, auch in Klammern. 1922 aber war es so weit: Es gab nun lateinisch-deutsche Doppelbezeichnungen, weil der »Wille zu einer weithin leuchtenden völkischen Tat« alle ernsthaften Bedenken überwog. Damit stand über den monatlich erscheinenden Heften also neben dem Gewohnten »Jänner«, »Hornung«, »Ostermond«, »Sonnwend«, »Heuert«, »Aust«, »Scheiding«, »Gilbhart«, »Nebelung« und »Christmond«.

Und warum blieb es bei »März« und »Mai«? Fast will man es nicht glauben: Weil man deren Verwendung in Texten Walthers von der Vogelweide nicht »ausgemerzt« beziehungsweise »überdeutscht« sehen wollte. Übrigens wurde 1934 der »Nebelung« im *Reichsanzeiger* ausdrücklich verboten, weil er deutschlandweit kaum bekannt und damit nicht durchsetzungsfähig war.

»Der Gesamtverein und seine Zweigvereine sind nun durch die Wahl des Vorsitzers nationalsozialistischer Führung unterstellt«

1933

Für jeden auch nur annähernd mit der deutschen Geschichte Vertrauten bedeutet das Jahr 1933, genauer der 30. Januar, einen der größten aller Einschnitte. Mit der Benennung Adolf Hitlers zum Reichskanzler ist der Beginn jener »legalen« Revolution datiert, die zur »totalitären« Revolution führte mit der Folge eines »Zivilisationsbruchs« (im Folgenden beziehe ich mich wieder besonders auf Hans-Ulrich Wehlers *Deutsche Gesellschaftsgeschichte*). Die NSDAP hatte es zur stärksten Kraft im Reichstag gebracht, Hitler wurde Reichskanzler. Weil die absolute Mehrheit verfehlt war, beschloss die Führung alsbaldige Neuwahlen, durchgeführt am 5. März. Das angestrebte Ziel wurde zwar immer noch verfehlt, aber in einer Koalition mit den Deutschnationalen wurde der Umbau der Republik zum »totalen Staat« eingeleitet, den Joseph Goebbels dann am 1. Dezember in aller Form ausrief.

Rückblickend gehört zum Schockierenden des Vorgangs das hohe Tempo und die Leichtigkeit, mit der die Maßnahmen durchgesetzt werden konnten. Am 24. März trat das »Ermächtigungsgesetz« in Kraft, das die Gewaltenteilung beseitigte, am 31. März das sogenannte erste »Gleichschaltungsgesetz«, das den Föderalismus auflöste und die früheren Befugnisse der Länder unter Einsetzung von »Reichsstatthaltern« an die Zentrale abgab. Am 7. April erging das Gesetz zur Wiederherstellung des Berufsbeamtentums, dessen Arier-Paragraphen die Entlassung jüdischer Beamter erlaubten. Sämtliche demokratische Institutionen wurden nach und nach verboten oder lösten sich von selbst auf wie etwa der Allgemeine Deutsche Gewerkschaftsbund, der am 10. Mai als Deutsche Arbeitsfront wiederkehrte. Am 22. Juni wurde die SPD verboten, alle anderen Parteien gaben ohne Verbote auf. Was das kulturelle Leben betraf, zeigte sich bereits bei der ersten Bücherverbrennung vom 10. Mai in Berlin, was künftig zu erwarten war. Am 22. September erstand die Reichskulturkammer, die sämtliche anderweitige Kulturorganisationen unter Kuratel stellte. Am 30. Januar 1934, dem Jahrestag der »Machtergreifung«, wurde die Industrie in einen »Reichsstand« unter Aufsicht des NS-Staates gestellt.

Binnen eines einzigen Jahres also war die »Revolution« abgeschlossen, auf dem Weg über Wahlen, Notverordnungen und taktische Manöver, die stets als legal verbrämt wurden. Für viele damalige Beobachter stellte sich die Entwicklung sogar als konsequent, ja bruchlos dar, führte letztlich auf den Punkt der deutschen Geschichte zurück, den sie mit dem verlorenen Ersten Weltkrieg und der Weimarer Republik verlassen hatte.

Sie war also wieder da, die Zeit der Herrschaft »von oben«, nur eben ohne unfähigen Kaiser, stattdessen mit einem charismatischen »Führer«, dem man den Terror anlässlich der März-Wahlen ebenso durchgehen ließ wie all die anderen Gewaltakte, für die es stets eine Erklärung gab. So etwa nach dem Reichstagsbrand, der jenen »Feinden« des »Systems« in die Schuhe geschoben wurde, die an die Wiedererstehung eines gesunden »Volkskörpers« von arischen »Herrenmenschen« und deren Herrschaft im kontinentalen »Lebensraum« nicht glauben wollten. Die »Gleichschaltung«, seit dem 13. März 1933, unterstützt von einem eigenen Ministerium für Volksaufklärung und Propaganda unter Minister Joseph Goebbels, erschien wie die Erfüllung eines Lebenstraums: Bündelung der Kräfte bei Unterwerfung unter den *einen* Willen.

Man muss diese Hintergründe in Rechnung stellen, wenn man

den Weg des Deutschen Sprachvereins (wie er seit 1923 ohne den Zusatz »Allgemeiner« hieß) verfolgt. Rein äußerlich schien sich wenig verändert zu haben, die Vereinszeitschrift erschien weiter im gewohnten Format, auch mit den gewohnten Themen. Das allerletzte Heft von Februar und März 1943 bot – man traut seinen Augen kaum – einen Artikel über die Rufnamen an der Nahe zwischen 750 und 1600. Im Bombenhagel hatte sich also jemand wie eh und je über Handschriften und Bücher gebeugt und nach Spuren einer deutschen Vergangenheit gesucht, die es immer noch als Zeugnis der »Größe« zu bewahren galt.

Aber der Eindruck täuscht, er verdeckt jedenfalls die entscheidende Richtungsänderung, die den Sprachverein 1933 betraf. Auch der Sprachverein war eben ein Verein und unterlag der Gleichschaltung, die sich in diesem Fall mit einem Führungswechsel verband. Es traf sich, dass im Mai desselben Jahres der Vorsitzende Richard Jahnke starb und ein Nachfolger benötigt wurde. Der Kampfbund für deutsche Kultur, die Überwachungsstelle aller kulturellen Einrichtungen, dachte an eine Entlassung des gesamten Vorstands und Einsetzung eines Linientreuen aus den eigenen Reihen. Das Vereinsmitglied Theodor Steche sollte für den Übergang sorgen. Aber es kam anders. Man konnte den Vorstoß, der einer Übernahme gleichgekommen wäre, abwehren und einen eigenen neuen Kandidaten durchsetzen, der die Vereinsinteressen unabhängiger zu wahren versprach.

Dieser Wunschkandidat wurde im September der schon genannte Rudolf Buttmann. Er war Inhaber des Parteibuchs mit der ungeheuer prestigeträchtigen Nummer 4 (Hitler hatte natürlich die Nummer 1, aber selbst Goebbels erlangte trotz Rückdatierung seines Eintritts nur die Nummer 22). Als Ministerialdirektor im Innenministerium mit Kompetenzen im Kultursektor war er eine geradezu unantastbare Figur aus dem Führungspersonal der NSDAP, weshalb die Gleichschaltung keine Bedrohung von außen mehr darstellte: Man hatte sie schließlich selbst schon vollzogen.

Die Lage des Vereins ist dabei ein Lehrbeispiel für die komplizierten Verhältnisse, die sich damals ergeben konnten. Zunächst einmal bedeutete der neue Vorsitzende die Rettung. Der Schriftleiter der *Muttersprache*, Alwin Ruprecht, drückte es Ende 1933 so aus: »Der Gesamtverein und seine Zweigvereine (...) sind nun durch die Wahl des Vorsitzers nationalsozialistischer Führung unterstellt, sie bedürfen deshalb keiner Gleichschaltung mit der NSDAP.« Nur blieb offen, welchen Einfluss der Vorsitzende nehmen würde, und vor allem, welchen er abwehren konnte.

Wer aber war dieser hochwillkommene Gleichschalter überhaupt? Buttmann (ich folge der Biografie von Susanne Wanninger) hatte vor dem Ersten Weltkrieg Jura und Bibliothekswissenschaften studiert und wurde daraufhin Bibliothekar an der Bayerischen Landtagsbibliothek. Der Prototyp des Bildungsbürgers aus entsprechend bildungsbürgerlichem Hause betrieb nach der Teilnahme am Ersten Weltkrieg Politik in immer rechteren Parteien. Nach der Ausrufung der Republik am 9. November 1918 nahm er an der wenige Wochen später erfolgten Gründung der Deutschnationalen Volkspartei teil. 1924 stellte Buttmann den Völkischen Block in Bayern mit auf die Beine, ehe er dann 1925 in einem spektakulären Akt im Bürgerbräukeller unter Handschlag mit Hitler der damals neu gegründeten NSDAP beitrat. Daher die Auszeichnung mit der niedrigen Parteibuchnummer.

Seit Februar 1925 betätigte Buttmann sich in seiner neuen Umgebung als »Reichsredner« und setzte sich wiederholt erfolgreich für Hitler persönlich ein, zum Beispiel als es um die Aufhebung von dessen Redeverbot in Bayern ging. Seit 1932 war er Abteilungsleiter in der Reichsleitung der NSDAP und hoffte auf einen weiteren Aufstieg nach der Wahl vom 30. Januar 1930. Seine Ambitionen auf eine leitende Stellung in Bayern erfüllten sich jedoch nicht. Der vor der Machtergreifung so nützliche »Bürgerliche« wurde dort nach dem Sieg der »Revolution« offenbar weniger dringend gebraucht.

Aber Hitler vergaß den ehemaligen Förderer nicht und belohnte ihn völlig unerwartet mit einem Amt im Reichsinnenministerium, wo Buttmann als Ministerialdirektor Leiter der kulturpolitischen Abteilung wurde. Der hocherfreute Buttmann sah sich bereits als eine Art Reichskulturminister, musste dann jedoch erfahren, dass entscheidende Kompetenzen an andere Ministerien beziehungsweise Vereinigungen gingen, insbesondere ans Propagandaministerium und an den schon genannten Kampfbund für deutsche Kultur unter Führung des NS-Chefideologen Alfred Rosenberg (»Amt Rosenberg«). Das große Geschenk erwies sich so gesehen als vergiftet. Buttmann erlebte damit allerdings nur das, was zur Grundstrategie Hitlers gehörte: die Aufteilung, ja Zersplitterung von Macht mit durchaus erwünschter Konkurrenz aller Beteiligten, um eine zu große Anhäufung von Einfluss Einzelner zu verhindern.

Weil Buttmann als studierter Bildungsbürger schon immer als Vermittler gute Dienste geleistet hatte, trug man ihm die Verhandlungsführung mit dem Heiligen Stuhl anlässlich des Konkordats zwischen Kirche und Staat auf, später auch die Vermittlung zwischen dem evangelischen Reichsbischof und der Bekennenden Kirche. Buttmann verhandelte in den folgenden Jahren loyal und auch erfolgreich, fand jedoch letztlich keine Unterstützung beim Regime, das die Ergebnisse stets unterlief. So suchte er nach einer neuen Betätigung und fand sie 1935, wiederum mit Hitlers persönlicher Unterstützung, als Generaldirektor der Bayerischen Staatsbibliothek, der er bis 1945 vorstehen sollte.

Bei diesem groben Überblick wurde Buttmanns Bestellung als Vorsitzender des Sprachvereins übersprungen. Sie fällt genau in die Zeit, als er gerade die Verhandlungen mit dem Heiligen

Stuhl begann und dafür ständig nach Rom reisen musste. Geradezu auf einem Zwischenstopp erreichte ihn der Antrag eines Vorstandsmitglieds, dem er trotz der zeitlichen Überlastung entsprach, allerdings unter dem Vorbehalt, nur die Verwaltungsaufgaben zu betreuen, also nicht inhaltlich mitzuarbeiten.

Bei Buttmanns Wahl wird eine Rolle gespielt haben, dass er längst Mitglied des Vereins war, nämlich seit 1927 – schon sein Vater hatte mitgemacht. Buttmann kannte also das Programm und unterstützte die Grundthesen, die sich ihm als Normalüberzeugung eines Bildungsbürgers dargestellt haben dürften. Umgekehrt wird dem Verein wichtig gewesen sein, dass Buttmann unter den NS-Größen eine Ausnahme darstellte; er war somit jenseits der »Krawallfiguren« die perfekte Vertretung jenes Bildungsbürgertums, das sich auf die Seite der Rechten geschlagen hatte, aber über alle Grundbedingungen von kulturellem Interesse und entsprechende Kenntnisse verfügte. Zudem war Buttmann als Mitglied Nummer 4 »geschützt«. Wenn also Gleichschaltung, dann konnte man sich kaum einen idealeren Gleichschalter vorstellen.

Buttmann wurde also Vorsitzender und traf im Gesamtvorstand auf den Gymnasialdirektor im Ruhestand Oskar Streicher sowie auf fünf Germanistikprofessoren: Otto Behaghel, Alfred Götze, Arthur Hübner, Theodor Siebs und Leo Weisgerber. Wer außer Buttmann hätte sich aus der NS-Garde mit ihnen unterhalten können? Und man hatte sich auch sonst nicht getäuscht, obwohl zur Zeit der Ernennung niemand ahnen konnte, welche Aufgaben auf den Vorsitzenden zukommen sollten. Denn genau das, was man sich von der Parteibuchnummer 4 erhofft hatte, sollte sich bald in Luft auflösen. Die Gleichschaltung genügte nicht, die Konkurrenten Buttmanns bliesen zum Generalangriff auf den Verein, dessen Untergang nur eine Frage der Zeit zu sein schien, auch wenn es im Laufe des ereignisreichen Jahres 1933 gar nicht danach ausgesehen hatte.

Nur aus dem Innenministerium unter Leitung von Wilhelm Frick kam Unterstützung. Der später als Kriegsverbrecher Hingerichtete setzte sich am 9. Mai in einer Sitzung mit den Unterrichtsministern der Länder für Sprachpflege ein und forderte die »Reinheit« der »Muttersprache« einschließlich der Vermeidung überflüssiger Fremdwörter, um das Verständnis breiterer Volksschichten nicht zu gefährden. Unter direktem Hinweis auf die Arbeit des Sprachvereins wurden sämtliche amtliche Stellen aufgefordert, verständliches Deutsch zu produzieren. Auch sonst äußerte sich Frick ganz im Sinne des Sprachvereins, der dies dankbar weitergab. Im November 1933 ist anlässlich eines Artikels über die *Sprache der deutschen Wiedergeburt* beispielsweise davon die Rede, dass der Reichsminister wiederholt zu »gutdeutscher Sprache« aufgefordert habe; weiterhin mahne er an, »Volksschädlinge (zu) beseitigen« und den »Angriff gegen die vermanschte Sprache« weiterzuführen. Als der Verein eine Broschüre zur *Sprachpflege im Dritten Reich* ausgab, bat Buttmann um Weitergabe an die Ministerien, was Frick »gerne« vornahm. Noch im Juli 1936 erneuerte er seinen Aufruf, kurz bevor der Gegenwind zum Sturm anwuchs.

Buttmann muss früh von den Bestrebungen gegen den Verein gehört haben, denn im Dezember 1934 sprach er sich für ein Einvernehmen mit dem NS-Regime bezüglich der Fremdwörterfrage aus. Sein Argument: Eine Bewegung, die sich ans Volk wende, solle auch die Sprache des Volkes sprechen. Dabei berief er sich auf Goebbels, der selbst gesagt hatte, dass man als Politiker den Mut haben müsse, die Sprache des Volkes zu sprechen, und noch in einer Rede von 1935 ausdrücklich »Ehrfurcht vor der Sprache« forderte. Im Februar 1937 brachte die *Muttersprache* einen Artikel von Innenminister Frick *Über Sprachpflege*, auf der ersten Seite in einem schwarzen Kasten wie ein Fanal gedruckt. Darin erklärt Frick »scheinbar so Fernliegendes wie die Reinheit, Klarheit und Einfachheit der Sprache im amtlichen Schriftverkehr« als »für die Einung der Deutschen wichtig«, fordert weiter, dass »Volk und Führung in allen ihren Teilen miteinander durch die gleiche klare und einfache Sprache geeint, nicht etwa durch ein zopfiges Verwaltungsdeutsch voneinander geschieden« sein sollten.

Aber Goebbels hatte sich längst eine andere Meinung gebildet; die Fremdwortjagd war ihm, der Fremdwörter allein deshalb liebte, weil sich damit »Bildung« zeigen ließ, ein Gräuel. In der Rede vom 1. Mai 1937 vor der Reichskulturkammer ging die Bombe hoch:

> Richtig ist, was das Volk durch seine besten Vertreter spricht. Man greift deshalb vollkommen am Wesen der Sprache vorbei, wenn man glaubt, durch künstlich erdachte Wortbildungen die ewige Entwicklung der Sprache aufzuhalten. Worte lassen sich nicht ein- oder absetzen wie Studienräte.

Buttmann wusste sofort, was die Stunde geschlagen hatte, und bemühte sich um Deeskalation im »Fremdwörterkrieg«, wie er die Lage in seinem Tagebuch beschrieb. Aber er notierte auch, dass er sich »körperlich der Sache nicht mehr gewachsen« fühle, klagte über Schlaflosigkeit aus »Sorge um den Sprachverein«. Ein Versuch, mit Goebbels Kontakt aufzunehmen, scheiterte. Buttmann erhielt keine Antwort und glaubte, das Ende sei da. Jegliche finanzielle Unterstützung seitens der Regierung war mittlerweile gestrichen worden.

Es sollte sich als Rettung erweisen, dass Buttmann zwar nicht selbst über die notwendige Macht zum Widerstand verfügte, aber über Kontakte, die Widerstand organisieren konnten. Als der entscheidende Mann in diesem Zusammenhang erwies sich wieder einmal Innenminister Frick, der seiner Linie treu blieb und wohl der Einzige war, der auch einem Goebbels Paroli bieten konnte. Buttmann ließ sich von seinem bereits geplanten

Rücktritt abhalten (»weil niemand sonst da sei«), aber die Dinge spitzten sich weiter zu. Im April 1938 bezeichnete er die Lage des Vereins als »verzweifelt«, nachdem sich Goebbels ans Innenministerium, die bislang letzte Bastion, gewendet hatte und mitteilen ließ, er stehe dem Verein »ablehnend« gegenüber. Angeblich hätte er schon jetzt »nach den Weisungen des Führers« ein Verbot des Vereins aussprechen müssen, was er auch sofort umsetzen werde, »sobald der geringste weitere ›Blödsinn‹ erscheine« – gemeint waren die Beiträge gegen Fremdwörter.

Um den weiteren Verlauf abzukürzen: Hitler, der sich bislang zurückgehalten hatte, äußerte im November 1940, dass er »gewaltsame Eindeutschungen nicht wünsche«. Dies steht im Zusammenhang mit seinem direkten Eingreifen gegen die Verwendung der Fraktur als »deutsche« Schrift, die per Führererlass im Januar 1941 verboten wurde. Man fühlte sich in dieser Phase des erfolgreichen Krieges offenbar über jede Form der »Deutschtümelei« erhaben, sah sich als Herrscher eines Europa, das ohne Kleinkariertheit zu regieren sei. Buttmann hatte bereits im Dezemberheft der *Muttersprache* in acht Zeilen sämtlichen Zweigvereinen und ihren Mitgliedern untersagt, sich weiter mit der Schriftfrage zu befassen. Während die Fraktur dann tatsächlich fiel, blieb der Sprachverein erhalten. Frick setzte sich mit seiner mäßigenden Haltung durch, die womöglich auf eine Schwächung des Propagandaministeriums zielte, das mittlerweile ganz andere Probleme zu lösen hatte. Denn allmählich begann der Bombenkrieg, der Durchhalteparolen erforderte, die das Sprachproblem völlig in den Hintergrund drängten. Buttmann, der ehemalige Gleichschalter, hatte letztlich mit bedeutender Hilfe die Zwangsauflösung verhindert.

Der Grund für seinen Kampf aber fügt diesem ohnehin verwirrenden Kapitel in der Geschichte des Sprachvereins einen letzten verwirrenden Punkt hinzu: Buttmann (auch dies ist seinem Tagebuch zu entnehmen) wollte mit der Erhaltung des Sprachvereins Schaden vom Nationalsozialismus abwenden. Er war eben überzeugt von der Notwendigkeit der Sprachreinigung und glaubte, die Durchführung sei nicht von seinem Idol Hitler und auch nicht aufgrund der nationalsozialistischen Überzeugungen gefährdet. Den Hinderungsgrund sah er vielmehr einzig und allein in den ihm völlig abstrus erscheinenden Initiativen des »Apparats«, eben in den »Radau-Nazis«, zu denen auch ein Goebbels zählte. Das »Amt Rosenberg« hingegen zeigte seiner Meinung nach eher zu wenig Aggressivität beim Unternehmen Sprachreinigung.

Dass der Totalitätsanspruch des Nationalsozialismus der wahre Grund der Misere war, dämmerte dem Gleichschalter vielleicht, führte jedoch in keiner Weise zum Widerstand. So setzte der gleichgeschaltete, oder besser, der sich selbst gleichschaltende Sprachverein seinen Weg in erstaunlicher Zähigkeit, um nicht zu sagen, in schlichter Blindheit fort und machte dabei seinem sehr viel ängstlicheren (oder auch nur die Lage viel besser durchschauenden) Vorsitzenden das Leben schwerer als nötig. Es folgten weitere knapp zehn Jahre Kämpfe gegen das Fremdwort in Verbindung mit immer neuen Huldigungen an das System und seine ideologischen Vorstellungen.

»Sterilisation« und »Kastration«

Im Juni 1934, die Gleichschaltung war gerade vollzogen, schlägt ein Beiträger in den Mitteilungen der Muttersprache *einen Fall von Fremdwortersetzung vor, der ihm offenbar besonders wichtig ist. Er hat von »Sterilisation« und »Kastration« gehört, womit wohl Zwangssterilisation und Zwangskastration gemeint waren, aber er wendet sich jeweils nicht gegen die Sache an sich, sondern gegen die Wörter. Statt »Sterilisation« schlägt er »Unfruchtbarmachung« vor, statt »Kastration« »Entmannung«. Die Begründung liest sich vor allem bei der Sterilisation in einer Weise »sachlich«, die erschüttert: Sterilisation werde auch beim Einkochen von Obst in Weck'schen Gläsern gebraucht, was aber jetzt »einwecken« genannt werde, heißt es. Und weiter: »Auch das Wort Kastration möge man vermeiden! Denn das deutsche Hauptwort ›Entmannung‹ ist nicht nur besser, sondern auch das zugehörige Zeitwort ›entmannen‹ lehnt sich an das Hauptwort viel einfacher und mundgerechter an als das fremdsprachige kastrieren an das seine.« Man liest richtig: Sterilisieren hat nun einmal mit Weckgläsern zu tun und wird deshalb besser ersetzt, kastrieren lehnt sich irgendwie nicht besonders »mundgerecht« an Kastration an. Ob der Beiträger eigentlich wusste, worum es ging?*

»Der Deutsche Sprachverein ist die SA unserer Muttersprache«

Unterm Nationalsozialismus

Wenn man die ersten Hefte der *Muttersprache* im Jahre 1933 durchliest, ergibt sich ein zwiespältiger Eindruck. Vieles ging schlicht weiter wie gewohnt. Karl Ammon schrieb im Januar und Februar über die Sprache der Elektrotechnik, der Romanistikprofessor Eduard Wechssler polemisierte im April gegen das Fremdwort »Kultur«, das lediglich die französische »Zivilisation« bedeute, aber nicht zur deutschen Kultur im Sinne von Platons »Erleuchtung« passe, woraus die Werke von Johann Sebastian Bach, Wolfram von Eschenbach und Matthias Grünewald erwachsen seien. Im Mai erschien wieder einmal ein *Mahnruf an das deutsche Volk* mit der Behauptung, die Begeisterung von 1914 sei »verpufft« und die »Verschandelung der Sprache« gehe weiter, »von der hohen Wissenschaft bis zum Heringshandel«. Otto Behaghel berichtete im Juni über einen deutschen Arzt, der sich im 18. Jahrhundert für deutsch geschriebene Arzneibücher eingesetzt habe, und der Linguist Ferdinand Wrede wurde zu seinem 80. Geburtstag für die Leistung gewürdigt, die er mit seinem *Sprachatlas* zur Erfassung der Dialekte vorgelegt hatte.

Aber die politische Entwicklung ging alles andere als spurlos an dem Verein vorüber, auch wenn es mit ersten Reaktionen etwas dauerte. Der Vorsitzende Richard Jahnke griff kurz vor seinem Tod im April 1933 mit dem Titel *Deutschland, erwache!* den nationalsozialistischen Slogan der Machtergreifung auf und zeigte auch sonst unmissverständlich Flagge: »Ein Sturm geht durch das deutsche Volk. Viele Millionen haben sich zu einem neuen Deutschland bekannt (…).« Natürlich gehöre es dazu, auch die Sprache »heilig« zu halten: »Unsere Sprache ist reich und stark genug, das Höchste wie das Tiefste zu sagen. Wer das leugnet, beweist damit, daß er sie nicht kennt und zu träge ist, sie zu erlernen. Wer wirklich deutsch sprechen kann, hat es nicht nötig, bei andern Völkern betteln zu gehen.« Aber es kommt auch der Wink mit dem Zaunpfahl in Richtung politische Führungsriege:

> Und ihr Staatsmänner, in deren Händen des Reiches Schicksal liegt, bedenkt: wer einem Volke Führer sein will, muß ihm ein Beispiel sein (…) in der Lebensführung, und zu der gehört eine reine, sorgfältige Sprache! Und wer zu allen Volksgenossen spricht, wer auf alle einwirken will, dessen Pflicht ist es, so zu sprechen, daß er allen verständlich sei. Wer Deutsche führen will, muß deutsch zu ihnen reden. Deutsche, erwachet!

Ein wenig versteckt erschien im Mai 1933 ein Beitrag, der die alte Idee des amtlichen Eingreifens aufnahm. Ein Italienkenner hatte bemerkt, dass Benito Mussolini genau diesen Wunschtraum eines staatlichen Feldzugs gegen die Fremdwörter durchführte. Ganze Ersetzungslisten »flatterten« durchs Land, Fristen würden gesetzt, Strafen bei Zuwiderhandlung angedroht.

Man fühlte sich also durchaus stark und glaubte an eine glorreiche Zukunft des Vereins. Als immer noch im Mai 1933 in der Redaktion der *Muttersprache* Briefe mit der Aufforderung eingingen, sich mit der neuen Regierung in Verbindung zu setzen und sie an den Schutz der Sprache zu erinnern, lautete die Antwort, dies sei längst geschehen, wozu das entsprechende Schreiben mit der Forderung nach »Erlassen über Pflege und Schutz der deutschen Sprache« abgedruckt wurde. Ausführlich geht es darin um Einwirkung auf Behörden, Schulen, den Rundfunk, Standesämter,

das Reichspatentamt, den Sport. Es geht auch um Gasthofnamen, Ladenschilder, Straßennamen – immer unter dem Hauptgesichtspunkt der »Reinigung« von Fremdwörtern beziehungsweise der Unterstützung des Vereins bei diesem Vorgehen.
Im Juni erschien dann ein Beitrag, der die eigenartige Mischung aus Begeisterung und Unzufriedenheit auf den Punkt brachte: *Die Stunde des Sprachvereins*, verfasst vom Schriftleiter und Germanistikprofessor Oskar Streicher. Lange genug habe man gewartet, liest man, aber nun heiße es in der ungeduldigen Jugend: »Auf auf, marsch marsch, hurra, und im Sturmlauf die ganze feindliche Stellung genommen!« Nur vermisse man immer noch »das rettende Gesetz zum Schutz der deutschen Sprache (…), das mit einem Schlage den Gedanken des Sprachvereins zum Siege führen würde«. Über das bisherige Ausbleiben liest man weiter:

> Aber auch der Ruhige und Geduldige kann sich einer gewissen Enttäuschung nicht erwehren, wenn er sich von Tag zu Tag anreden hört in einer Sprache, die nicht die Sprache des Volkes ist. Da wird noch immer diskriminiert und diffamiert, und hilflos liest der einfache Volksgenosse von Loyalität, Legalität und Illegalität und kann nur raten und ahnen.

Die Stunde sei eben doch noch nicht wirklich gekommen, »im Sturmschritt« ohnehin nichts zu erreichen. Aber es heißt auch: »Nun hat der Reichskanzler Adolf Hitler an dem herrlichen 1. Mai den Hunderttausenden auf dem Tempelhofer Feld zugerufen: ›Unser erstes Ziel ist, das Selbstgefühl und das Selbstbewußtsein in unserm Volke neu zu wecken und dauernd zu steigern.‹« Das sei schon immer das Ziel des Vereins gewesen. Wenn Goebbels Künstlern, Verlegern und Schriftstellern im Kaiserhof gesagt habe: »Lernt das Volk verstehen, dann wird das Volk euch verstehen lernen!«, so entspreche auch dies den Vereinszielen. Schließlich sei eine Mahnung der Staatskanzlei

erschienen, die zur »Besinnung auf nationale Güter« aufrufe, wozu natürlich auch die Sprache gehöre.
Und so richtete im Dezember 1933 der eigentlich für die Sprache der Technik zuständige Karl Ammon eine *Heiße Bitte an unsere Führer.* Eigentlich hätten sie – noch gibt es anscheinend »Führer« im Plural – Wichtigeres zu tun. Aber viele Mitglieder klagten, dass sie die Reden dieser Führer »wegen der vielen Fremdworte nicht verstehen«. Auch Buttmanns erste Äußerung nach der Annahme der Wahl im September 1933 ist zunächst einmal hoffnungsvoll, was die zukünftigen Aufgaben im »Kampf« um die Umbildung Deutschlands betrifft: »Als alter Nationalsozialist (…) habe ich das Bestreben, den Deutschen Sprachverein in dieser Kampffront an der richtigen Stelle einzuschalten.«
Tatsächlich winkte auf durchaus höherer Ebene des Staates eine freundliche Aufnahme des Vereins. Nicht nur das Innenministerium mit seinem Minister Frick, auch das Justizministerium befürwortete das Einschalten des Vereins etwa bei der Formulierung der Notverordnungen und bei der Bearbeitung der Gesetzesentwürfe. Vom preußischen Ministerpräsidenten wie auch vom Senatspräsidenten in Jena hörte man das Gleiche. Und so jubilierte ein Beiträger im Oktober: »Die Gedankenwelt der Hitlerbewegung hat einen vollkommenen Sieg davongetragen (…). Hakenkreuz und Braunhemd geben dem Dritten Reich sein Gepräge.« Dass Hitler »ohne Prunk« regiere, schlicht als »Oberster SA-Führer« und zuletzt nur noch als »Führer«, wird ebenfalls beifällig notiert.
Wenn da nicht ein »leidiger Gegensatz« existierte, der schon die Überschrift des Beitrags bestimmt: »NSDAP«. Während man »verstaubte Namen« wie »Adjutant«, »Zentralkomitee« oder »Chef des Stabes« abgeschafft und schöne alte deutsche wie »Sturmbann« (»erinnert an mittelalterlichen Heerbann«) eingeführt habe, die Offiziersränge mit »Scharführer«, »Truppführer« und »Oberführer« »entwelscht« wurden und man im Übrigen

von »Jungvolk«, »Hitlerjugend« und »Bund Deutscher Mädel« spreche, falle das »Buchstabenwort« aus dem Rahmen, auch wenn es aufgrund von »Straffheit und Umfang« mit dem alten deutschen Heer »wetteifert«.

Die Begeisterung für die neue Führung sollte jedoch vorläufig die Oberhand behalten. Im Mai 1934 schrieb ein Beiträger einen Artikel unter der Überschrift *Mehr Kampfgeist!* Darin forderte er »neue Wege« für die Arbeit in den Zweigvereinen. Das Vorbild dafür stelle die SA dar, die »Sturmabteilung« der NSDAP, die schon zwei Monate später durch die Ermordung ihres Anführers Ernst Röhm entscheidend geschwächt und in ihrer Führungsrolle durch die SS abgelöst wurde. Noch aber war die aufgrund der Saalschlachten in der »Kampfzeit« berüchtigte paramilitärische Einheit der SA mustergültig für den Sprachverein (vielleicht erkoren sie den Oberkirchenrat Joachim Hossenfelder zum Vorbild, der die von ihm gegründete nationalsozialistische Vereinigung Deutsche Christen schon 1932 als »SA Jesu Christi« bezeichnet hatte).

Und so tönt es nun im Artikel: »Wie die SA für die Reinhaltung des nationalsozialistischen Geistes zu sorgen hat, so sind die Vereine und Verbände berufen (…), nationalsozialistischen Geist in ihre eigenen Reihen zu tragen, reinen, unverfälschten Nationalsozialismus.« Ausdrücklich obliege es dem Sprachverein, nicht nur als »Namenträger«, sondern als »Geistträger« der neuen Entwicklung »das heilige erb- und blutgebundene Sprachgut zu säubern und zu reinigen und unverfälscht an unsere Nachfahren weiterzugeben«. Wer es immer noch nicht verstanden haben sollte, las es dann in gesperrtem Druck: »Der Deutsche Sprachverein ist die SA unserer Muttersprache.« Gefordert ist damit ein »Kampfgeist«, der jedes Mitglied beseelen und es zu Beratung und Überwachung anhalten soll. Für die Zeitungen fordert Streicher entsprechend einen »Pressewart«. Zum Schluss des Artikels heißt es: »Darum heraus an die Front!« Der Sprachverein versteht sich nun unmissverständlich und unumwunden als »Kampfgemeinschaft«.

Nur gab es da diesen einen Pfahl im Fleisch: die Fremdwortliebhaberei der Nazigrößen, die dem Vereinsziel in drastischer Weise widersprach. Im November 1933 hatte es ein Beiträger geradezu programmatisch formuliert. Die Fremdwörter erscheinen ihm als »Störenfriede im deutschsprachigen Aufbau der ganzen Bewegung«. Zugleich gibt er sich »überzeugt, daß der Führer und Volkskanzler« Einsicht zeigen werde, ja, dass er gar dem Verein vorwerfen könnte, er hätte sich schon früher mit seinem Anliegen melden müssen. So geht es dann um die »Propaganda«, die besser »Werbe« heißen solle. Und weiter:

> Wir sind davon überzeugt, daß unser Goebbels noch einmal so freundlich lächeln wird, wenn der Führer ihn in Werbeminister umtauft. Wir wollen doch als deutsche Volksgenossen und Anhänger unseres Volkskanzlers von Herzen gern für unsere herrliche Sache und eine wahre Volksgemeinschaft werben und nochmals werben, aber nicht sie propagieren oder propagandieren!

Überhaupt kommt gerade die »Propaganda« immer wieder ins Visier. Die Amerikaner würden mit diesem Begriff »das Merkmal des Unehrlichen und Bestechlichen« verbinden, heißt es in geradezu umwerfender Naivität, wenn man weiß, dass 1937 eine amtliche Sprachregelung »Propaganda« als »gesetzlich geschützten Begriff« vorschrieb, der nur für die Partei galt, während fremde Propaganda als »Greuelhetze der Feindmächte« bezeichnet werden musste.

Vorläufig aber bemerkte man die Gefahr der ständigen Meckerei nicht. So meldete man im Januar 1934, bei einer Umfrage in drei Berufsschulklassen sei nach Abhören einer Führerrede herausgekommen, dass rund fünfzig Schüler den Begriff »Garant« – ein ausgesprochenes Lieblingswort Hitlers (etwa in der Verbindung »Garanten der Zukunft«) – als »Auswanderer« missverstanden hätten. Besonders die zentralen Begriffe des Nationalsozialismus wurden bemängelt, ohne zu sehen, dass gerade sie taktisch der Verharmlosung oder sonstiger Täuschung dienten; man kritisierte »arisieren« zum Beispiel oder auch »Konzentrationslager« (das in »Sammellager«, »Zwangslager« oder »Straflager« umzubenennen sei).

Während diese Klagen einen immer schärferen Ton annahmen, war es ein Vorstandsmitglied, das ihnen Einhalt gebot: der Germanistikprofessor Arthur Hübner, hochdekoriert als Mitglied der preußischen Akademie der Wissenschaften. Im April 1934 veröffentlichte er einen Artikel unter dem Titel *Die Einigung der deutschen Sprache.* Vordergründig geht es darin um die Herausbildung der deutschen Hochsprache seit dem Mittelalter, wovon Hübner einiges verstand. Das Fazit lautet: Alles nicht so einfach, denn Deutschland war nie das Land, in dem man sich leicht »einigte«. So sei es bis heute geblieben, weshalb sich Hübner »ein neues Wort« nicht ohne Bedenken anschaut, und zwar die »Gleichschaltung« neben »tieferen« Begriffen wie »Gemeinschaft« und »Einigung«. Immer sei es in diesem Punkt zu Überschätzungen gekommen, ein »überspannter Einheitsgedanke« sei auf »naturgewachsene und gar nicht um jeden Preis ausgleichsbedürftige landschaftliche Wesenheit« getroffen.

Damit erhielt der Verein einen deutlichen Dämpfer. Nebenbei sollte er Hübners Ansicht nach den Wunsch nach einem Sprachamt »vorsichtiger aufgreifen, als es in erster Hitze geschah«. Es sei zu begrüßen, dass sich das Reichsministerium zurückhaltend zeige, wie es dies auch bei der Rechtschreibreform tue. Nicht einmal mit der Gleichschaltung der deutschen Monatsnamen habe es geklappt, weil eben die Landschaften zu unterschiedliche Bezeichnungen böten und der »Nebelung« deshalb mit Recht vom *Reichsanzeiger* zurückgepfiffen worden sei.

Dann aber geht es um das aktuelle Problem des Fremdwortgebrauchs unter den Nazigrößen. Hübner findet die perfekte Rechtfertigung dafür:

> Adolf Hitler hat den ebenso einfachen wie genialen Gedanken gefaßt, daß man den Gegner nur mit seinen eigenen Waffen schlagen könne; dazu gehörte wohl auch, daß man mit dem Gegner in seiner eigenen Sprache redet – was denn freilich die entdeutschte und verausländerte Sprache des marxistischen und demokratischen Parlamentarismus war.

Damit wurde der Fremdwortgebrauch durch Hitler beziehungsweise die nationalsozialistischen Eliten ausdrücklich gebilligt. Und Hübner legte nach: Der Führer setze »im übrigen« auf »die Kraft der lebendigen Rede« und die »hat wirklich keine Zeit, sich mit Sprachpflege abzugeben. Sie muß die Sprache nehmen, wie der drängende Augenblick sie bietet; sie nimmt auch das Fremdwort, wenn es handlich bereit liegt«. Wenn überhaupt, dann ließen sich nur in geschriebener Sprache Fremdwörter mit Gewinn überwinden. Wenig später hat Hübners Vorstandskollege Alfred Götze Hitlers Fremdwortgebrauch ebenfalls verteidigt – als »wohlerwogene staatsmännische Absicht«.

Zunächst muss man betonen, dass Hübner das Thema der »Gleichschaltung« auf geradezu provozierende Weise verfehlte. Er schrieb über das *Wort*, nicht über die politischen Tatsachen, die sich damit verbanden und auch den Verein getroffen hatten. So entstand eine kuriose Situation: Genau im Moment der faktischen Gleichschaltung des Vereins vertrat jemand, der mit dem nationalsozialistischen Gedankengut völlig übereinstimmte, die These der angeblichen Unmöglichkeit einer Gleichschaltung in Deutschland – und das auch noch verbunden mit der Rechtfertigung von Fremdwörtern in einem Verein, der sich die Fremdwortbeseitigung auf die Fahnen geschrieben hatte. Die Sprachreiniger werden den Artikel wohl fassungslos gelesen haben. Für sie war die Argumentation unverständlich. Mit ihren erst nationalistischen und dann nationalsozialistischen Überzeugungen sollten sie nun angesichts der Gleichschaltung eine ihnen unzumutbar erscheinende Kehrtwende vornehmen?

Es überrascht daher kaum, dass Hübners Vorstoß misslang. Während die Vereinsführung nicht wusste, wie sie sich nun drehen und wenden sollte, nahm Oskar Streicher als Schriftleiter Artikel für Artikel an, die Goebbels zur Weißglut treiben sollten. Im Juni 1935 wurde eine Leserzuschrift veröffentlicht, die »Missgriffe« hoher Funktionsträger anprangerte, weil sie ein »schlechtes Beispiel« gäben. Früher hätte man auf so etwas kaum geachtet, lautet die These weiter, aber im neuen Staat werde alles, was die »Führer« täten und sagten, als vorbildlich aufgefasst und entsprechend nachgeahmt. Es kam noch schärfer. Mitten ins Sommerheft, das der Fünfzigjahrfeier des Vereins gewidmet war, platzte die Beschwerde über »Fremdwortnebel« aller Art, der gegenwärtig grassiere. Und dann: »Völlig verwahrlost in dieser Hinsicht sind die ›Deutschen Führerbriefe‹, die von lateinischem, griechischem, französischem Bettel so durchsetzt sind, daß ihr Beiwort ›deutsch‹ wie ein Hohn klingt.« Weiter böten auch die *Nationalsozialistischen Monatshefte* Beispiele »hohler Fremdwörterei«.

Im Dezember wurde ein *Notschrei* weitergegeben. Jemand beschwerte sich, er als Volksschüler verstehe vieles nicht mehr, nach einem Theaterbesuch sei er gar »dümmer als vorher«. Obwohl er morgen gerne in den Krieg ziehen wolle, schäme er sich, seinen Namen zu nennen, er endete lediglich mit »Heil Hitler!«. Die Redaktion teilte daraufhin ausdrücklich mit, für Scham bestehe kein Anlass, man gebe den als berechtigt angesehenen »Notruf« weiter. Man erhielt in dieser Angelegenheit sogar Unterstützung vonseiten der SA. Unter dem Titel *Auch der SA wird's zu viel* wird aus einem Gedichtband zitiert, der sich für eine

Sprache ohne Gelehrtheit ausspricht, »wie es in unserer Kampfzeit war«. In dem Gedicht heißt es:

> Doch wenn man dann etwas von einer Epoche,
> von Materie, Propaganda und Idealen hört –
> nee, Kinder, das stört!

Man fühlte sich im Verein also abgesichert und glaubte, mit der Führung an einem Strick zu ziehen, wie es auf bezeichnende Weise ein Artikel von 1937 unter dem Titel *Mein Kampf* zeigt: Hitler habe nach der von ihm selbst immerfort angeführten Geschichte mit sieben Getreuen seinen Kampf begonnen, dem jetzt siebzig Millionen folgten.

> Wir Gefolgschaftsmänner des Deutschen Sprachvereins, die wir zugleich Gefolgschaftsmänner Adolf Hitlers sind, sind nicht so unbescheiden, für unseren Kampf dieselbe ungeheure Bedeutung zu beanspruchen, wie sie des Führers Kampf um Leben oder Tod unseres Volkes hat. Aber unser Kampf ist ein sehr wichtiges Teilgefecht in Adolf Hitlers Großangriff wider alles Undeutsche.

Das Fazit lautet: »So wird der Kampf des Sprachvereins immer mehr auch zum Kampf des Hitlertums.«
Man glaubte sich also gerechtfertigt bei der Kritik am Fremdwortgebrauch der »Führer«. Und nicht nur die Fremdwörter wurden ins Visier genommen, ebenso ging es um die Abkürzungs- beziehungsweise »Aküsprache«, die die Nazis pflegten. Schon 1926 war vom »Telegrammstil« in der Zeitungssprache die Rede gewesen, 1927 gar von einer »Hottentottensprache« anlässlich der Düsseldorfer Ausstellung »Gesolei« (für »Gesundheitspflege, soziale Fürsorge und Leibesübungen«), die als Beispiel immer neuer »Verhunzung der deutschen Sprache« an-

geprangert wird. Anfang 1931 ereiferte sich jemand erneut über die »Hottentottensprache«, die womöglich im »Drahtverkehr« ihren Grund habe. Jedenfalls bedeute »Hapag« statt »Hamburg-Amerikanische-Paketfahrt-Aktiengesellschaft« tatsächlich eine Ersparnis, was allerdings leicht ins Groteske abgleite, wenn aus »Deutsche Bank« und »Diskontobank« nach der Vereinigung eine »Dedibank« werde.

Den Höhepunkt in dieser Hinsicht aber bot ein Beiträger namens Ludwig Finckh 1934. Er führte die »Einwortsprache« auf den Ersten Weltkrieg zurück, in dem Wörter wie »Flak« für »Flugabwehrkanone« eingeführt wurden und die dann in den Automarken BMW sowie NSU ihre »würdige« Fortsetzung gefunden hätten. Der Grund dafür? Natürlich Sparsamkeit: »Wir sparen Wörter, Raum, Zeit, Geld.« Nach dieser Feststellung geht Finkh jedoch erst wirklich zur Sache, denn »die neueste Entwicklung hat verheißungsvoll eingesetzt«, beginnend mit der Bezeichnung der Partei als NSDAP, folgend mit BDM und HJK. Wer immer noch nicht den sarkastischen Unterton verstanden hat, wird ihn wohl bei der folgenden Bemerkung raushören: »Bedauerlicherweise ist man auf halbem Wege stecken geblieben und sagt noch N.S.-Frauenschaft statt N.S.F., Deutsche Christen anstatt D. C., aber ich bin überzeugt, daß man noch ganze Arbeit machen wird.« Worauf die Gedichtzeilen folgen: »Die deutsche Jugend dichtet flott / im B.d.M. und im Hajod.« Die Ausführungen enden schließlich mit dem ironischen Fazit:

> Wir müssen dahin kommen, alles zu versilben und zu verbuchstaben. Auch die Namen (…). Man kann verlangen, daß wenigstens Namen künftig nur noch angedeutet werden, – ja, in letzter Folgerichtigkeit werden wir die deutsche Sprache vollkommen entbehren können, und damit wäre das Hochziel erreicht: der Deutsche Sprachverein überflüssig geworden.

Dagegen wirkt die 1936 erschienene Berufung auf den Reichsstatthalter von Bayern, Franz Ritter von Epp, eher harmlos, der die Abkürzungssprache mit den Worten ablehnte: »Ich sage doch auch nicht Ervau, wenn ich Rindvieh sagen will!«
Das dicke Ende kam jedoch: Zwar hielt der Sprachverein letztlich allen Angriffen stand, auch dem fast vernichtenden Schlag durch Goebbels in der schon erwähnten Ansprache vom 1. Mai 1937, aber Buttmann musste auf der anschließenden Pfingsttagung des Sprachvereins buchstäblich die Reißleine ziehen – er sagte alle Feierlichkeiten ab. Im Frühsommer 1938 folgte dann seine Stellungnahme, die sich wie ein verzweifelter Rettungsversuch liest. Unter dem Titel *Offene Worte*, die in Wirklichkeit mehr verklausulierte Worte darstellten, wandte er sich an die Mitglieder.
Nach einer Lobhudelei auf die gerade erfolgte Angliederung Österreichs und besonders die Annexion der »deutschen Ostmark« erklärt Buttmann Hitler zu den Verteidigern der deutschen Sprache in einer Reihe mit den Sprachpflegern des 17. bis 19. Jahrhunderts. Zwar habe sich der Versuch, das Fremde zu bekämpfen, »oft genug absonderlich ausgenommen und noch öfter auch lächerlich gewirkt« – ein klarer Fußfall vor Goebbels. Und so beeilt sich Buttmann, am Beispiel der »Solidarität« die Kompromissbereitschaft des Sprachvereins unter Beweis zu stellen:

> Aber weil sich unser Volk durch das jüdisch-marxistische Blendwerk einer angeblich »internationalen Solidarität« im Jahre 1918 (…) hat betrügen und ins Elend führen lassen, soll es jedes Jahr immer aufs neue daran erinnert werden: es gibt keine »internationale«, sondern nur eine »nationale Solidarität«.

Im Übrigen könne die Sprache ein mächtiges Argument in der Politik sein, sie könne Annexionen rechtfertigen und habe dies auch getan. Da müsse man die Kritik am Fremdwortgebrauch eben gnädiger betrachten, vor allem, wenn Buttmann nun in immer tieferem Fußfall hinzufügt:

> (…) man verdächtige niemals die deutsche Gesinnung eines Volksgenossen, der in der Fremdwörterfrage (noch!) lässiger denkt oder Fremdwörter in seinem Sprachgebrauch leichter durchschlüpfen läßt! Wir sind allzumal Sünder, und den schwersten Kampf auf diesem Gebiet hat man zunächst mit sich selbst durchzukämpfen.

Das letzte Wort ist ein Versprechen: Nach einer Zeit »tiefster Schmach und Not« wolle der Verein »dem reinen deutschen Wesen« dienen. Man fragt sich, wie Goebbels dies aufgenommen hat, falls es ihm vor Augen kam.

»Schon aber hat die amtliche Sprachpflege begonnen«

Das Sprachpflegeamt

Der Sprachverein hatte sich mit seiner Kritik an der fremdwortreichen und abkürzungsfreudigen Sprache der Nazi-Größen an den Rand des Untergangs gebracht. Aber es war zwischenzeitlich auch etwas Unerwartetes geschehen. Als 1935 die fünfzigjährige Bestehensfeier anstand, kam es zu einem Geschenk, das die meisten als Erfüllung alter Sehnsüchte betrachteten: die Einführung eines Sprachpflegeamts mit staatlich abgesicherter Kompetenz.

Gerade noch hatte der Germanistikprofessor Arthur Hübner genau davor gewarnt und schon länger lag auch das diesbezüglich negative Gutachten des Kollegen Otto Behaghel vor. Was der Gründer des Vereins, der Museumsdirektor Herman Riegel, einst als Ziel ausgegeben hatte, war von den Germanisten immer wieder abgelehnt worden, weil sie die Mahnung von Jacob Grimm im Hinterkopf behielten, bloß nicht den Franzosen zu folgen, die sich mit ihrer *Académie* in die Nesseln gesetzt hätten. Wenn es richtig sei, dass sich Sprache entwickele, dass alle Änderungen von den Sprechern und Schreibern ausgingen, könne ein Amt mit der unvermeidlichen Willkür seiner Festlegungen nur Schaden anrichten. Als die ersten großen Proteste gegen den Verein vorgetragen wurden, bei der *Erklärung der 41* zum Beispiel, stritt man nachdrücklich die Unterstellung ab, ein staatliches Amt anzustreben.

Aber die Forderung an sich blieb immer erhalten. Sie bekam

neue Nahrung in den Jahren nach dem Versailler Vertrag mit seinen Repressalien gegen die Beteiligung deutscher Wissenschaftler und erst recht gegen ihre Sprache auf internationalen Kongressen. Man sah die Vorteile, die Frankreich aus seiner systematisch betriebenen Sprach- und Kulturpolitik gezogen hatte, und hielt die mangelnde Sympathie für alles Deutsche im Ausland, ja die militärische Niederlage nicht zuletzt für eine Folge unterlassener Selbstdarstellung. Dem könne, so die mehrheitliche Meinung, nur die Gründung einer Akademie abhelfen, die auf wissenschaftlicher Grundlage die deutsche Sprache erforschen und im Ausland verbreiten sollte.

1925 wurde in München in diesem Sinne tatsächlich eine Akademie zur wissenschaftlichen Erforschung und Pflege des Deutschtums gegründet, kurz die Deutsche Akademie. An prominenten Mitgliedern mangelte es nicht, sie reichten von Max Planck über Ferdinand Sauerbruch bis hin zu Konrad Adenauer und Thomas Mann. Ein Problem lag in der Abgrenzung von den sechs bereits bestehenden wissenschaftlichen Akademien etwa in Berlin oder München, die in der Bezeichnung der neuen Konkurrentin als »Deutsche Akademie« einen unliebsamen Führungsanspruch witterten. Die Aufgabenstellung unterschied sich zwar erheblich, denn es ging vor allem um Propaganda, speziell im schon immer deutsch dominierten »Mitteleuropa«, also in den Balkanstaaten, die nicht zuletzt als Lebensmittel- und Rohstofflieferanten sowie als Absatzmärkte für Industrieprodukte von Interesse waren. Aber es ging eben auch um die deutsche Sprache, weshalb der Sprachverein sofort über sein Vorstandsmitglied Otto Behaghel Kontakt aufnahm.

1926 erfolgte eine Vereinbarung zwischen der Akademie und dem Sprachverein, in der man sich über das Ziel der Reinhaltung der deutschen Sprache als wichtigste Aufgabe der »Deutschtumspflege« verständigte und die Akademie den Verein ausdrücklich als »bewährte Institution« ansah. Man stellte sich gegenseitig die jeweiligen Schriften zu und sandte Vertreter in die Beiräte. Aber der Verein betrachtete die Akademie letztlich nicht als Lösung der selbst gesetzten Aufgaben. Noch störte der amtliche Charakter und vor allem die Schwerpunktsetzung auf die Pflege des Auslandsdeutschtums mit entsprechender Propaganda. Tatsächlich entwickelte sich die Akademie rasch in diese andere Richtung weiter, was sich dem Einfluss ihres Pressereferenten verdankte, der 1930 Generalsekretär wurde: Franz Thierfelder. Dieser doppelt promovierte Germanist und Volkswirt stellte ein umfangreiches Programm der Kulturwerbung im Ausland auf die Beine, mitsamt Förderung von Vortragsreisen und Konzerttourneen sowie Unterstützung des Buchversands, alles mit dem Ziel, mithilfe der deutschen Sprache den Einfluss Deutschlands zu vergrößern. In seinem Buch *Deutsch als Weltsprache* von 1938 untermauerte Thierfelder dieses Ziel durch umfangreiche Statistiken, die belegen sollten, wie aussichtsreich das Unternehmen sei und wie es mit entsprechender Förderung noch viel aussichtsreicher gestaltet werden könne. Das Material stammte im Wesentlichen aus dem Auswärtigen Amt, zu dem Thierfelder seit 1929 eigenmächtig den Kontakt aufbaute – ja, er machte die Deutsche Akademie geradezu zu einer Art »Geschäftsstelle« der Berliner Wilhelmstraße (so Eckard Michels).

Als es 1932 zur Gründung des Goethe-Instituts kam (primär zur Betreuung von Deutschlehrern im Ausland), war ebenfalls Thierfelder die treibende Kraft gewesen und wurde prompt zum Leiter bestimmt. Die Gleichschaltung von 1933 war in diesem Fall kein Problem, da die Führung längst mit dem nationalsozialistischen Gedankengut sympathisierte und sich lediglich von einigen unsicheren Kandidaten trennte, unter ihnen Konrad Adenauer und Thomas Mann. Dass Thierfelder 1937 seinen Posten räumte, beruhte nicht auf Problemen mit dem Nationalsozialismus – er war zwar nicht Parteimitglied, äußerte sich aber rassistisch und verteidigte die Bücherverbrennungen –, sondern hatte persönliche Gründe. Er fand sich einfach nicht damit ab, in seinen Kompetenzen beschnitten zu werden.

Thierfelder war ein gerne gesehener Beiträger in der *Muttersprache.* Schon 1926, noch vor seinem Einstieg bei der Akademie, schrieb er über *Deutschtumspflege und Muttersprache*, mahnte ein »reines« und »unverfälschtes« Deutsch an, damit es wieder die »ihm vom Schicksal zugedachte Rolle in der Welt« spielen könne. 1928, noch war er bloß Schriftleiter der Akademie, äußerte er sich, wie erwähnt, über die »völkisch-werbende Kraft der Ortsnamen«.

Zwei Jahre später, 1929, erschien ein programmatischer Artikel über *Deutsche Sprachpflege*, in dem er sich beschwerte, dass immer nur »andere Völker ihre Sprachen zu seelischen Eroberungsfeldzügen rüsteten«. Dabei sei Deutsch auf dem Weg zur Weltsprache: »Wir fragen so oft, wozu wir vier Jahre Krieg führten, wenn wir ihn schließlich doch verlieren mußten; in der Erweiterung des Geltungsbereiches unserer Sprache haben wir einen der unbestreitbaren Gewinne, für die unsere Brüder gefallen sind (…).« Während Gebietsansprüche hin und her gingen, könne die Sprache »unbestrittene Weltgeltung verschaffen« und damit »das Gesicht der Menschheit für Jahrhunderte, ja vielleicht für ewig« bestimmen. Wiederholt sei in den letzten Jahren bei Tagungen auf Deutsch als Verhandlungssprache verzichtet worden, ja deutsche Vertreter hätten sich einer fremden Sprache bedient, obwohl sie auch auf Deutsch verstanden worden wären. Das sei geradezu »zum Schämen«.

Thierfelder hat wieder und wieder für die *Muttersprache* Artikel dieses Inhalts verfasst. Sie wurden immer fordernder, so wie einer aus dem Jahr 1933 über den *Sprachverrat.* Den hatte seiner Meinung nach ein Abteilungsleiter im internationalen Arbeitsamt in Genf begangen, als er im Völkerbund Englisch als Weltsprache unterstützte, statt sich für Deutsch einzusetzen, womit er »unsäglich die Bemühungen um Ausbreitung des Deutschen

in der Welt [untergrub]«. Man könne nicht knapp 91 Millionen Deutschsprecher in Europa mit 170 Millionen Englischsprechern in der Welt vergleichen, weil in Europa die Deutschsprecher die Englischsprecher bei Weitem überragten. Daher erfolgt der Rat, die Schrift dieses »Verräters« einzustampfen. 1941 schrieb Thierfelder über die *Sendung der deutschen Sprache* im Zusammenhang mit der Gründung eines Instituts für Rundfunkwissenschaft.
1942 verfasste er einen Beitrag für den nationalsozialistischen *Völkischen Beobachter*, der auch in der *Muttersprache* veröffentlicht wurde: *Die Sprache als Quell völkischer Kraft*. Die Zahl der Deutschlerner, so liest man hier, wachse von Jahr zu Jahr:

> Obwohl – sagen wir? Nein, weil sie [die deutsche Sprache] die Trägerin eines neuen, in die Zukunft weisenden Gedankenguts ist, gewinnt sie Volk um Volk; fast ohne unser Zutun beginnt sie das Abendland von Innen heraus zu verwandeln und dieser Vorgang, ein scheinbares Wunder nach all der Gewalt, die man unserer Sprache nach dem Weltkrieg im Ausland angetan hat, bildete in Wirklichkeit nur den notwendigsten Auftakt zu der großen abendländischen Umgestaltung, in der wir jetzt mittendrin stehen.

Einen optimistischeren Betrachter der deutschen Sprache in der Welt hat es damals kaum gegeben.
Der Sprachverein aber hatte über Thierfelder mit der Deutschen Akademie Kontakt. Tatsächlich war es gerade sie, die nach der politischen Wende von 1933 die »Gunst der Stunde« gekommen sah, den alten Traum von einem Sprachamt zu verwirklichen, für das nur der Sprachverein als Träger infrage kam. Am 11. März organisierte die Akademie im Berliner Funkhaus ein Treffen mit den wichtigsten Ansprechpartnern, darunter Vertreter des Innen- und des Reichserziehungsministeriums, der Reichsschrifttumskammer, der Preußischen Akademie der Wissenschaften,

der Dichterakademie, des Rundfunks, der Deutschen Akademie und der Reichsgemeinschaft der technisch-wissenschaftlichen Arbeit sowie Stellvertreter des »Führers«. Der Errichtung wurde »grundsätzlich« zugestimmt und ein Ausschuss unter Anleitung des unvermeidlichen Thierfelder wurde mit der Ausführung beauftragt.

Wie alles gedacht war, geht aus dem Eingangsreferat des Heidelberger Germanistikprofessors Friedrich Panzer hervor, der die wissenschaftliche Untermauerung des Unternehmens lieferte, das dem wissenschaftlichen Stand der Zeit strikt widersprach. Denn Panzer, ein Literaturwissenschaftler, der zum Beispiel das *Nibelungenlied* neu herausgegeben hatte, aber auch Schüler Hermann Pauls war, stellte sich gegen seinen Meister und schwor der »bloßen« Beobachtung und Beschreibung der Sprache zugunsten einer offenen Normierung ab. Daraus ergaben sich für ihn die Hauptaufgaben des Sprachamts: eine »beratende Tätigkeit«, »eine gewisse Sprachüberwachung« mit Eintreten für alles »Gesunde« und ein Kampf gegen »das Unsaubere, unnötige Fremde« sowie eine sinnvolle »Weiterbildung« der Sprache unter Ausschluss »grauenvoll zusammengemanschter« Bestandteile.

Man merkt bereits der Terminologie an, woher der Wind wehte. In der üblichen Widersprüchlichkeit gehe es um »eine letzte Instanz oder Entscheidungsstelle«, die eben kein Verein, sondern allein ein Amt bieten könne, das aber andererseits keine »Sprachpolizei« darstellen solle. Natürlich war Panzer klar – und er sprach es auch aus –, dass dies eine »Wende« in der wissenschaftlichen Betrachtung der Lage bedeutete. Die Sprache sei kein »Werk der Natur«, sondern »des Geistes« und somit der Beeinflussung durch das »starke Wollen kleiner Kreise« unterworfen. Damit war Jacob Grimms Begründung der Sprachwissenschaft, die bis Hermann Paul verbindlich blieb, mit einem Federstrich beendet. Im Schlusssatz wird deutlich, was die Grundlage des Ganzen bildete: Der »Sinn unseres neuen Staates« wäre nicht wirklich erfüllt, wenn sich »das Reich« nicht »hinter diese im tiefsten Sinne völkische Aufgabe stellte«.

Dass der Anlauf trotz dieser tiefen Verbeugung vor dem Zeitgeist zunächst ins Stocken geriet, hing mit ungelösten Abgrenzungsproblemen zusammen. Wer zum Beispiel sollte künftig Auskünfte erteilen? Sollte etwa der Verein darauf verzichten und auf höhere Ebene verweisen? Als viel störender aber erwiesen sich die schnell einsetzenden Rangeleien unter den Ministerien und dem Amt Rosenberg, von denen jedes seine eigenen Interessen verfolgte. Im September 1933 berichtete Oskar Streicher noch optimistisch über den Rückhalt in den Zeitungen. Und Thierfelder erwartete die endlich erfolgende »bewusste Regelung der Sprache« im Gegensatz zu bloßer »Belehrung« und »Erziehung«, wie sie der Sprachverein bislang vertreten hatte. 1934 wurden in der Deutschen Akademie Räume für das neue »Sprachamt« zur Verfügung gestellt, das jedoch bereits im Titel eine deutliche Minderung seiner Zuständigkeit als nun nur noch »Sprachpflegeamt« hinnehmen musste.

Immerhin kam dieses Amt dann als Geschenk zum fünfzigjährigen Vereinsjubiläum 1935 auf die Beine. Durchgesetzt hatte sich dabei das Reichsinnenministerium unter seinem Minister Frick (dessen Interesse an Sprachfragen uns schon bekannt ist). Es gab also Grund zum Feiern, was sich in einer Werbeschrift mit dem Titel *Hütet den Quell!* ausdrückte. In einer Mischung aus der Verbeugung vor den ideologischen Überzeugungen des Regimes und unsäglichem Kitsch las man: »Deutschem Blute entsprossen, in deutscher Scholle fest verwurzelt, innig verbunden durch unsre Sprache, von einem Willen beseelt: so trotzen wir Deutschen der Welt. Der Ahnen Blut, der Väter Scholle, der Mutter Sprache – das sind die Quellen unsrer Art.« Man hatte also einen gewissen Gipfel erreicht, den der Vorsitzende Rudolf Buttmann auf der Pfingstversammlung 1935 entsprechend pries:

> Als dann durch Adolf Hitler der Sieg des solange verschütteten Volkstumsgedankens entschieden wurde, was war natürlicher, als daß der Sprachverein sich freudig zu ihm bekannte! Wir können uns keine deutsche Erneuerung denken ohne eine Erneuerung auch des sprachlichen Lebens (...). Schon aber hat die amtliche Sprachpflege eingesetzt: die Gründung des Sprachpflegeamtes ist ein deutlicher Beweis dafür und ein Sieg der Sprachvereinsgedanken.

Allerdings entsprach die Realität dann kaum den Wunschträumen. Den Vorsitz führte wie beim Sprachverein Buttmann. Die Aufgaben erledigte eine äußerst kleine Belegschaft in der Berliner Wilhelmstraße, durchaus unabhängig von der Akademie, was jedoch nicht nur von Vorteil war. Während die Akademie zusammen mit dem Goethe-Institut nach und nach finanziell immer besser ausgestattet wurde, vegetierte das Sprachpflegeamt regelrecht dahin. Der wissenschaftliche Leiter Otto Basler, gleichzeitig beim Bibliographischen Institut in Leipzig tätig, arbeitete wie auch Buttmann ehrenamtlich. Buttmanns Plan, den renommierten Germanistikprofessor Arthur Hübner für die Leitung zu gewinnen, zerschlug sich, weil Hübner überraschend 1937 starb.
Für Verlautbarungen stand dem Amt kein eigenes Organ, sondern die *Muttersprache* des Sprachvereins zur Verfügung. Seit 1935 enthielt sie einen kleinen Anhang von zwei Spalten in den jeweiligen Monatsheften mit den »Berichten aus dem Sprachpflegeamt«. Dort gab es Nachrichten etwa über die Kontaktaufnahmen zu den einzelnen Ministerien, aber auch Artikel über die »notleidende« deutsche Sprache in Zeitungen, Reden und Schriften aufgrund schiefer Bilder, falscher Beugungen und unnützer Fremdwörter.
Das Schwergewicht aber lag bei den Sprachauskünften. So geht es etwa um die Frage, ob »Formular« besser durch »Vordruck«

oder durch »Formblatt« zu ersetzen sei (wobei »Vordruck« der deutliche Favorit war). Ein andermal steht die Herkunft des Wortes »Bronze« zur Debatte, das beim gegenwärtigen Interesse an der »Vorzeit« geklärt werden müsse. Peinlicherweise gibt es sogar ein großes Plädoyer für die »Rabauken«, die »Haudegen des Führers«, die dem Hakenkreuz die Achtung des Gegners gebracht hätten, auch wenn die sprachwissenschaftliche Herleitung des Wortes aus einer Apfelsorte so umstritten wie unwichtig sei. Im Juni 1936 waren es bereits 243 Auskünfte dieser Art, die zusammenkamen. Dazu gehörte auch die Frage, ob bei der Formel »Ich glaube an Gott« auch »in Gott« richtig sei, wie es der Alemanne Ulrich Zwingli gegen Luther ins Spiel gebracht hatte. Natürlich gab die Entscheidung Luther den Vorrang.

All dies geschah mit beschränkten Mitteln und einem Personal, das stets »im Nebenberuf« arbeitete. Unter den Mitarbeitern des Sprachpflegeamtes finden sich die bekannten Namen des Sprachvereins, Ewald Geißler und Alfred Götze vor allem. Die Anfragen beantwortete Oskar Streicher, nachdem er aus Altersgründen die Schriftleitung bei der *Muttersprache* abgegeben hatte. Dabei stand das Unternehmen auch noch unter ständiger Anfeindung vom Amt Rosenberg, das die Abfuhr bei der Gleichschaltung des Sprachvereins nie verwunden hatte und dem die Führung in nationalsozialistischen Vereinen nie nationalsozialistisch genug erschien. 1937 konnte das Amt Rosenberg einen Erfolg verbuchen: Einem wichtigen Mitarbeiter des Sprachpflegeamts wurde wegen mangelnder Linientreue gekündigt. Als der Sprachverein 1941 durch Führererlass der Deutschen Akademie in München und damit dem Einfluss von Goebbels unterstellt beziehungsweise ausgeliefert wurde, schienen die Tage des Sprachpflegeamtes gezählt. Doch das Unternehmen ging nicht unter – nein, es erwachte als »Sprachamt« zu sogar noch größerem Leben.

»Rückwärtse«

Hitler war kein Sympathisant der Fremdwortjagd. Er benutzte selbst gerne Fremdwörter, um sich als kompetent hinzustellen oder von seinen Verbrechen abzulenken. Aber es gibt eine Ausnahme, in einer Rede auf dem zweiten Reichsparteitag in Nürnberg am 6. September 1934. Dort spricht er über Reaktionäre, nennt sie aber nicht so, sondern in typisch »witziger« Verunglimpfung seiner Gegner »Rückwärtse«. Der Beiträger in der Muttersprache *nimmt dies allerdings ernst, versteht es falsch und meldet den Fall als Zeugnis des Einverständnisses Hitlers mit der eigenen Linie. So reiht er ihn im Januar* 1936 *als Beispiel in einen Artikel ein über Religion, Natur, Kultur und die Frage, ob man »solche Hochbegriffe« verdeutschen könne oder ob sie zu den »Unentbehrlichen« zählen. Wie nicht anders zu erwarten, lautet die Antwort: Nein; es sei*

> der reine Hohn, daß gerade das deutsche Volk, das Volk des Gemüts und der Seelentiefe, hier sprachliche Anleihen bei den Römern machen (müsse), die in dieser Beziehung vielleicht wie kein zweites Volk auf Gottes Erdboden armselig und von allen guten Geistern verlassen waren.

Außerdem ginge es ja, der gemüts- und seelentiefe »Führer« zeige dies sogar besonders vorbildlich.

»Von der überfremdeten, entleerten Allerweltslässigkeit zum deutsch-volkhaften Ursprünglichkeitswort«

Sprecherziehung

Eine der erstaunlichsten Karrieren im Sprachverein machte ein Mann, der sich früh zu Wort meldete, ohne zu diesem Zeitpunkt schon sein wichtigstes Thema zu behandeln: Ewald Geißler, seit 1906 Lektor für Vortragskunst in Halle. Von seinen Beiträgen zur Bedeutung des Krieges für die Dichtkunst und zum Krieg als Spracherzieher um die Wende von 1914 zu 1915 war schon die Rede. 1921 wurde sein Buch *Von deutscher Spracherziehung* in der *Zeitschrift* rezensiert. Dass Geißler den Fremdsprachenerwerb in Deutschland »wegen unserer Schwachheit« als nachteilig bewerte und sich für eine Förderung des Deutschen als »Teil unseres Nationalstolzes« einsetze, fand beim Rezensenten viel Zustimmung.

1931 tauchte ein weiteres, gerade erschienenes Werk von Geißler in der »Bücherschau« der *Muttersprache* auf: *Nationale Freiheit und Dichtung.* Der Verfasser sei »Künder und Deuter deutschen Wesens und deutscher Bestimmung«, heißt es dort. 1932 schrieb Geißler selbst einen Artikel mit dem Titel *Goethes Sprechmeistertum.* Diesmal hatte er das Thema gefunden, das ihn schon drei Jahre später in den Gesamtvorstand befördern sollte. Es geht ums Sprechen, um Sprecherziehung. Ein anderer Beiträger bezeichnete die dabei hervorgehobene »klangliche Schönheit unserer Muttersprache« 1933 als eine »neue Aufgabe des Deutschen Sprachvereins«. Wie passte das Thema zu dessen sonstigen Aktivitäten?

Die Antwort führt in eine Tradition, die mindestens bis in die Zeit der Romantik zurückreicht. Adam Heinrich Müller hatte 1812 in Wien öffentliche Vorlesungen unter dem Titel *Zwölf Reden über die Beredsamkeit* gehalten und darin die These vertreten, der Niedergang der Kultur beruhe auf dem Buchdruck, der die mündliche Rede zugunsten des toten Buchstabens verdrängt habe. Nur in der Mündlichkeit lasse sich »eine freie Seele bezaubern und beherrschen«, bis der Gegner »in Freiheit vor der Wahrheit niederkniet«.

Umgekehrt erwartete Müller nicht unbedingt den Tod des Druckens, bei dem er besonders die Zeitungswelt im Blick hatte, aber wenigstens eine Begrenzung zur »dienenden Beihilfe für die eigentliche rednerische Tat«. Der gedruckte Buchstabe töte allein durch seine Massenhaftigkeit. Statt des »fröhlichen Tumultes« vergangener Zeiten biete die Gegenwart »totes Rauschen der Blätter im Herbst«.

Es dauerte, bis diese Thesen aufgegriffen wurden. Einer der ersten war Rudolf Hildebrand, Germanistikprofessor und Pädagoge, der 1867 in seinem Buch *Vom deutschen Sprachunterricht* mit seiner Forderung nach dem »Hauptgewicht« auf der gesprochenen Sprache an den Schulen für Furore sorgte. Seine kritischen Bemerkungen über die Fremdwörter brachten ihn in Kontakt mit den Grundsätzen des Sprachvereins.

Hildebrand aber war in erster Linie Germanist und verfolgte das Stichwort der Sprechkunst nicht weiter. Dies geschah durch zwei fast gleichaltrige Männer, die die Sprechkunst als eigenes Universitätsfach zu etablieren suchten, was nach langem Anlauf schließlich auch gelang. Erich Drach, der eine von ihnen, kam vom Theater, hatte bei Max Reinhardt die Schauspielschule besucht und war als Schauspieler und Regisseur tätig, ehe er 1917 als Lektor für Sprechkunde an die Berliner Universität ging. Hier gründete er 1930 die Arbeitsgemeinschaft der Lektoren für Vortragskunst, womit die institutionelle Voraussetzung geschaffen war, die Sprechkunde zum Kernfach nationalsozialistischer Erziehung zu machen. Dieser überraschend scheinende Aufstieg ergab sich fast wie von selbst: Hitler hatte in *Mein Kampf* die »großen Redner« gegen die »großen Schreiber« ausgespielt, und Drach übernahm dies als Motto seiner *Redner-Schulung* von 1934. Die »nationale Erneuerung Deutschlands« gilt ihm dabei als Folge »des lebenerzeugenden, volksformenden, gesprochenen Worts«.

Drachs Vorgaben wurden begierig aufgegriffen, besonders von Ewald Geißler als dem schon angekündigten zweiten Vertreter der Sprechkunst. Geißler entschied sich aber anders als Drach dafür, seinen Weg mit dem Sprachverein zu gehen. Zu den Voraussetzungen gehörte sein Buch *Rhetorik. Richtlinien für die Kunst des Sprechens* von 1910, in dem die »Druckerpresse« als Zerstörerin natürlicher Verhältnisse ausgemacht wurde. Die von »der Druckerschwärze und der unseligen Logik verwirrten Kulturmenschen« müssten zum »natürlichen Sprachgefühl« zurückgeführt werden. Weil der moderne Mensch »das wundervolle Leben der Sprache in eine tote Folge schwarzer Lettern verwandelt habe«, ginge jede Orientierung verloren. Das gesprochene Wort wird dagegen zum »Zauberwort«, das nicht nur das »Wesen enthüllt«, sondern zur »Herrschaft über das Wesen« führt. So gesehen ist der Kampf gegen die Papiersprache die Bedingung für eine gesunde Weltanschauung.

Wie bei Erich Drach münden die Ausführungen auch bei Ewald Geißler in Begeisterung für den Nationalsozialismus: »Von der überfremdeten, entleerten Allerweltslässigkeit des 19. Jahrhunderts müssen wir hinüber zu dem, was der Nationalsozialismus selbst meint und ist: zum deutsch-volkhaften Ursprünglichkeitswort«, ist in den *Lehrgängen in deutscher Redekunst* von 1935 zu lesen. Diese enthalten auch eine Huldigung an den »Führer«:

Es ist die Rückkehr ins Ur des Wortes, in seine anfängliche, noch leibgebundene, blutdurchflossene, gefühlsdurchwebte Gestalt – gegenüber der zivilisatorischen Ablösung, die auch beim Sprechen stets aus der Späte des Druckwortes zu kommen scheint. Die Grundlage des Marxismus ist ein Buch in schlechtem Papierdeutsch, Hitler dagegen bleibt auch im Papier atmender Redner und schrieb erst und nur, als er am Reden verhindert war.

1935 war auch das Jahr, in dem Geißler in den Gesamtvorstand des Sprachvereins aufrückte. Als sich die Schwierigkeiten mit der NS-Führung abzeichneten, meldete er sich mit einem Beitrag in der *Muttersprache* über *Sprachhege und Sprechtiefe* zu Wort, in dem er seine Vorstellungen von Sprechen und Sprechklang unter anderem gegen eine nationalsozialistische Modetorheit in Stellung bringen zu können glaubte: »Da kommt ein Zug ›Hajott‹ (geschrieben: HJ)!« Gemeint sei natürlich: »›Da kommt ein Zug Hitler-Jugend‹, das heißt: sieh die frischen Burschen, wie sie im Takt ihrer Pfeifen freudig hinausziehen, alle dem Stern nach: Hitler ihr Führer! Kann das ein Mensch in ›Hajott‹ hineinlegen? Aber aus ›Hitler-Jugend‹ blüht es auf!«
Die Erziehung »zum deutschen Menschen«, so die Folgerung Geißlers, muss eine Sprecherziehung einschließen, die aufgreift, was das »deutsche Seelen- und Geistesleben« in die deutsche Sprache gelegt hat. Aus der »Tiefe« der deutschen Sprache greife der Volksgenosse alles Wesentliche, sodass die Sprache mindestens ebenso wichtig werde wie das von den Nationalsozialisten favorisierte Blut. Wörter wie »Vaterland, Frühling, Blüte, Wein« ließen sich mit »›körperlicher Beredsamkeit‹ durchbluten« und auf diese Weise »zum Klingen bringen, daß uns ein Duft daraus anweht wie von einem Tropfen Rosenöl, darin viel Tausende Rosen hauchen. Dann werden sie zum Zauberwort, das ein Wesen enthüllt.« Auch sonst machte Geißler da weiter, wo es mitt-

lerweile gefährlich war. Beispielsweise kritisierte er im Dezember 1935 ein neues Fremdwort, nämlich den »Intellektuellen«. Er sei als Begriff zu eng, bezeichne allenfalls »den bodengelösten bloßen Gehirnmenschen«, habe aber gewiss nichts mit dem positiven Begriff in diesem Zusammenhang zu tun: dem »Gebildeten«.

Geißler sollte in der *Muttersprache* jedoch bald ein neues, damals weniger gefährliches Themenfeld finden, das uns noch eigens interessiert: das der rassistischen Begründung der Sprachpflege. Daneben aber vertrat er unverdrossen seine Sprechkunde – 1938 in einem eigens mit diesem Thema befassten Artikel. Darin wird die gesamte Sprachpflege umgedeutet in einen »Kampf gegen die Papiersprache«. Alle Fehlentwicklung, das gesamte »Unzeug der Sprachdummheiten«, stamme aus der Schrift, stellt er fest. In diesem Zusammenhang kommt es zu einem eigenartigen Vergleich zwischen Kleidung, Wohnung und Sprache, woraufhin ein Loblied der neuen Schlichtheit auf all diesen Ebenen angestimmt und an Hitler exemplifiziert wird: »Das Antlitz spannungsgeladen, mit Augen, die ein Born zu sich her raffen, ein Gesicht ganz volksungebrochen, und auch was an Hemd, Binde und Rock sichtbar wird, ist ohne jede Beigabe, nur aus brauner Erde der Volkstiefe.« Und weiter geht es mit der Engführung von Mode und nationalistisch-ideologischer Gesinnung:

> Der deutsche Mensch, für mehr geboren als für Asphalt, Bankkonto und Parlamentarismus, trägt nun wieder die Kleider, die ihm anstehn. Da ist auf der einen Seite für jeden nach seinem Stande der stolze Rock seiner Arbeit, und auf der andern, als Gleichheit für alle, nicht der Snob, Smok oder Cut eines Allerweltschliffs, sondern das Ehrenkleid des Kämpfers und des Soldaten.

Die Stilfrage aber lässt sich auch auf die Sprache beziehungsweise das Sprechen übertragen: »Erst das aus den Aufwühlungen von Weltkrieg und Zusammenbruch gestiegene Dritte Reich ist zeugerisch genug, wieder einen Reichsstil vorzutreiben.« Die heutige Sprache präsentiere sich »mit unerbittlicher Sachlichkeit und zugleich heiß in Leidenschaft, mit schneidendem Denken und doch voll warmen Bluts (...).«

In den nächsten Jahren blieb das Thema Sprecherziehung relevant. 1938 berichtet die *Muttersprache* über das Erscheinen einer neuen *Zeitschrift für Sprecherziehung*, die das Hauptamt für Erzieher der NSDAP begründet hatte, mit dem Namen *Das gesprochene Wort*. Im April 1939, noch vor Kriegsausbruch, rezensierte Geißler ein Buch über die großen »Dramenvorleser« des 19. Jahrhunderts, damals vielbewunderte und in ausverkauften Sälen auftretende Rezitatoren, darunter Emil Palleske, dessen Neffe Richard Palleske in der *Muttersprache* wiederholt geschrieben hatte. Im Juni folgte Geißlers Artikel *Sprechen und Sprechkunst im Geist der Zeit*, eine Art Resümee seines Buches *Erziehung zur Hochsprache*. Es war zu der Zeit das Standardwerk zum Thema. Der Leser erfuhr etwas über den Ursprung der Sprechkunst aus »Germanentiefe«, was der »verdünnten Geistigkeit« späterer Zeiten gegenübergestellt wurde, weiterhin über Ursprünglichkeit und Schöpfungsnähe gegenüber vermeintlichem »Fortschritt«.

In welche Dunstwolken sich der Autor verstieg, mag das folgende Zitat belegen: »Soll Ahnenblut ihr [der Sprache] übermitteln, was dem ruhigen Flügelschlag des deutschen Adlers seit je eigen war: Gehaltenheit. In aller Leidenschaft männliche Gehaltenheit gibt der neuen Sprechweise, was sie zuerst und zuletzt braucht: die Gewissensprägung.« Und weil Geißler wohl den Krieg schon ahnte, heißt es, der »Edeling« behaupte sich mit dieser Sprechkunst gegen »den Vernichtungswillen von außen« wie gegen »den Strudel der eigenen Triebe«. Man kann es heute kaum noch begreifen: Jede Art von Bedrohung soll danach gemeistert werden können – ausgerechnet mit den Mitteln von Sprechkunst.

Im September – jetzt war der Krieg da – traute sich Geißler auch wieder ans Fremdwort heran. Aber man merkt, dass sich ein Umschwung vollzogen hatte. Unter dem Titel *Fremdwort und Stil* bietet er eine Analyse des Niedergangs der Sprache als Schriftsprache à la Adam Heinrich Müller, um dann das Fremdwort vorsichtig aus der Schusslinie zu nehmen:

> Erst als sich im fortschreitenden 19. Jahrhundert der Bürger liberalisierte, d.h. aus den Zusammenhängen löste, und sich damit verplattete zum Bourgeois, zum muffigen Kanzleirat und zum wendigen Feuilletonisten, entfloh der innere Hauch. Da war sie dünnes Geraschel. Ob mit oder ohne Fremdwörter!

Geißler war mit alldem ein wichtiger Mann im Sprachverein geworden. Zu seinem sechzigsten Geburtstag im Januar 1940 erschienen Grüße und Huldigungen in der *Muttersprache*, vor allem aber findet sich der Satz: »Im nationalsozialistischen Reich hat die Sprecherziehung endlich Raum zu voller Wirkung gewonnen.« In der Partei waren entsprechende Lehrgänge eingerichtet worden. Ein Mitstreiter namens Fritz Reinhardt (nicht zu verwechseln mit dem berühmten Schauspieler und Regisseur Max Reinhardt) hatte 1930 die *Rednerschule der NSDAP* gegründet, in der es allerdings mehr um ideologische Schulung denn tatsächliche Sprechkunst ging. Bis 1933 soll Reinhardt 6000 Schüler unterrichtet haben.

Rhetorik konnte also mindestens zweierlei bedeuten, aber neben der mehr inhaltlichen beziehungsweise ideologischen Ausrichtung blieb Geißlers »künstlerische« Version bis zuletzt relevant. Der »Dienst am Wort« erscheint ihm 1942 als »Mitdienst im Daseinskampf unseres Volkes«. Zu einer Zeit, in der die militärische Situation immer dramatischer wurde, liest man erstaunt:

> Wir wollen helfen, daß das Wort wieder werde, was es ist, was es in starken Zeiten stets war und nur in absinkenden vergaß: Körper, Seele und Geist in eins. Dann helfen wir dadurch auch unserm Volke, daß es in diesem Stück seines Lebens werde, was es ist: mächtig des tönenden Worts, als der innigsten Durchdringung seines bluthaften und seines geisthaften Daseins.

Es sollte Geißlers letzter Beitrag zu diesem Thema sein, denn er fand ein neues – und, politisch wie moralisch betrachtet, weit schlimmeres.

»Blut und Boden, Rasse und Seele gelangen zum Ausdruck in dem Wunderwerk der deutschen Sprache«

Rassismus und Antisemitismus

Der Kampf gegen die Fremdwörter nahm schlagartig ab, nachdem Goebbels 1937 klar seine Abneigung dagegen bekundet hatte. Hinter dieser Intervention mögen Rivalitäten, ja Eifersüchteleien hinsichtlich des Umgangs mit dem Sprachverein in den verschiedenen NS-Organisationen gestanden haben, eine Hauptrolle spielte jedoch die schlichte Tatsache, dass man sich die Fremdwörter nicht verbieten lassen wollte, weil man sie brauchte.

Victor Klemperer, als Jude seines Amtes als Romanistikprofessor enthoben (und durch seine christliche Frau eine Weile »geschützt«), hat im Untergrund ein geheimes Tagebuch geführt. 1947 wurde es unter dem Titel *LTI* für *Lingua Tertii Imperii* (»Die Sprache des Dritten Reiches«) veröffentlicht. Darin notierte er als radiohörender und zeitungslesender Philologe seine Beobachtungen über die Sprache der neuen Machthaber und kommentierte auch deren Fremdwortgebrauch: »Das Fremdwort imponiert, es imponiert umso mehr, je weniger es verstanden wird; in seinem Nichtbegriffenwerden beirrt und betäubt es, übertönt es eben das Denken.« So verwundert es nicht, dass der Gebrauch von Fremdwörtern nicht nur nicht verboten, sondern im Gegenteil sogar befohlen wurde. Statt über den ungeliebten »Völkerbund« musste die Presse über die »Genfer Entente« berichten. Auch »Tagungen« gab es nur bei untergeordneten Gesellschaften. Wenn Nazis die Veranstalter waren, mussten es »Kongresse« sein.

So gab der Sprachverein nicht nur den konkreten Kampf auf beziehungsweise schränkte ihn stark ein, sondern mied das Thema auch auf theoretischer Ebene.
Aber es gab eine merkwürdige Ausnahme. 1936 meldete sich der Wiener Gymnasiallehrer (mit in Österreich üblichem Professorentitel) und engagierte Sprachpfleger Karl Tekusch mit einem Artikel in der *Muttersprache* zu Wort, in dem er dem Fremdwort dadurch den Boden zu entziehen suchte, dass er statt des von den Gegnern ins Feld geführten »Sprachgebrauchs« die »Sprachechtheit« als Kriterium für die Verwendung zugrunde legte. Fremdwörter verböten sich danach, weil sie nicht »ererbt« seien, so Tekusch. Statt sich auf »Veränderung« im Sprachleben einzulassen, gelte es, die »in Leib und Seele begründete Wesensanlage« zu bewahren, sie allenfalls »auszubauen«. Und dann liest man:

> Im Gegensatze zu denen, die in der ewig wechselnden Sprachmode Sinn und Leben der Sprache sehen, vertritt die Richtung der Sprachechtheit die Überzeugung, daß das Wesen der deutschen Sprache an die Werte der arischen Grundsprache gebunden ist und mit ihnen steht und fällt, so etwa wie das Wesen des gesamten deutschen Volks- und Menschentums ohne die nordische Grundlage undenkbar ist.

Allerdings sind Tekuschs Beispiele mehr als merkwürdig. So tritt er für die Verwendung des Dativs bei »trotz« und »dank« ein und will im Duden statt »versöhnen« »versühnen« haben, weil damit »Erbwerte« aufrechterhalten würden. Die Regel laute aber nicht, Sprachdummheiten seien zu akzeptieren, wenn sie nur genügend alt seien. Stattdessen gelte als Maßstab:

> Die Sprachechtheit ist der nordische Baustil der deutschen Sprache. Sie ist der Ausdruck nordischen Blutes wie Bachs Klangkunst und die Gotik. Die Pflege der seelischen nordischen Artgüter ist auch ein Schutz gegen die leibliche Entnordung des deutschen Volkes.

Der Artikel mit seiner Berufung auf das »Arische« und dem Kampf gegen »Entnordung« passte eigentlich bestens zum aktuellen Rassedenken, wurde überraschenderweise jedoch von einem der Germanistikprofessoren des Vereins, Alfred Götze, mit einem vernichtenden Kommentar versehen: »Geister wie Tekusch sind nicht zu bekehren, wir müssen uns von ihnen trennen«, liest man dort kurz und bündig. Daraufhin meldete sich der Universitäts- und Vorstandskollege Arthur Hübner zu Wort mit dem Versuch einer Vermittlung: Natürlich war ihm die Schwäche bei Tekums linguistischen Äußerungen klar, er sagt sogar, dass im Verein Kollegen nicht alles »richtig« machten. Aber er hält dies für vertretbar, solange nur die »Richtung« stimme. Wichtiger als eine korrekte »Theorie« sei »derselbe Glaube, derselbe Wille, derselbe Kampf«. Damit hatten »Geister wie Tekusch« mit ihrem offenen Rassismus freie Bahn.

Denn die Wende von der Fremdwortreinheit zur Rassereinheit war längst vollzogen. Schon vorher, im November 1933, erschien der Artikel *Sprache der deutschen Wiedergeburt.* Dort heißt es: »Blut und Boden, Rasse und Seele gelangen zum Ausdruck und werden Gestalt in der Kunst, vor allem auch in dem Wunderwerk der deutschen Sprache.« 1935 ist in dem Beitrag *Völkische Erneuerung und Sprachgestaltung* die »neue Weltanschauung« auf den Grundsatz gebracht, »daß die Art der rassischen Zusammensetzung das Wesen des Volkstums bestimmt, nämlich bei uns das Überwiegen der nordischen Rasse«.

Noch aber war nicht entschieden, wie dies genau gemeint war, ob hier wirklich die »körperlichen Merkmale« im Vordergrund stehen. Jedenfalls spricht der Verfasser von einer mehr als ominösen »rassenseelischen Haltung«, die für die Sprachgestaltung entscheidend sei, und lässt sich dann über die »Kampfrede« als besonderes Merkmal nordischen Sprachgebrauchs unter besonderer Berücksichtigung des großen Vorbilds Adolf Hitler aus. Auch ein neuer Wortschatz habe sich mit dem »Sieg der Bewegung« und dem »Alleinherrschaftsanspruch der neuen Weltanschauung« eingestellt, wodurch das alte Vokabular verdrängt worden sei. »Wo ist der Spuk der ›liberalistischen Demokratie‹ mit all den zahlreichen Benennungen seiner Lebensgestaltung geblieben? Wo blieb die einstmals erhobene, später so übel niedergezogene ›parlamentarische‹ Redeweise?« Für diese Entwicklung wird auch ein Beispiel angeführt:

> Der Bauer ist jetzt nicht mehr der eigenständige Eigentümer eines landwirtschaftlichen Besitztums, über das er frei (Liberalismus) verfügen kann, sondern er ist Inhaber eines Erbhofes, den er als Lehensträger des deutschen Volkes verwaltet, das ihm dafür ein auskömmliches Dasein (...) verbürgt.

Was das alles mit Rasse zu tun haben soll, bleibt vorerst unklar. Man konnte jedoch erhebliche Schwierigkeiten bekommen, wenn man sich in diesem Punkt nicht bald genauer ausdrückte. Der Studienrat Georg Schmidt-Rohr (ich folge hier Gerd Simons Ausführungen), im wissenschaftlichen Beirat des Vereins tätig und guter Kenner der damaligen Sprachwissenschaft einschließlich des einsetzenden französischen und russischen Strukturalismus, hatte 1932 sein Buch *Die Sprache als Bildnerin der Völker* veröffentlicht, in dem er eine Wirkung der Rasse auf die Sprache abstritt, ja sich geradezu darüber lustig machte: Die Vorstellung einer nach Rassen, »nach blutgegebenen ›Volkstümern‹ (...) ›arteigene‹ Sprache« sei »nichts als eine sich leicht einschmeichelnde, willkürliche Erfindung«. Angesichts des »deutschen Rassege-

menges« beurteilt er das Rassedenken als »zum Lachen naiv« und empfiehlt, den Test mit einem japanischen Säugling oder einem »Negerkind von der Mutterbrust« zu machen, das selbstverständlich in deutscher Umgebung rein deutsch aufwachse.
Auch den Antisemitismus lehnte Schmidt-Rohr ab: »Die grundsätzlich nationale Verformung [der Juden] ist leerläufiger, fruchtloser Nationalismus«, las man, ein »Konjunkturnationalismus dieser Tage (...), der damit hofft, die Probe seiner Gesinnungstüchtigkeit zu bestehen«. 1933 erschien das Werk in neuer Auflage unter dem Titel *Mutter Sprache*, ohne dass der Verfasser im entscheidenden Punkt seine Meinung geändert, ja die entsprechenden Passagen herausgenommen hätte. In Vorträgen zum Thema blieb er bei der Priorität der Sprache über die Rasse, verfocht also die Ansicht, dass die Sprache für das Denken eines Volkes verantwortlich ist, nicht die rassische Herkunft.
Das sollte Konsequenzen haben. Aus dem Amt Rosenberg mit seiner Zuständigkeit für die Reinheit der nationalsozialistischen Ideologie kam scharfer Einspruch, dem sich Schmidt-Rohr alsbald beugte. 1934 wandte er sich an die Deutsche Akademie mit einer abschwörenden Erklärung, die dem Rest der Auflage seines Buches beigelegt war. Darüber hinaus nimmt er die Behandlung der Judenfrage nun als ein »Mißverständnis« zurück. Zwar bleibt Schmidt-Rohr beim Vorrang der Sprache vor der Rasse, profiliert sie aber nun als Garant für das Deutschtum und gegen die Aufsaugung durch fremdes Volkstum: »Der Geist des Rassetums erscheint in der geschichtlichen Wirklichkeit als Sprache.« 1935 diente er sich der Naziführung mit einem Artikel über den bereits eingeführten Arthur Chamberlain an. Dieser habe »die Rolle des nordischen Edelblutes wie kein anderer« hervorgehoben und »mit heißem Atem für das deutsche Volkstum gegen das englische und französische Volkstum« gekämpft, weil er eben neben der Rasse auch der Sprache den gebührenden Rang einräumte.

1939 erfolgte die letzte Kehrtwende, wenn Schmidt-Rohr in einem Beitrag in der *Muttersprache* nun der Rasse die Priorität zusprach und dies mit Hinweisen auf die Gefahr einer »Umvolkung« in den Grenzgebieten verband, wo die deutsche Sprache verloren zu gehen drohe. In seiner Schrift *Die zweite Ebene der Volkserhaltung* heißt es:

> Wenn das deutsche Volk von Negern und Mongolen unterwandert würde und das deutsche Blut sich mit dem fremden mischte, so müßte sich daraus auch das geistige Gesicht des deutschen Volkes und seiner Kultur und Sprache ändern (…). Aus dem (…) Grunde war die Rheinlandbesetzung durch Neger so unerträglich und erfolgte auch die rassische Herausforderung des Juden durch die Nürnberger Gesetze.

Wenige Jahre später wurde der umgefallene Germanist, der keine Universitätslaufbahn vorzuweisen hatte, nach einem gerade eben überstandenen Parteiausschlussverfahren in die sprachsoziologische Abteilung des von der SS geführten Ahnenerbes berufen. Es war dies die vom »Reichsführer SS« Heinrich Himmler geführte Institution, in der die nationalsozialistische Ideologie ausgearbeitet und überwacht wurde, auch mit praktischen Konsequenzen. So waren der fünften Unterabteilung die KZs einschließlich der medizinischen Menschenversuche unterstellt. Schmidt-Rohr war für die als »praktische Soziologie« geltenden Fragen zuständig, zum Beispiel, wie man bei Überfällen auf fremde Völker die Sprachfrage zur Rechtfertigung nutzen konnte.

Eine Kehrtwende anderer Art lässt sich beim Germanistikprofessor Alfred Götze feststellen. Kurz nach der Auseinandersetzung mit Karl Tekusch, in der er noch den Vorrang des Sprachgebrauchs gegenüber den »Erbwerten« verteidigt hatte, und kurz nach Inkrafttreten der Nürnberger Gesetze im September

1935 mit ihren Arierparagraphen »zum Schutz und zur Ehre des deutschen Blutes«, veröffentlichte Götze einen scheinbar harmlosen Artikel mit dem Titel *keß* in der *Muttersprache.* Als Bearbeiter des *Etymologischen Wörterbuchs* sei er auf dieses Berliner Modewort mit der Bedeutung von »gescheit« gestoßen, dessen Herkunft noch als »ungelöst« galt.

Aber Götze bietet nun unter dem Deckmantel einer angeblich fachmännischen Erklärung puren Antisemitismus: Es handle sich um die Abkürzung für jiddisch *chochem*, dessen anlautender hebräischer Buchstabe *ch* mit »keß« bezeichnet werde. Seine Schlussfolgerung: Mit diesem »keß« sei ein erstes Abkürzungswort in die deutsche Sprache gekommen, obwohl auch damals eigentlich auf der Hand gelegen hatte, dass »keß« dem Rotwelschen entstammt (einer Geheimsprache von gesellschaftlichen Außenseitern beziehungsweise Verfemten, die damals mit den Juden identifiziert wurden). Der Gelehrte vergisst jedoch sämtliche Tugenden seiner Zunft und lässt sich zu folgender Suada hinreißen:

> Gottlob haben wir wieder gelernt, daß wir Germanen sind. Wie verträgt sich damit die Pflege einer im jüdischen Verbrechertum wurzelnden Unsitte? Auch auf die Herkunft von Wörtern wie *berappen, beschummeln, Kittchen, Kohldampf, mies, mogeln, pleite, Schlamassel, Schmu, Schmus, schofel, Stuß* und ihresgleichen sollte sich der Deutsche nachgerade besinnen. Es ist seiner nicht würdig, seinen Wortschatz aus dem Ghetto zu beziehen und aus der Kaschemme zu ergänzen.

Im Sommer-Doppelheft folgte darauf die kritische Erwiderung eines Beiträgers, die letztlich dennoch eine Bestätigung war. Das »Versteckspiel« mit solchen Abkürzungen sei zwar jüdisch, aber viel älter. Es finde sich zum Beispiel in Namen wie »Credé« für das verräterische »Ceder« oder »Sailer« für das noch viel verräterischere »Israel«, des jedem Juden zur Pflicht gemachten zusätzlichen Namen. Die Schlussfolgerung des Beiträgers verstärkt Götzes These noch: »Auch öffnet sich hier vielleicht ein Weg, unseren Volksgenossen die sogenannte ›Akü‹-Sprache als jüdischem Geiste entstammend zu erweisen und sie damit wirksam zu bekämpfen.« Natürlich war jedem Leser klar, dass damit zwei Fliegen mit einer Klappe geschlagen wurden: Erstens hatte man ein willkommenes antisemitisches Argument, zweitens ließ sich die vom Verein verpönte Abkürzungssprache der Nazis den Juden in die Schuhe schieben.

Allerdings klappte es dann doch nicht so wie gewünscht. Ein weiterer Beiträger erhob Einspruch, indem er nachwies, dass der Name »Credé« von einer Hugenottenfamilie stammte. Trotz des lächerlichen Hin und Her hatte sich die Behauptung festgesetzt: Immer wieder, zum Beispiel noch in einem Ministerialerlass vom 16. Juni 1941, wurden Abkürzungswörter als »unerhörter Mißbrauch jüdischer Herkunft« bezeichnet.

Vor allem aber setzten sich im Sprachverein Rassismus und Antisemitismus immer unangefochtener durch. Der Germanistikprofessor Walther Linden, der mit einer antisemitischen Literaturgeschichte hervortreten sollte, schrieb 1936 für die *Muttersprache* den Artikel *Was heißt Sprache unserer Zeit?* Seine Antwort: »Muttersprache im echten Sinne« sei zu definieren als ein »arthaftes und artechtes Erbe« und stehe gegen den fremdwortreichen »geistigen Jargon« der Zeit der Weimarer Republik, in dem »jüdische und westeuropäische Einflüsse die Sprache zersetzten«.

Wie Vorstellungen dieser Art zur unbestrittenen Dominanz kamen, zeigt der Vortrag eines schon ausführlich vorgestellten Mitglieds auf einer Versammlung des Sprachvereins 1937 in Stuttgart: Ewald Geißlers *Sprachpflege als Rassepflicht.* Dieser Vortrag wurde als »Höhepunkt« der Veranstaltung bezeichnet, im folgenden Jahr als *Flugschrift des Deutschen Sprachvereins Nr. 1* mit größtem Erfolg verbreitet und in den Heften der *Muttersprache* mit einem Auszug beworben. Die deutsche Sprache wird darin aus der Rasse abgeleitet, wodurch Sprachpflege als »artgegründete Sprachzucht« erscheint, die »auf dem Wege einer bewußten Wortaufartung einen neuen Adel der Sprache (schafft)«.

Daraus ergibt sich als praktische Aufgabe eine »Aufnordung« der deutschen Sprache besonders hinsichtlich der Fremdwortfrage. Diese sei »für unsere germanische Ursprache ganz anders eine Blutsfrage (…) als für den ohnehin mit fremder Sprachhaut überzogenen Gallier oder den tausendfach durchgesprenkelten Angelsachsen«, führt Geißler in seiner typischen ebenso schludrigen wie aggressiven Bildlichkeit aus. Fremdwörter würden die Sprache »intellektualisieren, deutsch verkopfen«. Die jüngste Etappe des fremdsprachlichen Einflusses erweise sich als eine »Anähnelung des deutschen Geistes an den jüdischen«. Und weiter:

> Die spielige, flache, unverpflichtende, natürlich das Fremdwort als das ›Welt‹wort preisende, weil jedem deutschen Urklang ferne, ja feindliche Sprachhandhabung (sie erregt am menschlichen Leibe oben das Hirn und unten die Trieborgane, die der Mensch mit dem Tier teilt, dazu die Nerven, also wirklich die am ehesten allerweltlichen Körperteile, aber nicht was zwischen ihnen schlägt und nur auf deutsch schlägt, das fühlende Herz) – all diese Sprache hatte auch der Deutsche, ob er wollte oder nicht, einfach täglich mit einatmen müssen, wie Giftkeime in einer verpesteten Luft.

Als Belege dienen Schriften von Martin Buber, Lion Feuchtwanger, Thomas Mann, Franz Werfel, Stefan Zweig, vor allem aber vom (wie alle anderen Genannten) damals längst aus Deutschland geflohenen Heinrich Mann:

> Auch dieser Franzose mitten in Deutschland, der sich nur leider deutscher Wörter bediente, weilt jetzt dort, wo er hingehört – auch innerlich überwunden von einem deutschen Deutsch aus neuen Dichtern und Rednern. Nun, so werden wir auch fertigwerden mit dem Deutsch, das geheimes Jüdisch war.

Der Spezialist für Sprechkunst hatte sich zu einem der fanatischsten Rassisten und Antisemiten im Verein gemausert. Nebenbei aber machte er die Fremdwortfrage wieder hoffähig.
Geißler blieb mit diesem Vorstoß nicht allein. 1938 folgten weitere Beiträge, die die Fremdwortfrage im antisemitischen Sinne aufgriffen. Darunter findet sich eine Polemik gegen zeitgenössische jüdische Autoren wie Alfred Kerr und Alfred Döblin, aber auch gegen ältere wie Heinrich Heine. Als Fazit liest man Verschwommenes über die angebliche »Verschwommenheit« des Fremdworts: »Weil nun das Fremdwort, als das undeutlichste, seelenloseste, erlebnisärmste Sprachgebilde solcher Verschwommenheit am dienlichsten ist, erklärt sich die jüdische Vorliebe dafür. Daher auch die wütende Feindschaft mancher Juden gegen den Deutschen Sprachverein.« Nicht mehr die Nazigrößen stehen zur Debatte, nein, das Blatt hat sich völlig gedreht: Fremdwörter sind nun schlecht, weil sie jüdisch sind.
Wo es weiterhin gegen Fremdwörter geht, ist fast stets der Antisemitismus mit im Spiel. Als nach dem amtlichen Erlass des Polizeipräsidenten von Wien vom 1. September 1938 fremdländische Firmenschilder zu verdeutschen sind, lautet die Begründung: »Unter dem jüdischen Einfluß hat sich in der Vergangenheit in Wien in der Geschäftswelt das Bestreben bemerkbar gemacht, Gewerbe und Handlungsgeschäfte mit fremden Namen zu bezeichnen.« Als hätte es in Österreich genau wie in Deutschland die jahrzehntelange Polemik gegen ebenso nachlässige wie niederträchtige deutsche Geschäftsleute nie gegeben.

Mit der Behandlung der Fremdwortfrage im Sinne des Rassismus und Antisemitismus hat der Sprachverein den Versuch unternommen, verloren gegangenes Vertrauen bei den Nationalsozialisten zurückzuerobern. Das Ansinnen aber fiel mit einem Ereignis zusammen, das dieses Unternehmen regelrecht konterkarierte. Es kam nämlich heraus, dass man 1934 neben Heinrich von Stephan und Otto von Bismarck ausgerechnet einen jüdischen Autor zum Ehrenmitglied ernannt hatte: Eduard Engel. Die Peinlichkeit war nicht zu überbieten, die Gegner des Vereins bekamen unerwartetes Oberwasser, denn plötzlich stellte sich der Kampf gegen das »jüdische« Fremdwort als etwas dar, das ein Jude seit Jahrzehnten perfekt vorgeführt hatte. Seit 1911 lag Engels *Deutsche Stilkunst* vor, auf deren knapp 500 Seiten ganze zwei Hauptkapitel, die zusammen mehr als hundert Seiten betragen, dem Fremdwort gewidmet waren, mit markigen Sprüchen wie:

> Gegen brandige Wunden wie die Fremdwörterei hilft nur das glühende Eisen des Zornes; gegen den Gesichter schneidenden Veitstanz des preziösen Geschnörkels nur der derbe Prügel; gegen die Affenschande des französelnden gebildeten Hausknechts nur der Höllenstein beißenden Hohnes.

Niemand hatte je derart brillant das Thema behandelt wie Engel, und dies sowohl in einer Literaturgeschichte als auch in einem dicken Goethe-Band für ein Laienpublikum. Der promovierte, mit Professorentitel ausgezeichnete Germanist, der sich auch als Literat versuchte, hatte trotz wiederholter Achtungsbezeugung, trotz umfangreicher Verteidigung gegen die *Erklärung der 41* um den Sprachverein einen Bogen gemacht. Und jetzt, ausgerechnet nach der Ehrenmitgliedschaft, folgte der jähe Absturz, der ihn bei Publikationsverbot und gestrichener Pension 1938 verarmt sterben ließ.

Dies nicht ohne Beihilfe des Sprachvereins, der sich 1937 zu einer ebenso hämischen wie geistlosen Verurteilung in der *Muttersprache* herabließ. Die angeführten Argumente des Rassismus und Antisemitismus stellten sich in ihrer ganzen Widersprüchlichkeit und Haltlosigkeit zur Schau. Wie sollte man verstehen, dass die »vergangene Zeit mit ihrer Überfremdung durch das Judentum« deutsche jüdische Autoren hervorgebracht hatte, denen nun ihre »Zugehörigkeit zum deutschen Volke und damit die ›Deutschheit‹« abzusprechen war? Warum sollte einem Autor, dem man seine Ausführungen zur »Deutschheit« mit der Ehrenmitgliedschaft belohnt hatte, nicht fähig sein, »sich in deutsches Wesen in seiner Tiefe einzufühlen«? Und was war die These wert, dass Engel »keine klare Vorstellung vom Wesen des Völkischen« besitzen könne »und deshalb in seinen Wertungen zwischen völkischer Zielsetzung und Menschheitsbildung hin und her pendelt«?
Man konnte eben Autoren, die die Lehren des Sprachvereins besser formulierten als dieser selbst, nur abqualifizieren, wenn sie plötzlich »artfremd« waren. Aus demselben Grund durften Schriften solcher »Artfremden« nicht mehr gelobt werden – ein entsprechender Fall in der *Muttersprache* aus dem Jahre 1934 wurde nachträglich ausdrücklich gerügt.
Als Karl Kraus in der von ihm herausgegebenen (und fast allein bestrittenen) Zeitschrift *Die Fackel* den Fremdwortpurismus scharf attackierte, hatte er sich übrigens als seinen »besten« Vertreter Eduard Engel herausgegriffen, besonders dessen Satz: »Gelähmt sei die Zunge, es verdorre die Hand jedes entarteten Deutschen, der unsre gedemütigte Mutter und ihre Sprache zu lästern, ja nur scheel anzusehen wagt!« Ansonsten pflegte Kraus den Sprachverein und seine Mitglieder selbst fast nie beim Namen zu nennen (mit einer Ausnahme: »der Allgemeine Deutsche Sprachverein, eine Art sprachliche Brachialtruppe unter der Führung von Herrn Dr. Sarrazin«). Kraus genügte es, von

»Sprachputzern« oder auch »Trotteln« zu sprechen, die einen »vorgeschriebenen Volkheitskoller (Nationalismus)« pflegten. Eher würde er den Hungertod wählen, wenn er »statt eines Roastbeefs ein blutiges Rindslendendoppelzwischenstück mit Barbarentunke« essen müsste.

Übrigens war die *Muttersprache* in Österreich wegen der rassistischen und antisemitischen Hetze bis zum Einmarsch Hitlers 1938 verboten. Kraus hat die Aufhebung des Verbots nicht mehr erlebt, er war zwei Jahre zuvor gestorben.

»Fernseher«

Pünktlich zu den Olympischen Spielen 1936 gab es in Deutschland Fernsehen. Allerdings war es eher für öffentliche Aufführungen in entsprechenden Räumen und danach ausschließlich für militärische Zwecke gedacht. Erst 1952 kam es in der Bundesrepublik zum breiteren privaten Gebrauch.

Aber das Fernsehen war eben früh da, und ein Beiträger der Muttersprache *berichtete im Sommer 1935 über einen ganz anderen als den technischen Triumph. Aus Frankreich wurde bekannt, dass sich Hersteller der Geräte über Einführungsschwierigkeiten beklagten, weil die Académie française sich nicht dafür entscheiden konnte, wie sie auf Französisch heißen sollten. »Wir haben das gute deutsche Wort ausnahmsweise einmal früher als die Sache«,* liest man. *Und weiter: »Welche Greuel hätten uns blühen können, wenn wir hören Télévision, Radiovision, Téléviste (…)«*

»Die welschen Vornamen müssen wieder verschwinden«

Sprachpolitik

Dass man mit Sprache Politik machen kann, war keine neue Erfahrung, die der Nationalsozialismus mit sich brachte. Es war auch keine allein deutsche Erfahrung. Schon die französischen Revolutionäre von 1789 hatten eine konsequente Französisierung verfolgt, die sich sowohl gegen die Dialekte wie gegen die fremdsprachigen Inseln im eigenen Land wandte. Mit Polemik gingen sie gegen das Deutsche vor. Es sei eine »barbarische Sprache«, die nur dazu da sei, »Sklaven zu kommandieren, Drohungen auszustoßen und Stockhiebe zu zählen«.

Als sich Dänemark Schleswig-Holstein einverleibte und damit begann, in deutschsprachigem Gebiet seine eigene Sprache durchzusetzen, brach 1864 der erste Krieg in Europa aus, der im Namen der Sprache geführt wurde. Nach dem deutschen Sieg fing dann die sprachliche Umerziehung in die Gegenrichtung an. Das aber war nur der Start für einen Sprachnationalismus, der sich in Deutschland zum »zwangsgermanisierenden Sprachimperialismus« (Peter von Polenz) auswuchs. Zu beobachten war das zum Beispiel in Polen, wo nach der letzten Teilung Preußen die »Provinz Posen« zugesprochen bekam. Sofort wurde damit begonnen, an Schulen und Behörden die polnische Sprache zu unterdrücken, unter anderem mit »Ortsmarkenzulagen« für »Zwangsgermanisierer«.

Einen Schwerpunkt dieser Form des Sprachimperialismus bildete Elsass-Lothringen, im Westfälischen Frieden Frankreich zugesprochen. 1871 wurde es dem siegreichen Deutschen Reich als »Reichsland« wieder eingegliedert, um anschließend sofort zum Ziel deutsch-nationaler Bemühungen zu werden. Zur Zeit des Ersten Weltkriegs steigerten sich diese Bestrebungen zu einer beispiellos rigiden Verdeutschungswelle. Wo sich bislang über Jahrhunderte hinweg eine Zweisprachigkeit bewährt hatte, setzte eine wüste Polemik gegen »Verwelschung« als »Bildungsschwindel« oder gar Spionagegefahr ein. Das Gebot der Stunde war »Rückeindeutschung«. Auch da, wo Lehrer und Beamte nur unzureichend Deutsch konnten, wurde Deutsch alleinige Unterrichts- und Amtssprache.

Das Vereinsmitglied Max Georg Lindner war zu diesem Thema der wichtigste Berichterstatter in der *Zeitschrift*, nachdem er mit der Broschüre *Der Feind im Land* 1914 seine Kompetenz unter Beweis gestellt hatte. »Nimm den eisernen Besen Deines deutschen Willens und kehre mit ihm die Scherben und Splitter welschen Tandes auf einen Haufen (…)«, konnte man darin lesen. Nun erzählte Lindner im Jahr 1915 in einem Beitrag, er habe bei einem Gang durch Straßburg befriedigt festgestellt, dass französische Bezeichnungen entfernt worden seien. Deutsche Generäle hätten ein Verbot für die Anbringung von französischen Aufschriften oder Anschlägen in öffentlichen Straßen verhängt, ein Verstoß wurde mit einer Gefängnisstrafe von bis zu einem Jahr geahndet. Auch Aufdrucke auf Geschäftsbriefen durften nur in Deutsch sein. Vereinstrachten und Uniformen, die fremdländischen ähnlich sähen, mussten verschwinden. Selbst französische Signaltrompeten seien aus dem Verkehr zu ziehen. 1916 folgte der Beitrag *Die sprachliche (Wieder-)Eindeutschung des ganzen Landes*, worin die zynische Frage gestellt wird, ob andere Staaten wohl »ihren wiedergewonnenen Landestheilen auch eine Lernzeit von 45 Jahren zugestanden hätten«.

Nicht nur Elsass-Lothringen war betroffen. In Saarbrücken wurden Geschäftsleute zu drei Tagen Gefängnis verurteilt, weil sie die Aufforderung ignorierten, Geschäftsschilder mit *en gros* und *en détail* zu beseitigen. Der Beiträger bedauert lediglich, dass so viele Ausnahmen gemacht worden seien. In der österreichischen Bezirksvertretung für Währing bei Wien findet man 1915 die Notiz:

> (…) zu einer Zeit, wo Österreichs und Deutschlands Söhne und Väter Schulter an Schulter gegen die mit Niedertracht, Verleumdung und anderen völkerrechtswidrigen Mitteln kämpfenden Franzosen und Engländer sich in hartem Ringen befinden, Geschäftsleute sich noch immer von ihren Geschäftsaufschriften und Anpreisungen französischer und englischer Bezeichnungen bedienen (…).

In Wien gab es behördliche Aufrufe, Geschäfte mit fremdländischen Aufschriften zu meiden, worauf Klebekolonnen damit begannen, immer noch Vorhandenes verschwinden zu lassen. Ein Landrat im Kreis Mettmann machte es gar über Polizeibehörden »zur vaterländischen Pflicht, alle Zeichen undeutscher Gesinnung abzutun«, also fremdsprachliche Bezeichnungen auf Aushängeschildern wie etwa »Hotel«, »Pensionat« oder »Villa« zu verbieten.

1919 war eine neue Situation eingetreten. Deutschland hatte im Versailler Vertrag Gebiete im Westen wie im Osten verloren. Überall dort holte man zum Gegenschlag aus und unterdrückte nach Zeiten der Unterdrückung nun umgekehrt die deutsche Sprache dort, wo man Zugriff hatte: in den Schulen und Behörden, mit den gleichen Mitteln wie vorher die Deutschen, durch Ausgrenzung und Verbote. All dies wurde vom Sprachverein, speziell von seinem Schriftleiter Oskar Streicher, als Unrecht beklagt, als Versuch der Vernichtung rechtmäßigen Eigentums – davon war schon kurz die Rede. Dann aber tauchte das Thema erneut auf:

1929 war von einem »Weltkrieg gegen die deutsche Sprache« die Rede. Obwohl der Beauftragte des Völkerbundes, General Richard Haking, die deutsche Sprache im Eisenbahndienst in Danzig anerkannt hatte, dränge die polnische Verwaltung sie heraus, hieß es. Auf einer Landesausstellung in Posen beispielsweise stünde in Drucksachen die polnische Sprache an erster, die französische an zweiter, die englische an dritter und die deutsche erst an letzter Stelle. Auch die Speisekarten gebe es nur auf Polnisch oder Französisch, obwohl die meisten Aussteller Deutsche waren. Genauso reagierten die Tschechen, »das andere Zwergvolk, das wie jenes den Deutschen seinen sicherlich bewundernswerten geistigen Aufstieg verdankt und dies durch wilden Haß gegen die deutsche Sprache vergilt«. Im Eisenbahnverkehr sei eine »Vertschechung« deutscher Städte wie Bremen, Köln und Dresden zu beobachten, die sogar Neuschwanstein erreicht habe.

Im Saargebiet werde gegen die deutsche Sprache »gewühlt«, Schulfilme mit französischem Wortlaut unterstützt, jene mit deutschem dagegen verdrängt. 1931 liest man, dass Fremdwörter wie »Produktion«, »Inszenierung« und »Prolongation« eingeführt würden. Der Kommentar dazu: »Will man uns im deutschen Saargebiet allmählich einige Brocken der Sprache beibringen, die nach dem Wunsche mancher später unsere Muttersprache werden soll?« In Ländern wie Belgien mit seinen deutschsprachigen Grenzregionen oder Rumänien mit Siebenbürgen herrsche überall dasselbe: »Sprachnot«. Für das Memelland wird 1932 eine regelrechte »Deutschenverfolgung« registriert, ähnlich in »Nordschleswig, in den baltischen Staaten, in Polen, in der Tschechei, in Rumänien, Südslawien, Ungarn und im Lande der furchtbarsten, schonungslosesten Unterdrückung, in Südtirol«.

1933 kam es zum aggressivsten Anlauf, wohl in der Hoffnung, dass das neue Regime für Abhilfe sorgen werde. Wieder war es

Streicher, der in einer Serie von Artikeln jeweils unter dem Titel *Vom Außendeutschtum* die Situation in leuchtenden Farben ausmalte. Im Januarheft von 1933 behandelte er Elsass-Lothringen, wo an der »Entdeutschung« gearbeitet werde. Gedanken an ein »deutsches Elsaß« würden als »Unverschämtheit« zurückgewiesen. Dabei gebe es im ganzen Land außer bei den Eliten »Entsetzen über die Wirkungen der französischen Schule«. In Südtirol helfe vorläufig noch der Religionsunterricht, der offenbar dank der vorhandenen Lehrer auf Deutsch erteilt werde. An Schulen sei ansonsten der Deutschunterricht verboten, heimliche Zuwiderhandlung werde verfolgt. Nebenbei sollte eine andere Meldung den Zorn der Leser schüren: jene, dass man im Bozener Friedhof die Gebeine deutscher Bestatteter ausgegraben und in ein Massengrab überführt habe.

Im Februar 1935 fasste Streicher das Problem – nach zahlreichen weiteren Artikeln – zusammen: Dreißig Millionen Deutsche lebten außerhalb der neuen Reichsgrenzen und überall führten sie einen verzweifelten Überlebenskampf. Mehr noch: »Sogar Völker, die mit dem Deutschen Reiche in freundlicher Beziehung stehen, betreiben offen oder heimlich die Ausrottung der deutschen Sprache.« Vor allem in Elsass-Lothringen sah Streicher Schlimmstes vor sich gehen, selbstverständlich ohne die eigenen Maßnahmen wenige Jahrzehnte zuvor zu erwähnen. Im Maiheft heißt es dazu: »Elsässer und Lothringer wollen geistig und volklich bleiben, was sie sind, d.h. Deutsche nach Volkstum und Sprache (...).« Man sei unzufrieden mit der Pariser Regierung, die das Französische fördere, ansonsten aber die Region »mißachte«. Der Ruf nach einem »Sprachrecht« werde ignoriert, die Lage an den Schulen sei »trostlos«. Das Gleiche in Südtirol: »Stumm und wehrlos steht es seinen schamlosen Peinigern gegenüber.« Nicht anders gehe es den Sudetendeutschen. Überall herrschten Verbote. Streicher berichtet weiter über das »Deutschtum« in Polen, Ungarn, Rumänien, Südslawien.

Was Streicher bei alldem ignoriert, ist nicht nur die Retourkutsche in den verlorenen Gebieten. Ein Beobachter, der dem Sprachverein nahestand und in der *Muttersprache* publizierte, wartete mit einer durchaus anderen Rechnung auf, die 1938 in seinem schon erwähnten Buch *Deutsch als Weltsprache* erschien. Franz Thierfelder hatte als Schriftleiter der immerhin eng befreundeten Deutschen Akademie die Förderung der deutschen Sprache speziell im Osten, in »Mitteleuropa«, in die Hände genommen und signalisierte mit seinem umfangreichen Zahlenwerk zur Lage Positives, Hoffnungsvolles. Ja, Deutschland habe Gebiete verloren, und ja, die deutsche Sprache werde nicht überall gefördert. Aber nein, von Unterdrückung könne kaum die Rede sein, wenn man sich ansehe, wie der Unterricht an den Schulen funktioniere, wie viele deutschsprachige Zeitungen und Zeitschriften existierten, wie oft im Rundfunk Sendungen auf Deutsch erfolgten und so weiter und so fort.

Thierfelder setzte eben nicht auf Druck und schon gar nicht auf Revanche, sondern auf Einsatz und Kreativität. Die deutsche Kultur sei eine große, ja überlegene Kultur und werde sich mit ihrer eigenen Kraft durchsetzen, wenn man denn die richtige Werbung dafür mache. Deutsch habe das Zeug zur »Weltsprache«, behaupte sich trotz der Repressalien im Versailler Vertrag noch immer in der Wissenschaft und gewinne auch in der Wirtschaft und Kultur immer mehr Terrain zurück. Ganz nebenbei plädiert Thierfelder für das Recht jeder Sprache auf Entfaltung, warnt vor aggressiver »Kulturpropaganda« (vor deren Begriff es ihn schon »schaudere«) und sieht statt in »Sprachherrschaft« in »Sprachdienst« das Ziel.

Mit der Festigung der nationalsozialistischen Herrschaft aber nahm die Sprachpolitik rasch andere Formen an. Vor allem da, wo man aufgrund des Kriegsverlaufs nach dem Motto »Heimkehr ins Reich« wieder den Zugriff auf die verlorenen Gebiete erhielt, setzte eine Unterdrückungspolitik ein, die alles Vorher-

gehende in den Schatten stellte (ich folge in meiner Ausführung Gerd Simon).
Am 7. August 1940 wurde das Elsass durch den Gauleiter Robert Wagner unter deutsche Zivilverwaltung gestellt. Der erließ sofort einen »Entwelschungserlaß«, wonach alle öffentlichen Dienststellen einschließlich der Kirchen in Wort und Schrift nur noch die deutsche Sprache verwenden durften. Auch bei mündlichen und schriftlichen Anträgen bei Dienststellen durften sich die Elsässer ausschließlich »ihrer deutschen Muttersprache« bedienen. Nicht einmal die Aufschriften auf Wasserhähnen waren verschont geblieben, *chaud* und *froid* mussten ersetzt werden. Und als ob dies nicht genügte, gerieten selbst die Grabsteine ins Visier des Straßburger »Entwelschungsamtes«, wurde das Telefonbuch »gesäubert« und das »ohrenbetäubende ›Boschur‹«, also *bonjour*, verboten. Französische Bücher landeten bei den Sonnwendfesten auf Scheiterhaufen, bei weiterem Besitz drohte Inhaftierung und anschließende Überstellung in das »Erziehungslager« Schirmeck-Vorbruck. Die als aufmüpfig eingeschätzte Straßburger Universität wurde aufgelöst beziehungsweise nach Clermont-Ferrand verlegt. Zahlreiche Professoren und Studenten kamen in die KZs von Buchenwald und Auschwitz.
Von alldem ist in der *Muttersprache* nichts zu lesen. Hier nahm der Gymnasialdirektor Fritz Löffler, Vorsitzender der badischen und pfälzischen Zweigvereine, das Heft in die Hand. Er hatte einmal vorgeschlagen, den Sprachverein (nach dem Vorbild von Alfred Rosenbergs »Kampfbund für deutsche Kultur«) in »Kampfbund für deutsche Sprache« umzubenennen. 1937 führte er in seiner Heimatstadt Pforzheim die »Entrümpelung des Straßenbildes« von Fremdwörtern durch. Seine Stunde aber kam 1941 mit der »Heimkehr« des Elsass ins Reich. Im Mai berichtete er, wie er den Tag erlebte, »da das Hakenkreuz auf dem Münster Erwins von Steinbach gehißt worden ist; den Sommer, da endlose Flüchtlingsströme der Elsässer, die im Innern Frank-

reichs untergebracht gewesen, den Heimweg suchten«. Dabei prangerte er die Franzosen als Übeltäter an, die alles sinnlos zerstörten, was Deutsche aufgebaut hätten. Nun aber folgte auch hier die Retourkutsche (die allerdings alle mörderischen Details ausließ). So las man zum Beispiel:

> Die französischen Geschäftsschilder sind durch deutsche ersetzt. Die welschen Vornamen, die im Elsaß nicht bodenständig sind, sondern oft durch eine hauchdünne Oberschicht oder durch französische Beamte aus deutschen alten verstümmelt wurden, müssen wieder verschwinden. Die Gastons, Rogers, Colettes, Yvettes passen nun einmal nicht mehr in unsere Zeit, die auf allen Gebieten klare und saubere Begriffe fordert.

Der Vorsitzende Rudolf Buttmann hat all dies in einer Rede in Pforzheim 1941 unterstrichen, es aber ebenfalls bei der verhältnismäßigen Harmlosigkeit eher oberflächlicher Maßnahmen belassen. Er beschrieb sie als Erfüllung der Aufgabe, »das deutsche Elsaß nunmehr auch seelisch dem Mutterlande wieder zurückzuführen«.
Eine der brutalsten sprachlichen »Säuberungen«, über die der Sprachverein Bescheid wusste, fand in der *Muttersprache* damit kaum ein Echo. Von der Gewalt gegen Menschen und Sachen im Elsass war nicht einmal in Randbemerkungen die Rede. Ob sich dabei das Gewissen regte oder, wie der Tübinger Germanist Gerd Simon glaubt, ein Entsetzen der Bildungsbürger über das allzu brutale Vorgehen zum Verstummen führte, muss wohl für immer offen bleiben.

»London vielleicht bald nur noch ein stinkender Trümmerhaufen«

Wieder im Krieg

Der Beginn des Zweiten Weltkriegs mit dem Überfall auf Polen am 1. September 1939 fand in der *Muttersprache* keinen Widerhall, der mit den »Augusttagen« von 1914 vergleichbar wäre. Im Oktober wurde das »heimgekehrte Danzig« begrüßt, im November Westpreußen, Posen und Oberschlesien, wozu der abgedruckte Ausschnitt einer »Führer«-Rede gehörte. Dazwischen berichtete man, »was uns Jägernamen und -eigenschaften vom deutschen Weidwerk erzählen«. Erst im Dezember erschien der Beitrag *Wehrworte*, in dem es um »das Wort als Waffe« ging. Vor 25 Jahren habe Deutschland dies »in seiner gefährlichen Wirkung erlebt und erlitten, ohne sich zur Wehr zu setzen. Heute handhaben wir selbst diese Waffe rücksichtslos mit schneidender Schärfe.«

Das traf mehr als genau zu, wie das Vorgehen im Elsass beweist. Im Januar 1940 war dann noch einmal die Rede davon, dass nicht nur Deutsche gegen Franzosen und Engländer kämpften, sondern auch Deutsch gegen Französisch und Englisch. Ansonsten ging es vor allem um eine »wehrhafte Sprache«, die in vier Beiträgen anhand der »Sprachform deutscher Heerführer und Kriegsdenker« abgelesen wurde. Dazu gehörte etwa ein Lob für Carl von Clausewitz' Wort vom Krieg als der »Fortsetzung der Politik mit anderen Mitteln«. Weiter über Helmuth von Moltke und Alfred von Schlieffen bis hin zu Wehrmachtsberichten reichte das Lob des »Schlichten«.

Damit war die Fremdwortjagd mehr oder weniger ad acta gelegt. Den letzten Stoß gab ihr Hitler persönlich, in der *Muttersprache* in gewohnter Unterwürfigkeit mitgeteilt:

> Nach einem Rundschreiben des Reichsministers und Chefs der Reichskanzlei ist dem Führer in letzter Zeit mehrfach aufgefallen, daß – auch von amtlichen Stellen – seit langem in die deutsche Sprache übernommene Fremdwörter durch Ausdrücke ersetzt werden, die meist im Wege der Übersetzung des Ursprungswortes gefunden und daher in der Regel unschön sind. Der Führer wünscht nicht derartige gewaltsame Eindeutschungen und billigt nicht die künstliche Ersetzung längst ins Deutsche eingebürgerter Fremdworte durch nicht aus dem Geist der deutschen Sprache geborene und den Sinn der Fremdworte meist nur unvollkommen wiedergebende Wörter. Ich ersuche um entsprechende Beachtung. Dieser Erlaß wird nur in Deutsche Wissenschaft, Erziehung und Volksbildung veröffentlicht. Berlin, den 19. November 1940. Der Reichsminister für Wissenschaft, Erziehung und Volksbildung.

Wie gesagt, besiegelte im Januar 1941 ein weiterer Erlass das Ende der Frakturschrift. Die *Muttersprache* hielt sich übrigens nicht an das Verbot und druckte weiter in Fraktur.

Aber das Blatt hatte sich ohnehin gewendet. Statt auf Fremdwörter machte man Jagd auf Menschen, statt der Reinheit der Sprache stand die Reinheit der Rasse im Mittelpunkt – mit der Sprache als willkommenem Helfer. Dies geschah nicht immer beziehungsweise nicht nur mit den Mitteln offener Unterdrückung, sondern auch auf subtilere Weise.

Ein Beispiel dafür liefert die Arbeit eines Vereinsmitglieds, das seit 1933 auf Behaghels Antrag der »Verjüngung« hin in den Vorstand gelangt war: Leo Weisgerber. Behaghel muss beeindruckt gewesen sein von den wissenschaftlichen Qualitäten des Kollegen, der 1927 Professor in Rostock geworden war und 1938 auf den Lehrstuhl für Allgemeine Sprachwissenschaft und Indogermanistik in Marburg wechselte. 1929 hatte er mit dem Buch *Muttersprache und Geistesbildung* sein Lebensthema entdeckt: die Rolle der Sprache für die Ausbildung eines Weltbildes, das sich im Wortschatz niederschlägt und damit für eine gemeinsame Orientierung sorgt. Während die bislang dominierende Sprachwissenschaft vom Lautlichen ausgegangen war, kam nun verstärkt die Bedeutung ins Spiel, die Grammatik wurde also »inhaltsbezogen«. Behaghels Begeisterung mochte dieser neuen wissenschaftlichen Idee gelten. Es sollte sich allerdings rasch zeigen, dass sich von da aus äußerst handfeste politische Folgerungen ergaben.

Denn Weisgerber, der aus Metz im damaligen »Reichsland« Lothringen stammte und daher ein Faible für Grenzregionen mit gemischtsprachiger Bevölkerung mitbrachte, schloss sich 1940 der Propagandaabteilung des Militärbefehlshabers in Frankreich an und baute als »Zensuroffizier« am Radiosender Rennes einen bretonischen Kanal auf, der systematisch die Unabhängigkeitsbestrebungen der ihren keltischen Dialekt bewahrenden Bevölkerung gegen die Pariser Zentrale unterstützte.

Weisgerbers Qualifikation dafür war überzeugend: Er hatte Keltologie studiert und mit seinen Forschungen zur Rolle der Muttersprache ideologisch wohlpassende Grundlagen für einen Angriff gelegt. So wie man in den (aufgrund des Versailler Vertrags) verlorenen Ostgebieten die Angriffe der neuen Machthaber auf die deutsche Sprache als Verletzung des Menschenrechts und als brutalen Terrorismus verurteilte, suchte man nun umgekehrt die gleiche Verletzung und den gleichen Terrorismus gegen die überfallenen Völker anzuwenden. Weil die Muttersprache Menschen zu »Gliedern einer Sprachgemeinschaft« mache, die als »Schicksalsmacht« ihr Leben bestimme, müsse die eigene mit allen Mitteln verteidigt, die Muttersprache anderer aber mit den gleichen Mitteln unterminiert werden. Ganz so wie beim Wort »Propaganda«: in Deutschland notwendig und hilfreich, im Ausland bloße »Hetze«. Während ein Mann wie Franz Thierfelder (wenn auch nur aus taktischen Gründen) auf Gegenseitigkeit und sanfte Methoden der Werbung gesetzt hatte, setzte Weisgerber auf äußerst robuste Durchsetzung nationalsozialistischer Eroberungspolitik.

Es ist charakteristisch, dass davon wieder einmal nichts in die *Muttersprache* einging. Das Vorstandsmitglied Weisgerber äußerte sich zwischen 1940 und 1942, als er auf den Bonner Lehrstuhl für Keltologie und Allgemeine Sprachwissenschaft berufen wurde, kein einziges Mal über seine Tätigkeiten in Rennes.

Im Juniheft 1930 hatte der Germanistikprofessor Theodor Steche Weisgerbers *Muttersprache und Geistesbildung* ebenso ausführlich wie positiv besprochen. Weisgerber hätte seine Thesen nicht allein »theoretisch«, sondern »empirisch« gewonnen, hätte die Farbbegriffe anhand eines im Krieg Versehrten mit krankhaftem Gedächtnisverlust untersucht, der die Farben nicht mehr sortieren konnte, weil sie für ihn alle gleich aussahen. Daraufhin sei Weisgerber klar geworden, dass die Farbwörter nicht der »Realität« entsprächen, sondern aus dem bekannten Regenbogenkontinuum willkürlich herausgeschnitten seien. Somit seien sie in jeder Sprache und auch für deren Sprecher jeweils anders. Ähnliches ließ sich an der Sprach- und Denkentwicklung taubstummer Kinder zeigen. Ohne hörbare Wörter bildete sich eine eigene Welt. Auch Verwandtschaftsbegriffe zeigten sich als sprachabhängig. Im älteren Deutsch gab es mit »Onkel« und »Oheim«, »Tante« und »Muhme« noch Bezeichnungen für die väterliche und mütterliche Linie, weil dies fürs Erbrecht Konsequenzen hatte. Ohne diese Konsequenzen aber löste sich dieses Benennungssystem auf. Das Fazit des Beiträgers lautete: Das alles seien äußerst wichtige Erkenntnisse für die »Arbeit des Sprachvereins«.

Dies stimmte jedoch kaum, denn dort kümmerte man sich lediglich um die rassistischen Konsequenzen. Im Dezemberheft von 1933 druckte man mit *Grenzen der Sprachgemeinschaft* einen Beitrag von Weisgerber ab, der seine Theorie zusammenfassen sollte. Stattdessen beschwor er genau die rassistischen Abwege, die einzig dem politischen Fortkommen dienten, nicht aber dem wissenschaftlichen. Nicht jeder könne die »Entwicklung seiner Sprachgemeinschaft in sich wecken«, liest man, sondern nur der, »dessen rassisches Ahnenerbe bis zu den sprachschöpfenden Vätern grauer Vorzeit zurückreicht«. Und dann gibt es noch diejenigen, die zur Übernahme einer »artfremden oder einer anderen artverwandten Sprache« gezwungen, also »fremdem Sprachgeist mehr und mehr untertan« wurden. Damit meint Weisgerber die romanischen Länder und nicht zuletzt die deutschen Juden mit ihrem »halbhebräischen Mauscheln«, halb »gepflegtesten« Hochdeutsch. Sie werden so oder so verurteilt: »Die Juden haben sich schon seit ältesten Zeiten für den täglichen Umgang unbedenklich der Sprache ihrer andersrassigen Umwelt bedient (…). Die Umgangssprache wechselte man, wenn damit ein besseres Fortkommen, eine günstigere Tarnung erreicht wurde.«
Schlimm, wenn Deutsche der »Täuschung« erlagen, die mit diesem verfehlten Eindringen »in den deutschen Volkskörper« verbunden sein musste und nie zu einem Dichten führen konnte, das »unmittelbares Lautwerden der Seele« sei. Bei fehlender Blutverbundenheit fehle eben der »Sinn für die tieferen Sprachwerte, wird die Seele nicht berührt«. Den Beweis liefere die Bibelübersetzung der jüdischen Autoren Martin Buber und Franz Rosenzweig im Vergleich mit derjenigen Martin Luthers oder die *Loreley* von Heinrich Heine im Vergleich mit derjenigen von Joseph von Eichendorff. Auch wenn vermeintlich die gleiche deutsche Sprache benutzt werde, so gebe es nur eine »scheinbare Sprachgemeinschaft«, wie es auch bei den »Negern« in Nordamerika der Fall sei, die ebenfalls außerstande seien, »in der völ-

lig artfremden Sprache die Seele zum Klingen zu bringen«. Nur der Deutsche habe in ununterbrochener Folge seine »Ursprache« entfaltet, ohne Änderung der rassischen Grundlage, woraus der sprachliche Ausdruck seine »Kraft und Weihe« beziehe. Aus der Weltbildtheorie und einer inhaltsbezogenen Grammatik erwuchs also vorläufig nichts anderes als ein rassistisch-antisemitisches Pamphlet.

Um es noch einmal zu betonen: Die praktischen Konsequenzen in Rennes drangen nicht in entsprechende Beiträge vor. Lediglich zwei Rezensionen über Vorträge, die Weisgerber gehalten hat, sind abgedruckt. In beiden spricht er über die Bedeutung des Wortes »deutsch«. In einer Besprechung findet sich der Hinweis darauf, dass kein anderes Volk in Europa sich nach seiner Muttersprache benenne, womit die »blutgebundene Einheit des Volkes« besiegelt sei. Der Rezensent verzeichnet diese Ausführungen als glückliches Zeichen der »Volksnähe« eines Gelehrten. An anderer Stelle, in einem Buch Weisgerbers mit dem Titel *Die volkhaften Kräfte der Muttersprache*, geht es 1939 um den »Daseinskampf der Sprachgemeinschaft«, um »Spracherhaltung« als »Volkstumserhaltung«, darum, bloß nicht »fremden Volkstümern zu verfallen«, sondern dass »zu kämpfen und zu leiden höchste Volkspflicht« sei, dass die »volkserhaltenden Kräfte der Muttersprache möglichst eindringlich und ungeschwächt im Daseinskampf unseres Volkes einzusetzen« seien – eben: *unseres* Volkes, nicht des Volkes in Rennes.

Gerd Simon hat entsprechend von Weisgerber als einem »Schreibtisch-Terroristen« gesprochen, der sich selbst damit brüstete, eine »Zündschnur« zum Sprengstoff zu legen, der Frankreich »hochgehen« lasse. Ganz nebenbei zeige sich bei Weisgerber eine groteske Überschätzung der Sprache beziehungsweise der im Radio gebotenen Aktualisierung von Brauchtum, Liedgut und Sagenwelt speziell des aus dem Bretonischen stammenden Artuskreises.

Weisgerber aber kämpfte nicht allein. Der Mann, der sich ihm wissenschaftlich verbunden fühlte, vielleicht sogar zu seinen Anregern gehörte, ging noch viel konsequenter vor. Es war der Germanist, der die Nazis mit seinem antirassistischen Buch *Mutter Sprache* gereizt hatte und mit viel Glück dann doch noch nach seinem förmlichen Einknicken aufgenommen und befördert wurde: Georg Schmidt-Rohr. 1939 brachte er in der *Muttersprache* noch zwei größere Artikel unter, die die Rolle der Rasse über die der Sprache stellten und damit seine endgültige Wende besiegelten. Im August 1940 dachte er an gleicher Stelle über die Sprache in Kriegszeiten nach, lobte die Briten für ihre Anstrengungen zur Sprachverbreitung und sprach sich für die »Reinigung der Sprache von feindvölkischen Brocken (…) zur Stärkung der deutschen Selbstachtung« aus.

Aber dann folgte eine ganz andere Wende. Im Dezember 1940 schlug Schmidt-Rohr (wie Gerd Simon herausgefunden hat) den Stellvertretern des »Führers« die Einrichtung eines geheimen politischen Sprachamts vor, das die Aktivität Weisgerbers in Rennes in den Schatten gestellt hätte: Der Selbstbehauptungswille sämtlicher besiegten Völker, von den Niederländern über die Elsässer bis zu den Tschechen, sollte durch die Zerstörung ihrer Sprachen systematisch unterminiert werden. »Mit aller List getarnt«, sollte eine »Umvolkung« stattfinden und daneben Deutsch zur Weltsprache gemacht werden – wie es ein Thierfelder mit Akademie und Goethe-Institut nie geschafft hätte. Man liest:

> Denn wenn auch London vielleicht bald nur noch ein stinkender Trümmerhaufen ist, so bleiben doch (…) 200 Millionen Englisch sprechender Menschen überall auf der Erde und in den allerwichtigsten wirtschaftlichen- und Raumpositionen, das ist auch eine politische Realität.

Bei der weiteren militärischen Planung solle die Sprache stärker berücksichtigt werden, denn neben dem »auffälligeren Waffenkampf« gebe es eben immer auch den »Sprachraumkampf«, mit dem gleich beim »Gefangenenwesen« angefangen werden könne mit »einzigartigen Chancen sprach- und kulturpolitischer Werbung«. Nebenbei könne man die Sowjetrepubliken mit Sprachpolitik untergraben, etwa in der Ukraine durch Schaffung einer eigenen Schrift, die die Selbstständigkeit unterstütze.

All dies war offenbar selbst der Naziführung zu viel. Ein Gutachter äußerte sich völlig ablehnend. Der herangezogene Münchener Universitätsgermanist Erich Gierach, der mit seinem Buch *Germanen in den Sudetenländern* 1938 die nationalsozialistische Annexionspolitik unterstützt hatte und ein Jahr später, 1941, mit der ihn ehrenden Festschrift *Wissenschaft im Volkstumskampf* zu einer Art Vorzeigeprofessor mit besten Kontakten in die Regierung aufsteigen sollte, hielt Pläne dieser Art für schlicht undurchführbar. Sie verschwanden in den Schubläden.

Aber nicht ohne Folgen. Denn derselbe Erich Gierach, der Schmidt-Rohr um seinen Erfolg gebracht hatte, sorgte im November 1941 für etwas, das vor allem vom Sprachverein selbst nicht mehr für möglich gehalten worden war. Während das Sprachpflegeamt als Anhängsel der Deutschen Akademie dahindämmerte, kam es nun zur Einrichtung eines unabhängigen »Sprachamts« mit endlich auch entsprechender finanzieller Ausstattung – natürlich unter Führung der NS-Regierung. Gierach schlug als Leiter keinen Geringeren als Ewald Geißler vor, mit der schwer auszuschlagenden Aufforderung: »Werden Sie Sprachpapst!«

Geißler schlug nicht gleich aus, sondern sah die Stunde gekommen, sich noch höher zu positionieren. Er forderte als Begleitmaßnahme einen Lehrstuhl für Sprechkunde in München. Erst als dieses Ansinnen scheiterte, lehnte er ab. Weil keine personelle Alternative zur Verfügung stand und Schmidt-Rohr längst anderweitig beschäftigt war, ging es nicht wirklich weiter, zumal nun die Kriegsereignisse alle Maßnahmen hinsichtlich der Sprache überdeckten. Das Sprachamt hatte nach Artikel 1 seiner Verfassung die Zuständigkeit für Sprachwerbung im Ausland und sollte sich im Übrigen als Auskunftsstelle in Angelegenheiten der deutschen Sprache etablieren, also Aufgaben wahrnehmen, die bislang dem Goethe-Institut und dem Sprachpflegeamt zugefallen waren. Aus mangelnder Notwendigkeit und Personalmangel wurde trotz aller Anstrengungen nicht mehr viel aus dem Vorstoß.

In der *Muttersprache* finden sich dazu keine Reaktionen. 1941 wird unter dem Titel *Wer mich verbrittet, ich hass' ihn!* der Kampf Italiens und Spaniens gegen die Überfremdung durchs Französische und Englische behandelt, wobei starke Worte fallen: Das französische Sprachimperium werde gerade »zertrümmert«, liest man, das »längst morsche englische Weltreich geht seinem verdienten Ende entgegen«. Unter dem Titel *Sprache und Krieg* werden bedenkliche neue Wörter angeprangert wie zum Beispiel die »Achse«, die das doch eigentlich verständlichere »Bündnis« ablösten. Beim »Bombenerfolg« sei »unfreiwilliger Humor« im Spiel. Auch neue Fremdwörter würden stören, »torpedieren« und »starten« etwa, die ganz außerhalb des militärischen Bereichs den Alltag eroberten, zum Beispiel mit »in den Urlaub starten«.

Noch zweimal konnte Franz Thierfelder seine bekannten Ansichten in der *Muttersprache* verbreiten: mit einem Artikel über den Rundfunk, der endlich eine »einheitliche Hoch- und Bildungssprache« durchsetzen werde, und mit dem Bericht über mehr Deutschlerner in der Welt, was zur »großen abendländischen Umgestaltung« beitragen könne. Ansonsten berichtete die *Muttersprache* über »Schattenmorelle und Mirabelle«, über die »Sprechweise mit Schwerhörigen«, über »den Landschaftsnamen Eifel«.

Und dann das »Schlussheft« im Februar und März 1943 mit dem »Abschied von der Muttersprache« aus Gründen der Kriegswirtschaft, damit »der Sieg errungen wird, dessen wir gewiß sind«. Rudolf Buttmanns *Auf Wiedersehen* war mit dem Bedauern darüber verknüpft, dass man in den letzten Jahren auf die »scharfen Töne« verzichten musste, womit er zweifellos die Fremdwortjagd meinte. Aber wenn erst die »blanken Waffen« gesiegt hätten, würde die Zeitschrift wie gewohnt »wieder auferstehen«. Das Sprachpflegeamt, das immer noch existierte, stellte etwas über den Unterschied zwischen »Bräutigam« und »Verlobtem« fest. Unter Sprachzeugnissen für alte deutsche Leibesübungen stieß jemand darauf, dass die Germanen Knochenschlittschuhe benutzten, die als »Eisbeine« bezeichnet wurden, was in der Speisenbezeichnung »Eisbein« weiterlebe.

Dass das Eisbein tatsächlich auf das griechische *ischion* – »Hüftbein« – zurückgeht, dürfte niemanden mehr interessiert haben. In Stalingrad war gerade eine entscheidende Schlacht verloren gegangen. Trotzdem nahm Goebbels die Katastrophe zum Anlass, zum »totalen Krieg« aufzurufen. Welche Rolle sollte da noch die Sprachreinigung spielen?

»Heimaturlaub«

Der Sprachverein war untrennbar verbunden mit der Fremdwortjagd. Daneben spielte immer auch die Sprachpflege in einem weiteren Sinne eine Rolle, als Beobachtung der Entwicklung der Sprache mit dem Willen zum Eingriff, wenn sich Unschönes, Unorganisches, gar »Krankhaftes« feststellen ließ. Dies betrifft auch den allerletzten Beitrag im Februar-März-Heft 1943. Er steht unter der Überschrift: Heimaturlaub oder Fronturlaub? *Der Anlass ist leicht zu erraten. Soldaten, die von der Front in die Heimat zurückkehrten, sprachen manchmal von dem einen, manchmal von dem anderen.*

Das ließ einen Beiträger nicht ruhen, er wollte im Angesicht der sich abzeichnenden Katastrophe sprachliche Klärung und trug die Lösung vor: »Der Form Heimaturlaub muß man doch vor Fronturlaub den Vorzug geben; denn maßgebend ist die Stelle, die den Urlaub erteilt, und aus deren Gesichtswinkel gesehen ist der Heimaturlaub richtig als der Urlaub nach der (oder in die) Heimat.« Diese Feststellung findet sich nach knapp 19 000 Spalten Aufruf zur Sprachreinigung, Auslassungen über Fremdwörter und falsche Formulierungen, interessanten wie hanebüchenen etymologischen Herleitungen, nationalistischer Sprachideologie und zahllosen Verdeutschungsvorschlägen in der allerletzten. Es war überhaupt der allerletzte Satz.

Epilog

Im März 1943 gab der Sprachverein dem eigenen Vernehmen nach seine Zeitschrift *Muttersprache* »bis auf weiteres« auf, um einen wichtigen »Rohstoff« – womit nur das Papier gemeint sein kann – für den Krieg zu reservieren. Wahrscheinlich entsprach die Begründung der Wahrheit, ganz sicher aber stimmte die Bemerkung »bis auf weiteres«.

Denn es geschah, worauf ein unvoreingenommener Beobachter vielleicht nicht kommt: Im Jahre 1946 übernahmen Mitglieder des untergegangenen Sprachvereins den Nachlass und gründeten ein Jahr darauf einen Nachfolgeverein: die Gesellschaft für deutsche Sprache. Die Federführung übernahm Max Wachler, ein ehemaliges Vorstandsmitglied, das einst das Verbot der jüdischen Namen vertreten hatte, aufgrund fehlender Mitgliedschaft in der NSDAP jedoch als »unbelastet« galt. Er wirkte zusammen mit Alfred Götze, der jede Erinnerung an seine antisemitische Hetze verloren zu haben schien und die offizielle Gründung nur deshalb nicht mehr erlebte, weil er vorher starb. Ab 1949 erschien auch wieder das alte Publikationsorgan unter seinem angestammten Namen *Muttersprache*, lediglich mit neuem Untertitel: *Zeitschrift zur Pflege und Erforschung der deutschen Sprache.* Der spätere Vorschlag der Umbenennung wie überhaupt der Auseinandersetzung mit der hochproblematischen Vergangenheit durch den Schriftleiter Siegfried Jäger führte 1971 zu dessen Entlassung. Wer immer noch nicht glaubte, es handle sich um die Fortsetzung des Sprachvereins, wurde am 1. April 1986 eines Besseren belehrt: Man feierte damals ungerührt den hundertsten Geburtstag.

Natürlich hatte man dem Nationalsozialismus mitsamt Rassismus und Antisemitismus abgeschworen, aber ebenso klammheimlich wie erfolgreich ehemalige Mitglieder angeworben. Auch wurden wesentliche Elemente übernommen: Die Gesellschaft für deutsche Sprache, teilweise wieder vom Innenministerium finanziert, blieb eine Auskunftsstelle bei Schwierigkeiten mit der deutschen Sprache, speziell in Behörden, und war weiterhin ein Laienverein. Wissenschaftlichen Anspruch erhob dafür das 1964 gegründete Institut für Deutsche Sprache, das die Beobachtung der deutschen Gegenwartssprache mit einem ganzen Stab von studierten Germanisten und Professoren für die wichtigsten Ressorts an der Spitze betrieb und bis heute betreibt. Die Gesellschaft für deutsche Sprache verstand sich demgegenüber als Liebhaber und Förderer der deutschen Sprache, wozu die jährlich bis in die »Tagesschau« dringende Wahl des »Wort des Jahres« gehört.

Anderen Akteuren war deren Programm nicht radikal genug. Als seit den 1970er-Jahren die Anglizismen im öffentlichen Diskurs überhandzunehmen schienen, gründete der Statistikprofessor Walter Krämer 1997 eine Alternative, die sich zunächst Verein zur Wahrung der deutschen Sprache, dann Verein Deutsche Sprache nannte. Wer in dem vereinseigenen Presseorgan, den *Sprachnachrichten*, blättert, wird häufig an die untergegangen geglaubte Fremdwortjagd vergangener Zeiten erinnert, auch an die Polemik gegenüber denen, die nicht mitmachten, speziell den Germanisten, die »ihre Sprache nicht lieben«. Kaum eine Metapher aus dem Reich des »Überflutens« und »Versumpfens« fehlt, wobei schwer zu sagen ist, ob die vom Vorsitzenden selbst ins Spiel gebrachte »Schimpansensprache« an die »Hottentottensprache« der Sprachvereinsler anknüpft.

Im Übrigen hatte sich der Übergang vom alten zum neuen Sprachverein nicht ohne Überraschungen gestaltet. Keiner der früheren Verantwortlichen war in den Nürnberger Prozessen als »Hauptbeschuldigter« zur Rechenschaft gezogen worden. Der letzte Vorsitzende, Rudolf Buttmann, musste sich lediglich der internen Entnazifizierung der deutschen Behörden in der Spruchkammer Starnberg unterziehen. Er versuchte sich damit zu rechtfertigen, er habe mit seinem Abschied aus Berlin und dem Wechsel zur Münchner Staatsbibliothek auch eine »Entfernung« von den Nationalsozialisten vorgenommen. Sein Anwalt machte überdies den Einsatz für Opfer und Gegner des Nationalsozialismus geltend – Buttmann hatte sich tatsächlich für solche Personen in der Staatsbibliothek eingesetzt. Aber Buttmann wurde nicht freigesprochen, sondern es blieb bei seiner Einstufung als »belastet« mit Einzug von dreißig Prozent des Nachlasses. Erst die von der Ehefrau beantragte Revision vor der Berufungskammer kassierte das Urteil durch eine neue Einstufung in die Gruppe der »minder Belasteten«, womit der Einzug des Nachlasses entfiel.
Das Urteil erging posthum im März 1949, der Freigesprochene war bereits im Januar 1947 gestorben. In der Urteilsbegründung wird Buttmann ein Nationalsozialismus »idealistischer Richtung« zugebilligt, im Gegensatz zum »praktischen Nationalismus« Hitlers und seiner aktiveren Helfershelfer. Eine »Machtentfaltung voller egoistischer Geltungssucht« habe dem kultivierten Bibliotheksdirektor »völlig fern« gelegen, ja Buttmann habe vielmehr das Unrecht »bekämpft, sobald er es nach der Machtergreifung in seiner ganzen Brutalität erkannte«. Damit war der Besitzer des Parteibuchs Nummer 4, ein bis zuletzt treuer, ja euphorischer Gefolgsmann Hitlers, schließlich doch offiziell reingewaschen.
Wer nicht wie der Germanistikprofessor Erich Gierach bei einem Luftangriff auf München 1943 ums Leben gekommen

oder wie Arthur Hübner vorzeitig gestorben war, zog andere Konsequenzen. Ewald Geißler, zuletzt einer der schlimmsten Hetzer, nahm sich Anfang 1946 selbst das Leben. Alfred Götze, der unbedingt weitermachen wollte, soll Ende desselben Jahres ein Schlaganfall getroffen haben, als seine Institutsbibliothek nach Schließung der Universität Gießen abtransportiert wurde. Andere blieben in ehrendem Gedächtnis. Nach Otto Sarrazin, dem am längsten amtierenden Vorsitzenden mit seiner Begeisterung für den Ersten Weltkrieg als vermeintlichem Beförderer der deutschen Sprache, wurde in Berlin eine Straße benannt. Als Thilo Sarrazin 2010 mit seinem Buch *Deutschland schafft sich ab* für Wirbel sorgte, verwies die *Bild-Zeitung* darauf, dass der Straßenname nicht von ihm, sondern vom Vorsitzenden des Sprachvereins, Otto Sarrazin, abgeleitet war. Allerdings sei der neue Sarrazin tatsächlich der Großneffe des alten und »ähnlich streitlustig« wie jener, was wohl »in den Genen liegen« müsse. Dabei war das Wort vom »Juden-Gen« noch nicht einmal gefallen, Thilo Sarrazin benutzte es erstmals in einem der vielen Interviews nach Erscheinen seines Buches.

Wieder andere sahen keinerlei persönliche Schuld, für die Verantwortung zu übernehmen notwendig gewesen wäre, und starteten neue Karrieren. Franz Thierfelder, schon aufgrund einer fehlenden Mitgliedschaft in der NSDAP als »unbelastet« eingestuft, beteiligte sich 1951 an der Neugründung des Goethe-Instituts, wo er im Vorstand wirkte, und schrieb zu seinem Buch *Deutsch als Weltsprache* von 1938 die zweibändige Fortsetzung mit *Die deutsche Sprache im Ausland*, die 1956 und 1957 erschien. In dieser Ausgabe findet sich, getreu der früheren Linie, eine wüste Polemik gegen die »Internationalisierung« als »moderner Aberglaube«, der den in der gemeinsamen, rein gehaltenen Sprache verankerten »Nationalstaat« aushebele. Man findet darin Sätze wie: »Die Sprachen werden wieder Ausdruck der Völkerseelen in ihrem vollen Umfang, aktive Mächte der Willensformung,

Gestalterinnen des Gemeinschaftsgefühls, und all das wird nicht ohne Wirkung auf das künftige Bild der Nationen bleiben.« An anderer Stelle ist die Rede davon, »kranke Völker« hätten notwendigerweise »kranke Sprachen«.

Leo Weisgerber, der ebenfalls trotz seines selbst gewählten und dann energisch betriebenen Einsatzes als Zensuroffizier in Rennes nie in die Partei eingetreten war, wurde nach 1945 ebenso als »unbelastet« eingestuft und startete von seinem Bonner Lehrstuhl aus eine Karriere, die ihn für Jahrzehnte an die Spitze der Sprachforschung in Deutschland beförderte. Bei völliger Ausblendung des aus Russland und Frankreich kommenden neuen Strukturalismus und mit geradezu absurden Behauptungen über die Schädlichkeit der Zweisprachigkeit lernten deutsche Germanisten bis in die 1970er-Jahre bei ihm beziehungsweise seinen Schülern ausschließlich ein Gemisch aus indogermanistisch bestimmter Sprachgeschichte und einer mittlerweile völlig verquasten Weltbildtheorie. In dieser war unter anderem die Rede von »Eskimos«, die deshalb besonders friedlich seien, weil sie kein Wort für »Krieg« besäßen.

Dabei trat anlässlich der Aufarbeitung der nationalsozialistischen Vergangenheit die Geschichte des Sprachvereins durchaus früh ins Blickfeld. Auf dem Deutschen Germanistentag in München 1966 widmete sich einer der vier Hauptvorträger dem Thema: Peter von Polenz unter dem Titel *Sprachpurismus und Nationalsozialismus.* In seiner späteren *Deutschen Sprachgeschichte* von 1999 hat der 2011 verstorbene Großmeister seines Fachs den Sprachreinigern ein eigenes Kapitel gewidmet. Ausführliche Berichte über den Verein und sein Publikationsorgan lieferte auch Helmut Bernsmeier in drei Aufsätzen zwischen 1977 und 1983 in der neuen *Muttersprache*, die damit ihre Abgrenzung von den alten Positionen zu untermauern suchte.

Gerd Simon verwies in einer ganzen Reihe von Beiträgen in den 1980er-Jahren auf dabei mehr als nachsichtig »Übersehenes« und ein unseliges Weiterwirken der Tradition des Sprachvereins bis in unsere Zeit. Simons leitende These: Der Sprachpflege-Diskurs war immer ein »Huckepack-Diskurs«, »der dem jeweils herrschenden nationalistischen Diskurs opportunistisch aufsitzt. Der Sprachverein hat immer (…) die jeweilige Regierung politisch unterstützt.« Um den letzten Vorsitzenden Rudolf Buttmann hat sich Susanne Wanninger in einer exzellenten Dissertation verdient gemacht, speziell mit einem Exkurs zu seiner Tätigkeit als Vorsitzender. Ansonsten blieb es eher ruhig um den Sprachverein, was vielleicht mit dem vordergründig zu speziellen Themenfeld zu tun hat, dessen politische Bedeutung kaum noch einleuchtete.

Und doch ist diese Bedeutung erheblich und eine Erklärung für den Erfolg von großem Interesse. Man kann sich zum Beispiel fragen, ob Peter von Polenz mit seiner These recht hat, dass sich die Tätigkeit des Sprachvereins als »hemmungslose Ekstase vulgärwissenschaftlicher Sprachkritik« verstehen lässt, dass der »tragische Irrtum der deutschtümelnden Sprachreiniger in beklagenswert wirklichkeitsfernem Verhältnis zur Sprache« wurzelt. So erläutert von Polenz:

> Die etymologisierenden Schwärmer des Sprachvereins (…) dachten nicht an das sprachstilistische und sprachsoziologische Hier und Jetzt der Wörter (…). Die Sprachreiniger glaubten – ähnlich wie noch heute viele Sprachkritiker –, die Sprache vor dem Sprachgebrauch der Sprachgemeinschaft schützen zu müssen, als ob die Sprache ein absolutes Wesen sei, dem die Sprecher zu dienen hätten. Vor allem waren sie gewohnt, die Wörter des gegenwärtigen Sprachgebrauchs nach ihrer Herkunft zu werten.

Der Irrglaube der Sprachreiniger beruhte dabei ganz wesentlich auf der damaligen Gymnasialschulbildung, nicht einfach auf

»Unbildung«. Unter professionellen Germanisten habe allein die Wortherkunft bei ihrer Forschung im Vordergrund gestanden. Das Fazit, das von Polenz zieht, lautet: »Der ganze Sprachpurismus beruht auf dem methodologischen Irrtum der Vermischung von Diachronie und Synchronie.« Wer im (synchronen) Sprachgebrauch entstehende Entwicklungen nur nach der (diachronen) Herkunft betrachte, müsse zwangsläufig scheitern.

Wenn man allerdings sieht, dass zahlreiche Germanistikprofessoren, darunter einer der besten Kenner des damals herrschenden Paradigmas, der Bearbeiter des *Etymologischen Wörterbuchs* Alfred Götze, sich mindestens genauso verrannten wie die Laien, erscheint die Diagnose, die von Polenz gibt, zu harmlos. Sollte es wirklich so gewesen sein, dass sich der Vorteil, den Jacob Grimm einst im diachronischen Paradigma gegenüber dem normativen Paradigma der *Académie française* sah, langfristig in einen Nachteil verwandelte?

Hier muss man einwenden, dass es wohl auf eine neue Mythenbildung hinausliefe, wenn man den Nationalismus in Deutschland auch nur ansatzweise der historischen Sprachforschung in die Schuhe schöbe. Jacob Grimm war *kein* radikaler Nationalist, und einer der wichtigsten Vertreter der Junggrammatiker, Hermann Paul, hat sich als energischer Ablehner des Sprachvereins erwiesen, auch wenn er seinen Widerspruch allzu sehr versteckte. Kein heutiger Linguist leugnet im Übrigen die Ansammlung von sprachlichem Wissen, die wir dem historischen Paradigma verdanken. Der hemmungslose Nationalismus stammt kaum aus der Sprachbetrachtung und er entsprang auch nicht allein laienmäßigem Unverstand. Der Sprachverein war schlicht nie ein Verein zur Erforschung der Sprache, sondern ein nationalistischer Stoßtrupp. Der Sprachverein hatte sich mit der Reinigung der Sprache eine Art Spielwiese für anderes oder, in seiner Sicht, »Höheres« geschaffen. Es ging ihm von Anfang an um die Förderung eines Nationalismus, zu dessen Stärkung er konkretes Futter suchte, was er in der Sprache beziehungsweise in den Fremdwörtern fand.

Womit die Frage erreicht ist, was heute eine Aufarbeitung der Geschichte dieses Sprachvereins rechtfertigt, was sie lohnend macht. Es wird nicht mehr die These von der verfehlten Sprachbetrachtung sein, auch nicht mehr das Augenöffnen gegenüber verbrecherischen Abwegen oder auch nur dem ebenso verstockten wie geschmacklosen Weitermachen in der Adenauerzeit. Ein wichtigerer Grund liegt im Studium des historischen Nationalismus in Zeiten eines neuen Nationalismus in unseren Tagen, auch wenn man die Linien nicht zu direkt ziehen darf. Der moderne Nationalismus ist als Gegenbewegung der Globalisierung entstanden. Er ist ein Phänomen des Rückzugs, des Sichzurückziehens in eine alte, verklärte Welt, die wiedererstehen soll. Zugleich ist er Ausdruck einer Haltung gegen die irritierende, unendlich anstrengende und viele Zeitgenossen ausgrenzende Welt eines ebenso galoppierenden wie werteverschlingenden Kapitalismus. Der alte Nationalismus war ganz im Gegensatz dazu ein Phänomen der Nationenbildung, verstand sich nicht als verteidigend, sondern als aufbauend, ja als Stimme des Aufbruchs auf einem Feld, das von anderen angeblich sträflich unterschätzt wurde.

Und doch liegen Parallelen auf der Hand. Die vielleicht wichtigste ist die Reinheitsfantasie als Mutter aller nationalistischen Fantasien, die Abstoßung des Fremden, das damals der Modellierung eigener Größe diente und heute eher die Bewahrung des Angestammten stützen soll. Auch der Tabu-Aufbau ist ähnlich, das Größerreden des Problems, als es wirklich ist, bis jede Winzigkeit mindestens bedeutungsschwanger, wenn nicht zur Zeitbombe wird, die unweigerlich unter besonderer Belastung hochgehen müsse.

Man kann bei der Aufarbeitung der Geschichte des Sprachvereins mit anderen Worten etwas über die Entstehung und Wirkung des Nationalismus lernen, und dies aufgrund des scheinbar harmlosen Themenfelds mit einer gewissen Entspanntheit. Denn die Sprache ist heute kaum mehr ein so polarisierendes Thema, wie sie es einmal war, selbst das erneut aufflackernde Interesse angesichts der Anglizismen ist größeren Sorgen gewichen. Rassismus und Fremdenhass knüpfen heute jedenfalls kaum noch an Fremdwörter als Brandbeschleuniger an, es genügt das »Aussehen« und manchmal auch ein Bekleidungsstück wie das Kopftuch oder die Kippa, um Hassausbrüche zu motivieren. Dafür ist umso mehr wieder von verlorener »Identität«, von »Sichselbstabschaffen« und was sonst allem die Rede. Auch das ewige Drohen mit der »Schande«, das Einpeitschen von »Verrat« funktioniert weiterhin.

Und nicht zuletzt das Austrocknen jeglichen Empathievermögens gehört zu den Gemeinsamkeiten, wobei man sich fragt, wieso die Betroffenen dies auf Dauer aushielten, warum sie die faule Stelle nicht sahen, über die der Fluss der Argumente ständig hinwegglitt beziehungsweise weiter hinweggleitet. Denn wieso sollte das Fremde, auch schlicht zu fassen als das Neue, etwas so abgrundtief Böses sein, wo es seit Jahrhunderten, wenn nicht Jahrtausenden zur Kultur gehört? Nämlich als unverzichtbare Anregekraft, bei der es immer nur auf ein sinnvolles Gleichgewicht mit dem Eigenen, dem Vertrauten, angekommen war und weiter ankommt.

Zuletzt ist ein Punkt zu erwähnen, in dem sich das vorliegende Buch von einer typischen Behandlungsweise des Themas »Nationalismus« möglichst abzusetzen sucht: von Moralisierung, ja pathosgeladener Besserwisserei. Davor sollte allein schon die Hervorhebung des Komödienhaften innerhalb der Tragödie bewahren ebenso wie die Beleuchtung der Nichtigkeit der Anlässe, die in der Folge zu den – hier weniger im Vordergrund stehenden – erschreckenden Ergebnissen führten. Die Sprachreiniger waren immer wieder bemüht, sich gegen den Vorwurf

zu wehren, ihr Vorgehen sei lächerlich. Sie hatten offenbar jedoch selbst den Verdacht, dass es genau darauf hinauslief, wenn sie ihre immer gleichen Pirouetten auf dem immer gleichen und nach und nach immer langweiligeren Thema drehten.
Ich habe dies nicht zuletzt durch ausgiebiges Zitieren hervorzuheben versucht und mich beim Kommentieren zurückgehalten, um die Kritik nicht durch bloße Plattitüden oder auch humorlose Galligkeit zu ersticken. Genauso wenig habe ich die heutigen Adressaten beim Namen genannt, die große Parallelen im Vorgehen aufweisen, sondern verlasse mich darauf, dass Kundige sie selbst erkennen. Insofern braucht dieses Buch mitdenkende Leserinnen und Leser. Aber nicht mitdenkende würden ohnehin keine Freude daran haben.

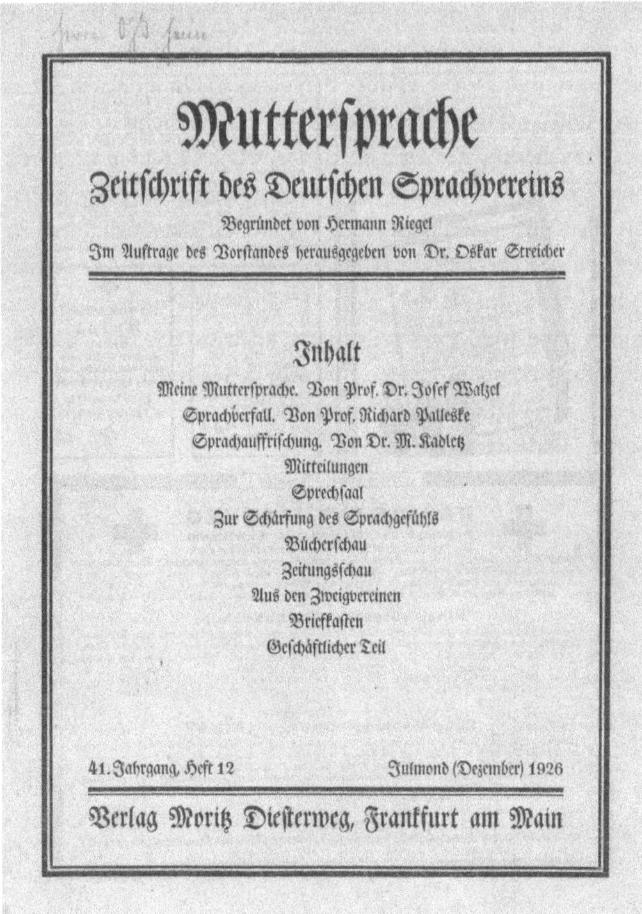

Muttersprache

Zeitschrift des Deutschen Sprachvereins

Begründet von Hermann Riegel

Im Auftrage des Vorstandes herausgegeben von Dr. Oskar Streicher

Inhalt

Meine Muttersprache. Von Prof. Dr. Josef Walzel
Sprachverfall. Von Prof. Richard Palleske
Sprachauffrischung. Von Dr. M. Kadletz
Mitteilungen
Sprechsaal
Zur Schärfung des Sprachgefühls
Bücherschau
Zeitungsschau
Aus den Zweigvereinen
Briefkasten
Geschäftlicher Teil

41. Jahrgang, Heft 12 — Julmond (Dezember) 1926

Verlag Moritz Diesterweg, Frankfurt am Main

Die *Zeitschrift des Deutschen* (zuerst: *Allgemeinen Deutschen*) *Sprachvereins,* seit 1923 unter dem Titel *Muttersprache,* war immer perfekt gegliedert. Als Erscheinungsmonat nennt man hier zuerst den deutschen »Julmond«, dann erst den fremdsprachigen »Dezember«.

Werbeplakat, u. a. vom Verein der Plakatfreunde herausgegeben, der sich um künstlerische Gestaltung verdient machte.

Postkarte des Allgemeinen Deutschen Sprachvereins mit aggressiver Werbung.

Otto Sarrazin (1872–1921) war Vereinsvorsitzender von 1900 bis 1921.

Herman Riegel (1834–1900) gründete 1885 den Allgemeinen Deutschen Sprachverein.

Heinrich von Stephan (1831–1897), unter Bismarck Oberpostrat und Minister, ordnete in seinem Bereich Verdeutschungen an.

Der Germanistikprofessor Leo Weisgerber (1899–1985), langjähriges Vorstandsmitglied, arbeitete eng mit den Nazis zusammen.

Wilhelm Frick (1877–1946) unterstützte als nationalsozialistischer Reichsinnenminister den Sprachverein.

Heinrich von Treitschke (1834–1896) organisierte die »Erklärung der 41« gegen den Sprachverein.

Gustav Freytag (1816–1895), Unterzeichner der »Erklärung der 41«, galt dem Verein als reumütig.

Theodor Fontane (1819–1898), Unterzeichner der »Erklärung der 41«, wurde von Anfang an vom Verein angefeindet.

Karl Kraus (1874–1936) griff den Verein scharf an.

DANK

Das vorliegende Buch ist die Ausarbeitung eines kleinen Kapitels in meiner schon früher beim Ullstein Verlag erschienenen Darstellung *Deutsch. Biografie einer Sprache.* Damals hatte Julika Jänicke die Initiative ergriffen und diesmal meinen Vorschlag sofort unterstützt. Die nähere Betreuung dieses neuen Buches hat Christoph Steskal übernommen, nicht zuletzt nach einem äußerst anregenden Gespräch in Köln. Für das ebenso sachkundige wie stilsichere Lektorat hat Carla Swiderski gesorgt – es hat der Verständlichkeit sehr genutzt.

Bei der Beschaffung der Quellengrundlage zeigte sich, dass das Kölner Germanistische Institut die *Zeitschrift des Allgemeinen deutschen Sprachvereins* beziehungsweise ihre Fortsetzung als *Muttersprache* nicht vollständig besitzt. Daher half die Direktion der Universitätsbibliothek mit einer sonst nicht mehr vorgesehenen Ausleihe, um mir die ebenso mühevolle wie spaßbremsende Arbeit mit Mikrofiches zu ersparen. Die Beschaffung der übrigen Literatur erwies sich als nicht ganz einfaches Unterfangen. Aber ich hatte wie immer die Unterstützung von zwei Kölner Bibliothekarinnen, die niemals aufgeben: Georgis Eder und Heike Knopp-Sullivan.

Ich will auch zum Ausdruck bringen, dass mir die Idee zu diesem Buch nicht von alleine kam. Ursula Peters, meine frühere Kölner Kollegin, hatte mir anlässlich einer Einladung Helmut Lethens *Die Staatsräte* geschenkt. Beim Lesen fiel mir auf, wie fruchtbar es ist, die Verstrickung intelligenter und gebildeter Zeitgenossen wie Gustaf Gründgens oder Ferdinand Sauerbruch in den Nationalsozialismus einmal nicht vom Ergebnis her zu betrachten, sondern vom Prozess des allmählichen tiefer Einsinkens. Ich hatte sofort »meine« Sprachreiniger vor Augen, speziell die führenden Persönlichkeiten, die ja ebenfalls intelligente und gebildete Zeitgenossen waren. Von daher also die Idee, dieses ebenso folgenreiche wie schwer begreifbare »Einsinken« mit dem Blick auf die beteiligten »Persönlichkeiten« und ihre soziale und intellektuelle »Herkunft« zu analysieren.

Zuletzt aber geht der Dank viel weiter zurück. Ich musste oft an meine zugfahrende und dabei »verwelschtes« Deutsch sprechende Mutter denken, der es nicht mehr vergönnt war, ihre eigene Zeitgeschichte zu durchschauen. Ich bin sicher, sie hätte ihre Freude an der nachträglichen Aufarbeitung gehabt, allerdings auch wohl auf manchen spitzen Kommentar nicht verzichtet. Ihr, Katharina Göttert, im Jahre 1912 geborene Kraus, sei dieses Buch gewidmet.

LITERATURVERZEICHNIS

Im vorliegenden Buch wird viel zitiert, fast ausschließlich aus der Hauptquelle, der *Zeitschrift des Allgemeinen Deutschen Sprachvereins,* sowie ihren Nachfolgern. Um den Lesefluss nicht zu stören, wurde auf Fußnoten verzichtet. Stattdessen sind die Zitate datiert und mit Namen bzw. Titeln belegt. Man kann die Stellen leicht finden, wenn man das Register der Zeitschrift heranzieht, das zu jedem verflossenen Jahr zu Beginn des neuen geboten wird.

Adorno, Theodor W.: »Wörter aus der Fremde.« In: *Fremdwort-Diskussion,* hg. von Peter Braun. München 1979

Balke, Siegfried: »Heinrich von Stephan 1831–1897.« In: *Die großen Deutschen. Deutsche Biographie,* hg. von Hermann Heimpel u. a. Band 3. Berlin 1956

Baumann, Gerhard: *Jüdische und völkische Literaturwissenschaft. Ein Vergleich zwischen Eduard Engel und Adolf Bartels.* München 1936

Behaghel, Otto: *Die deutsche Sprache.* Leipzig / Prag 1886

Bernsmeier, Helmut: »Der Allgemeine Deutsche Sprachverein in seiner Gründungsphase.« In: *Muttersprache* 87, 1977

Bernsmeier, Helmut: »Der Allgemeine Deutsche Sprachverein in der Zeit von 1912 bis 1932.« In: *Muttersprache* 90, 1980

Bernsmeier, Helmut: »Der Deutsche Sprachverein im ›Dritten Reich‹«. In: *Muttersprache* 93, 1983

Blume, Herbert: »Die Sprachgesellschaften des 17. Jahrhunderts in der Sicht des Allgemeinen Deutschen Sprachvereins.« In: *Europäische Barock-Rezeption,* hg. von Klaus Garber. Band 1. Wiesbaden 1991

Braun, Peter (Hg.): *Fremdwort-Diskussion.* München 1979

Bußmann, Walter: »Heinrich von Treitschke 1834–1896.« In: *Die großen Deutschen. Deutsche Biographie*, hg. von Hermann Heimpel u. a. Band 5. Berlin 1956

Bytwerk, Randall L.: »Fritz Reinhardt and the *Rednerschule der NSDAP.*« In: *Rhetorik. Ein internationales Jahrbuch* 2, 1981

Caeyers, Jan: *Beethoven. Der einsame Revolutionär.* München 2012

Cherubim, Dieter u. a. (Hg.): *Sprache und bürgerliche Nation. Beiträge zur deutschen und europäischen Sprachgeschichte des 19. Jahrhunderts.* Berlin / New York 1998

Czyzewska, Marta: *Der Allgemeine Deutsche Sprachverein und das Fremdwort. Eine Untersuchung der deutschen Presse am Ende des 19. Jahrhunderts.* Dresden / Wrocław 2008

Dahle, Wendula: *Der Einsatz einer Wissenschaft. Eine sprachinhaltliche Analyse militärischer Terminologie in der Germanistik 1933–1945.* Bonn 1969

Daniels, Karlheinz: »Erfolg und Mißerfolg der Fremdwortverdeutschungen. Schicksal der Verdeutschungen von Joachim Heinrich Campe. Ein Gedenkwort zu seinem hundertsten Todestage.« In: *Muttersprache* 69, 1959

Die Heilkunde. Verdeutschung der entbehrlichen Fremdwörter aus der Sprache der Ärzte und Apotheker. Augsburg 1907

Die Schule. Verdeutschung der hauptsächlichsten entbehrlichen Fremdwörter der Schulsprache, bearb. von Karl Scheffler. 2., verb. Aufl. Berlin 1903

Die Straße. Verdeutschungsheft für Laden, Geschäftsschild und Schaufenster. Frankfurt a. M. 1916

Duden, Konrad: *Vollständiges orthographisches Wörterbuch der deutschen Sprache. Nach den neuen preußischen und bayerischen Regeln.* Leipzig 1880

Dunger, Hermann: *Wörterbuch von Verdeutschungen entbehrlicher Fremdwörter mit besonderer Berücksichtigung der von dem Großen Generalstabe, im Postwesen und in der Reichsgesetzgebung angenommenen Verdeutschungen.* Leipzig 1882

Dunger, Hermann: *Das Fremdwörterunwesen in unserer Sprache.* Heilbronn 1884

Dunger, Hermann: *Zur Schärfung des Sprachgefühls. 200 fehlerhafte Sätze mit Verbesserungen und sprachlichen Bemerkungen.* Berlin 1906

Dunger, Hermann: *Engländerei in der deutschen Sprache.* Berlin 1909

Dunger, Hermann: *Die Deutsche Sprachbewegung und der Allgemeine Deutsche Sprachverein 1885–1910. Festschrift zur Fünfundzwanzigjahrfeier des Allgemeinen Deutschen Sprachvereins 10. September 1910.* Berlin 1910

Engel, Eduard: *Deutsche Stilkunst.* Wien / Leipzig 1911

Engel, Eduard: *Sprich deutsch! Ein Buch zur Entwelschung.* Leipzig 1917

Engel, Eduard: *Gutes Deutsch. Ein Führer durch Falsch und Richtig.* Leipzig 1918

Engel, Eduard: *Entwelschung. Verdeutschungsbuch für Amt, Schule, Haus und Leben.* Leipzig 1918

Gardt, Andreas (Hg.): *Nation und Sprache. Diskussion ihres Verhältnisses in Geschichte und Gegenwart.* Berlin / New York 2000

Gardt, Andreas: »Sprachnationalismus zwischen 1850 und 1945.« In: *Nation und Sprache. Diskussion ihres Verhältnisses in Geschichte und Gegenwart*, hg. von Andreas Gardt. Berlin / New York 2000

Göttert, Karl-Heinz: »Wider den toten Buchstaben. Zur Problemgeschichte eines Topos.« In: *Zwischen Rauschen und Offenbarung. Zur Kultur- und Mediengeschichte der Stimme*, hg. von Friedrich Kittler u. a. Berlin 2002

Göttert, Karl-Heinz: *Deutsch. Biografie einer Sprache.* Berlin 2010

Göttert, Karl-Heinz: *Abschied von Mutter Sprache. Deutsch in Zeiten der Globalisierung.* Frankfurt a. M. 2013

Göttert, Karl-Heinz: »Deutsch als Brückensprache in Mitteleuropa. Franz Thierfelders Bestandsaufnahme von 1938.« In: *Mitteleuropa denken: Intellektuelle, Identitäten und Ideen. Der Kulturraum Mitteleuropa im 20. und 21. Jahrhundert*, hg. von Walter Pape und Jiří Šubrt. Berlin / Boston 2019

Grucza, Franciszek: »Aspekte des Deutschen aus polnischer Sicht.« In: *Das 20. Jahrhundert. Sprachgeschichte – Zeitgeschichte*, hg. von Heidrun Kämper und Hartmut Schmidt. Berlin / New York 1998

Härle, Gerhard: *Reinheit der Sprache, des Herzens und des Leibes. Zur Wirkungsgeschichte des rhetorischen Begriffs puritas in Deutschland von der Reformation bis zur Aufklärung.* Tübingen 1996

Haß-Zumkehr, Ulrike: »Die Weimarer Reichsverfassung – Tradition, Funktion, Rezeption.« In: *Das 20. Jahrhundert. Sprachgeschichte – Zeitgeschichte*, hg. von Heidrun Kämper und Hartmut Schmidt. Berlin / New York 1998

Heine, Matthias: *Letzter Schultag in Kaiser-Wilhelmsland. Wie der Erste Weltkrieg die deutsche Sprache für immer veränderte.* Hamburg 2018

Heine, Matthias: »Der Weltkrieg gegen die Fremdwörter.« In: *Welt am Sonntag*, 3. Juni 2018

Januschek, Franz (Hg.): *Politische Sprachwissenschaft*. Opladen 1985

Kämper, Heidrun und Hartmut Schmidt (Hg.): *Das 20. Jahrhundert. Sprachgeschichte – Zeitgeschichte.* Berlin / New York 1998

Kathe, Steffen R.: *Kulturpolitik um jeden Preis. Die Geschichte des Goethe-Instituts von 1951 bis 1990.* München 2005

Krickeberg, Elisabeth: *Heinrich von Stephan. Ein Lebensbild.* Dresden und Leipzig 1897

Hayakawa, Tozo: »Die Fremdwortfrage und der Deutsche Sprachverein in der NS-Zeit.« In: *Deutsch als Fremdsprache*, hg. von Heidrun Popp. München 1995

Hillen, Ingrid Selma Johanna: *Untersuchungen zu Kontinuität und Wandel der Sprachpflege im Deutschen Reich, in der Bundesrepublik und in der DDR (1885 bis zur Gegenwart).* Bonn 1982

Kirkness, Alan: *Zur Sprachreinigung im Deutschen 1789–1871. Eine historische Dokumentation.* 2 Bände. Tübingen 1975

Kluge, Friedrich: *Etymologisches Wörterbuch der deutschen Sprache*, bearb. von Elmar Seebold. 24., durchges. und erw. Aufl. Berlin / New York 2002

Liebsch, Helmut: »Der Beitrag des Allgemeinen Deutschen Sprachvereins zur Sprachkultur. Gedanken zum 100. Jahrestag seiner Gründung.« In: *Textlinguistik* 13, 1985

Liebsch, Helmut: »Der Allgemeine Deutsche Sprachverein.« In: *Sprachpflege* 35 / 2, 1986

Loewenstein, Bedrich: *Der Entwurf der Moderne. Vom Geist der bürgerlichen Gesellschaft und Zivilisation.* Essen 1987

Michel, Dirk: »Karl Kraus und die Sprachreiniger. Zur Kritik des ›Volkheitskollers‹ und seiner Apologeten.« In: *Sprachreport* 11, 1995, online unter Ids-pub.bsz-bw.de

Michels, Eckard: *Von der Deutschen Akademie zum Goethe-Institut. Sprach- und auswärtige Kulturpolitik 1923–1960.* München 2005

Muttersprache. Zeitschrift des Deutschen Sprachvereins 1925–1938

Muttersprache. Zeitschrift für deutsches Sprachleben mit Berichten aus der

Arbeit des Deutschen Sprachvereins und des Deutschen Sprachpflegeamts 1939–1943

Nelz, Dieter: »Zum Einfluß des Allgemeinen Deutschen Sprachvereins auf die lexikalische Norm der Literatursprache im 19. Jahrhundert.« In: *Studien zur deutschen Sprachgeschichte des 19. Jahrhunderts. Existenzformen der Sprache.* Berlin 1980

Olt, Reinhard: »Die ›Sprachpflegearbeit‹ des Deutschen Sprachvereins. Am Beispiel des Zweigvereins Darmstadt.« In: *Muttersprache* 96, 1986

Olt, Reinhard: *Wider das Fremde? Das Wirken des Allgemeinen Deutschen Sprachvereins in Hessen 1885–1944.* Darmstadt / Marburg 1991

Panzer, Friedrich: »Möglichkeiten und Aufgaben eines Reichsamtes für die deutsche Sprache.« In: *Zeitschrift für Deutsche Bildung* 9, 1933

Paul, Hermann: *Die Bedeutung der deutschen Philologie für das Leben der Gegenwart.* München 1897

Polenz, Peter von: »Fremdwort und Lehnwort sprachwissenschaftlich betrachtet.« In: *Muttersprache* 77, 1967

Polenz, Peter von: »Sprachpurismus und Nationalsozialismus. Die ›Fremdwort‹-Frage gestern und heute.« In: *Germanistik – eine deutsche Wissenschaft.* Frankfurt a. M. 1967

Polenz, Peter von: »Zwischen ›Staatsnation‹ und ›Kulturnation‹. Deutsche Begriffsbesetzungen um 1800.« In: *Sprache und bürgerliche Nation,* hg. von Dieter Cherubim u. a. Berlin / New York 1998

Polenz, Peter von: »Vom Sprachimperialismus zum gebremsten Sprachstolz.« In: *Das 20. Jahrhundert. Sprachgeschichte – Zeitgeschichte,* hg. von Heidrun Kämper und Hartmut Schmidt. Berlin / New York 1998

Polenz, Peter von: *Deutsche Sprachgeschichte vom Spätmittelalter bis zur Gegenwart. Bd. III, 19. und 20. Jahrhundert.* Berlin / New York 1999

Riegel, Herman: *Ein Hauptstück von unserer Muttersprache, der allgemeine deutsche Sprachverein und die Errichtung einer Reichsanstalt für die deutsche Sprache. Mahnruf an alle national gesinnten Deutschen.* Leipzig 1883

Riegel, Herman: *Der allgemeine deutsche Sprachverein als Ergänzung seiner Schrift: Ein Hauptstück von unserer Muttersprache, Mahnruf an alle national gesinnten Deutschen.* Heilbronn 1885

Riegel, Herman: *Meine Lebenserinnerung.* Universitätsarchiv Braunschweig

Römer, Ruth: »Mit Mutter Sprache gegen die Nazis?« In: *Linguistische Berichte* 14, 1969

Roß, Klaus: *Sprecherziehung statt Rhetorik. Der Weg zur rhetorischen Kommunikation.* Opladen 1994

Sanders, Daniel: *Verdeutschungswörterbuch.* Leipzig 1884

Sarrazin, Otto: *Verdeutschungs-Wörterbuch.* Berlin 1886

Sarrazin, Otto: *Beiträge zur Fremdwortfrage. Gesammelte Aufsätze.* Berlin 1887

Sauer, Christoph: »NS-Sprachpolitik in der Besatzungszone.« In: *Politische Sprachwissenschaft*, hg. von Franz Januschek. Opladen 1985

Sautter, Karl: *Geschichte der Deutschen Post. Teil 3: Geschichte der Deutschen Reichspost (1871–1945).* Frankfurt a. M. 1951

See, Klaus von: *Deutsche Germanen-Ideologie vom Humanismus bis zur Gegenwart.* Frankfurt a. M. 1970

See, Klaus von: *Die Ideen von 1789 und die Ideen von 1914. Völkisches Denken in Deutschland zwischen Französischer Revolution und Erstem Weltkrieg.* Frankfurt a. M. 1975

Simon, Gerd (Hg.): *Sprachwissenschaft und politisches Engagement.* Weinheim / Basel 1979

Simon, Gerd: »Zündschnur zum Sprengstoff. Leo Weisgerbers keltologische Forschungen und seine Tätigkeit als Zensuroffizier in Rennes während des 2. Weltkriegs.« In: *Linguistische Berichte* 79, 1982

Simon, Gerd: »Sprachwissenschaft im III. Reich. Ein erster Überblick.« In: *Politische Sprachwissenschaft*, hg. von Franz Januschek. Opladen 1985

Simon, Gerd: »Hundert Jahre ›Muttersprache‹. Die Ideen eines Museumsdirektors und ihre Folgen.« In: *Der Deutschunterricht* 38, 1986

Simon, Gerd: »Wissenschaft und Wende 1933. Zum Verhältnis von Wissenschaft und Politik am Beispiel des Sprachwissenschaftlers Georg Schmidt-Rohr.« In: *Das Argument* 158, 1986

Simon, Gerd: »Der diskrete Charme des Sprachpflege-Diskurses.« In: *Über die Schwierigkeiten der Verständigung beim Reden. Beiträge zur Linguistik des Diskurses*, hg. von Rüdiger Vogt. Opladen 1987

Simon, Gerd: »Sprachpflege im ›Dritten Reich‹.« In: *Sprache im Faschismus*, hg. von Konrad Ehlich. Frankfurt a. M. 1989

Simon, Gerd: *Muttersprache und Menschenverachtung. Kollektivkritik zwi-*

schen Marginalienkult und Gewaltbereitschaft (im Entstehen, eine Inhaltsangabe des Buches findet sich online unter www.homepages.uni-tuebingen.de/gerd.simon/muttersprache)

Spitzer, Leo: *Anti-Chamberlain. Betrachtungen eines Linguisten über Houston Stewart Chamberlains »Kriegsaufsätze« und die Sprachbewertung im allgemeinen.* Leipzig 1918

Spitzer, Leo: *Fremdwörterhatz und Fremdvölkerhaß. Eine Streitschrift gegen die Sprachreinigung.* Wien 1918

Stephan, Heinrich von: *Weltpost und Luftschifffahrt. Ein Vortrag im wissenschaftlichen Verein zu Berlin gehalten.* Berlin 1874

Stier, M.: *Die Ziele und Zwecke des ADSV.* Neu Ruppin 1891

Thierfelder, Franz: *Deutsch als Weltsprache.* Berlin 1938

Török, Imre: »Die ›Gesellschaft für deutsche Sprache‹ als Nachfolgeorganisation des ›Deutschen Sprachvereins‹ und ihre gesellschaftliche Funktion vor allem während der Rekonstruktionsperiode.« In: *Sprachwissenschaft und politisches Engagement*, hg. von Gerd Simon. Weinheim / Basel 1979

Wanninger, Susanne: *»Herr Hitler, ich erkläre meine Bereitwilligkeit zur Mitarbeit.« Rudolf Buttmann (1885–1947). Politiker und Bibliothekar zwischen bürgerlicher Tradition und Nationalsozialismus.* Wiesbaden 2014

Wehler, Hans-Ulrich: *Deutsche Gesellschaftsgeschichte.* 5 Bde. München 1987–2008

Wiechers, Silke: *Die Gesellschaft für deutsche Sprache. Vorgeschichte, Geschichte und Arbeit eines deutschen Sprachvereins.* Frankfurt a, M. u. a. 2004

Wustmann, Gustav: *Allerhand Sprachdummheiten.* Leipzig 1891

Zeitschrift des Allgemeinen Deutschen Sprachvereins 1886–1924

PERSONENREGISTER